Fred Donaldson
Von Herzen spielen

W0055948

O. Fred Donaldson

Von Herzen spielen

Vision und Praxis der Zugehörigkeit

aus dem Amerikanischen
von Karin Petersen

Arbor Verlag
Freiamt im Schwarzwald

Gehe raus und spiele

Gott spielt mit jeder und jedem von uns so, wie wir erschaffen wurden,
   still und in fließender Dunkelheit, die alles aufnimmt.
Und flüstert uns im Dämmerlicht leise zu:
Vergiss das Unermessliche nicht.

Dann werden wir aus unseren nassen Windeln weit in die Welt hinaus
   geschleudert:
Ich kann mir keinen Ort vorstellen, der groß genug für dich wäre.
Geh raus und spiele über alle Schranken hinweg,
überwinde die Grenzen deiner Sehnsucht
bis dorthin, wo meine Ganzheit sich in die unzähligen Formen des
   Lebens ergießt und mich verkörpert.

Spiele mit allem, was das Leben dir bietet: mit Schönem und mit
   Schrecklichem.
Sei wild in deinem Spiel.
Kein Spielplatz ist der letzte.

Hier, gib mir deine Hand und spiele, bis du alles hinter dir gelassen
   hast, was dich begrenzt.

Der Geist und die Schönheit der Berge erfüllen mein Herz mit Ruhe.
Es weitet sich und ich öffne mich für die Ehrfurcht und die Entdecker-
   freude, die da sind für mich.
Ich fühle mich frei, lebendig und in Frieden
und ganz nahe, direkt in meinem Herzen, höre ich Gott sagen:
Hallo, willst du spielen?

O. Fred Donaldsen

„Wenn sich eine große Tat präsentiert, dann ohne Regeln.“

Stark King

Widmung

Für Paul, der mich teilhaben ließ an seiner unerschütterlichen Furchtlosigkeit und seinem heiligen Vertrauen, die jeder Prüfung durch Intellekt und Verstand standhielten.

Für Sybil, eine Wölfin, mit der ich das tiefe Einssein höchster Freundlichkeit erleben durfte, das in der Hitze des gesellschaftlichen Wettbewerbs nicht sichtbar wird.

Für Holly, eine Delphinin, die mir zeigte, wo die Angst wohnt.

Für Danny, Jenny und Hector, die mir die transformative Kraft der Liebe erschlossen.

Für David, der mir Augen und Herz für die ursprüngliche Natur von Spiel öffnete.

Inhalt

Herz-Geist

Vorwort

Welches ist das Muster, das alle Lebewesen verbindet?

Gregory Bateson

Damit ein Kind sich normal entwickelt, muss jemand auf ganz irrationale Weise vernarrt sein in diesen kleinen Menschen.

Urie Bronfenbrenner

Auf den ersten Blick mag es zwischen diesen beiden Aussagen keinen Zusammenhang geben. Und doch verbindet sie etwas ganz Tiefes. Der Entwicklungspsychologe Urie Bronfenbrenner beantwortet Gregory Batesons Frage. Dasselbe irrationale Vernarrtsein, das für die normale Entwicklung eines Kindes erforderlich ist, verbindet alle Lebewesen miteinander. Die Liebe, die jedes menschliche Wesen braucht, um sich voll entfalten zu können, ist das Muster, das alles Leben miteinander verbindet.

Das ist ein wunderbares, göttliches Mysterium. Wie immer das Muster dieser „närrischen" Zuwendung aussehen mag, wir finden es in der DNA, in Quarks und Galaxien. Wir finden es in Zen-Meistern, Heiligen und Wissenschaftlern, in Walen, Wölfen und Kindern. Es fließt im Wasser und klingt in der Musik, findet in Wind und Poesie eine Stimme. Wie der Mythenforscher Joseph Campbell sagt: „Mysterium ist das, was wichtig ist."

Dieses Leben ist unbeschreiblich wundersam. Und doch müssen wir in Worte fassen, was wir begreifen. Wenn wir eine Liste mit Namen für die Vielzahl der Lebensformen von der allerkleinsten bis zur allergrößten anfertigen sollten, würden wir nicht nur menschliche Unterschiede wie Rasse, Nationalität, Religion, Geschlecht, Alter, Ausbildung und Einkommen aufführen, sondern alle möglichen Lebewesen von Mikroben bis zu Blauwalen sowie sämtliche bekannten Energieformen von Wellen bis zu Supernovas. Vom Intellekt her wissen wir, dass Worte sich trennend zwischen uns und die Erfahrung stellen. Wenn wir unsere Unterschiede benennen, betonen wir das Trennende zwischen uns und anderen. Die Schwierigkeit ist, dass wir so leben, als müssten unsere

Gedanken uns trennen und in Konflikt mit der übrigen Schöpfung bringen. Jean-Paul Satre sagte: „Alles haben wir herausgefunden, nur nicht, wie wir leben sollen."

Stellen Sie sich jetzt vor, es gäbe für uns eine Möglichkeit, uns mit dem Leben auszutauschen, ohne dass all die Unterschiede, die wir gerade aufgelistet haben, auch nur den geringsten Unterschied machen. Klingt verrückt? Gut! Dann befinden wir uns auf dem richtigen Weg.

Von Herzen spielen ist eine Einladung, rauszukommen und mit unserer wunderbaren Welt zu spielen, unsere Listen und Definitionen links liegen zu lassen und uns mitten hinein ins Mysterium zu begeben. Damit wir diese Einladung empfangen können, müssen sich unsere Sinne auf kindliche Weise beteiligen. Und wir müssen einem Weg des Wissens folgen, der ganzheitlich ist statt analytisch, an dem das Herz mehr beteiligt ist als unsere Unterscheidungen. „Rauskommen und spielen" ist mehr als eine Technik des Bilderstürmens, bei der wir wieder leichtsinnig werden wie Kinder, mehr als eine komische Form von Stressabbau oder eine Freizeitzerstreuung. Dieser Weg birgt echte Wandlung, die im Leben wurzelt und von dessen Kräften genährt wird.

Ich verdiene mein Geld als Spielspezialist, doch das war nicht immer so. In den letzten Fachsemestern in Geographie an der Universität von Washington wohnte ich zwei Jahre lang in einem Studentenwohnheim. Eines Nachmittags gingen mein Freund Dean und ich in seine Wohnung. Cort, sein kleiner Sohn, spielte auf dem Rasen vor der Eingangstür. Vertieft in eine unserer häufigen Diskussionen über das Leben an der Hochschule, blieben Dean und ich vor dem Kind stehen. Plötzlich spürte ich, wie jemand mich am Hosenbein zog. „Komm runter!" forderte Cort. Dean und ich lächelten und setzten uns zu ihm auf dem Boden. In diesem Augenblick des „Runterkommens" betrat ich die Welt von Spiel und begegnete Spielgefährten – eine Erfahrung, die mein ganzes Leben verändern sollte. Diese Welt ist ebenso real wie sämtliche Welten, die ich je kennen gelernt habe, wenn nicht noch realer. Und genau diese Erfahrung möchte ich Ihnen gerne vermitteln.

Von Herzen spielen ist kein „Handbuch", das Ihnen beibringt zu spielen. Der Versuch, den Geist von Spiel einzufangen und in Worte zu fassen, ist so ähnlich, als wollte ich meinen Atem fangen: Der Atemzug, den ich einholen möchte, ist bereits vorbei! Dieses Buch wurde für die Spielgefährtin und den Spielgefährten in all denjenigen von uns geschrieben, die noch wissen, dass wir mit Worten nicht alles sagen können. Bei René Daumal heißt es: „Die Tür zum Unsichtbaren muss sichtbar werden." So wie der Mond, der das reflektierte Licht einer unsichtbaren Sonne verströmt, soll in meinen Worten, so hoffe ich, ein Mysterium widerscheinen, das wir mit Sprache nicht entschlüsseln können.

Von Herzen spielen ist kein Buch über exakte Forschungen oder eine Untersuchung über das Wesen des Spiels von Kindern. Ich erforsche weder die moralische noch die soziale oder kognitive Entwicklung von Kindern und sammele keine Daten. Dieses Buch ist ein Piratenschiff, das in See sticht, um Sie zu entführen, so wie auch ich von Kindern entführt worden bin. Vielleicht ist es aber auch eine Arche, die Sie sicher befördert, so dass Sie herauskommen und mit der Welt spielen können. In unserem Boot gibt es keine Bündnisse, keine Grenzen. Erlauben sie ihm, Sie überall hinzutragen. Seine abenteuerliche Reise gleicht den köstlichen Wegen des Schmetterlings, nicht dem Zug, der geradewegs auf sein Ziel zustampft. Es segelt aus profanen Gewässern in heilige Meere. *Von Herzen spielen* birgt einen Schatz an Erfahrung, den mir meine Spielgefährten und Spielgefährtinnen, die mir WegweiserInnen und MeisterInnen waren, überall auf dem Globus geschenkt haben. Ihre Geschichten bilden den Kern dieses Buches. Doch mit dem Geschichtenerzählen sind auch Gefahren verbunden. Zu leicht können wir denken, es ginge hier um die besonderen Erfahrungen besonderer Menschen, die uns nicht zugänglich sind. Es stimmt, ich habe in den unzähligen Spielstunden gesegnete Augenblicke erlebt. Und es stimmt auch, dass ich mir nicht vornehmen kann zu spielen, um diese Momente zu erleben. Jahrelang wurde das, was ich mit Kindern erlebte, „Fredspiel" genannt, um es von anderen Formen von Spiel zu unterscheiden. Auch wenn das meinem Ego schmeichelte, war es in Wirklichkeit niemals Freds Spiel. Jedenfalls nicht, wenn es wirklich Spiel war. Ich spiele nur dann gut, wenn *ich* nicht spiele. So etwas wie „Fredspiel", das ich erfunden hätte, gibt es einfach nicht. Ich habe hier kein Copyright. Ich nehme an Spiel teil, mehr nicht. Das Paradoxe ist, wenn Sie wirklich spielen, ist Ihr Spiel auch mein Spiel; dann existiert nur noch Spiel.

Wir müssen die Geschichten aufgeben, um die Lebensenergie zurückzugewinnen, die in ihnen gebunden ist. Wir dürfen ebenso wenig an ihnen festhalten wie an unseren Spielgefährten. Wenn ich erfüllt bin von meinen Spielgefährten oder meinen Geschichten, bin ich nicht offen für Neues. Und das heißt auch, wenn Sie sich an diese Geschichten klammern, besteht die Gefahr, dass Sie spielen, um etwas Bestimmtes zu erreichen – lernen, sich geliebt fühlen, imitieren, dazugehören. Dann wird Spiel langweilig, schwierig oder ernüchternd.

„Dies ist Spiel" – das ist die Botschaft des Universums an uns alle. Spielen heißt irrational und verrückt sein, heißt sich auf eine Zugehörigkeit einlassen, die allen Lebensformen zugrunde liegt und sie über die Grenzen der Spezies und gesellschaftlichen Barrieren hinweg miteinander verbindet. Ursprüngliches Spiel ist ein Geschenk der Schöpfung; es ist unser Geburtsrecht. Wenn wir wirklich spielen, schenken alle Dinge uns authentisches Sein.

Irgendwie muss die Welt dahin gebracht werden zu spielen. Manchmal jedoch scheint das ein unmöglicher Traum zu sein. Die Herausforderung, vor der wir stehen, ist sowohl globaler als auch persönlicher Natur: Mit allen zu spielen, die sich gerade in unserer unmittelbaren Umgebung befinden, niemanden abzulehnen, wie jung oder alt, abstoßend oder anders er auch zu sein scheint, und alle Menschen als Spielgefährten zu akzeptieren. Wir müssen uns am kreativen Spiel des Lebens beteiligen, um es zu erfahren. Es reicht nicht, die Dinge einfach anders zu *tun*, wir müssen ein neues Bewusstsein entwickeln. „Spielpraxis" bedeutet, fortlaufend in Berührung mit den Menschen und Problemen sein, die uns in unserem Alltag begegnen, während wir zugleich spüren, welches Wunder in all dem liegt, Ehrfurcht davor empfinden und es erforschen, ohne das Mysterium zu verlieren. Selbst unter der enormen Last gesellschaftlicher Anforderungen haben wir in jedem Augenblick die Wahl, ein freundlicher und furchtloser Spielgefährte zu sein, statt aus persönlichem Groll, Enttäuschung oder Rache heraus zu handeln. Wir können uns für die Versöhnung entscheiden, denn es ist dringend notwendig, dass wir miteinander spielen.

Dieser Umgang mit Spiel befruchtet den menschlichen Geist. Er treibt uns nicht zu regressiver Kindlichkeit, sondern erschließt uns über Staunen und Ehrerbietung neue Richtungen für unser Denken, unseren Geist und unser Handeln. Damit wir diese Einheit von Körper-Geist-Seele wieder erleben können, müssen wir viel von dem Gepäck ablegen, das wir als Erwachsene mit uns herumschleppen. Mit diesen Lasten bepackt können wir nicht zurückkehren zum Spiel; sonst würden wir, statt mit einem Kind herumzutollen oder mit einem Delphin zu tanzen, nur mit unserem Gepäck beschäftigt sein. Wir müssen lernen, leicht und frei zu reisen, mit möglichst leerem Geist, flexiblem Körper und offenem Herzen.

Wenn es um Spiel geht, verhalten sich die meisten Erwachsenen wie die Raupe, die zum Schmetterling hochschaut und ausruft: „Mich kriegst du nie da hoch!" Die Raupe hat Recht, nur durch Metamorphose entsteht ein Schmetterling. Und Ähnliches gilt auch für den Erwachsenen: Nur durch eine Transformation wird er zum Spielgefährten. In *Von Herzen spielen* geht es um den transformativen Prozess von Spiel, der nie zu Ende ist.

Das Buch besteht aus drei Teilen. Im ersten Teil beschreibe ich Spiel als ursprüngliche, kreative und universelle Kraft. Teil zwei dokumentiert die „Verfälschung" von Spiel zu zahlreichen unechten, kulturellen Formen. In Teil drei geht es um die Einladungen, die das Leben uns schickt, damit wir rauskommen und spielen. Hier beschreibe ich Spiel als Kunsthandwerk und erläutere die Eigenschaften, die ein Spielgefährte mitbringen muss. Im Anhang stelle ich das Internationale Spielgefährten-Projekt vor. Spielen Sie, als hinge Ihr Leben davon ab – es ist tatsächlich so!

Vorwort zur dritten Ausgabe

Ursprüngliches Spiel löst keine Konflikte, es macht sie überflüssig.

„Das Kind ist innerlich bereits in Frieden und nimmt nichts ernster als das, was die Erwachsenen als sentimental und kindisch abtun."

Mit diesem neuen Vorwort möchte ich eine Brücke schlagen zwischen *Von Herzen spielen* und meinen beiden nächsten im Entstehen begriffenen Büchern: *Bearers of Promise: Children As Peacemakers in a World of Endless Conflict* und *Inklings of Eternity: Playful Expressions On That Which Matters.*

Mein Leben wird weiterhin kontinuierlich bereichert durch Kinder und Tiere, die mir im Spiel beibringen, dass die positiven Eigenschaften der Kindheit für das Leben von grundlegender Bedeutung sind. Es liegt in unserer Verantwortung, dafür zu sorgen, dass sich diese Qualitäten voll entfalten können. Ich bin zunehmend überzeugt davon, dass das wirklich wilde Element im Spektrum unserer menschlichen Möglichkeiten bei Kindern zu finden ist. Wenn wir überleben und uns in einer Welt zu Hause fühlen wollen, die wirklich lebenswert ist, müssen wir uns das natürliche Gefühl von Zugehörigkeit, die Unschuld und Empfänglichkeit von Kindern wieder aneignen.

Die Kindheit befindet sich in dieser Welt in einer Krise. Die Notwendigkeit, Kinder zu lieben und für ihre Sicherheit zu sorgen, besteht dringender als je zuvor. Diese Welt gerät immer mehr in ein verheerendes moralisches Vakuum. Unseren Beziehungen mangelt es an den grundlegendsten menschlichen Werten: Kinder werden verkrüppelt, vergewaltigt und getötet, sie werden als Drogenhändler, Prostituierte und Soldaten missbraucht, sie verhungern und sind extremer Brutalität ausgesetzt.

In *Von Herzen spielen* geht es um die allgemeinen Herausforderungen unserer Zeit, die Geist und Herz der Menschen schwächen. In einer Zeit, wo Erwachsene offensichtlich unfähig und unwillig sind, in Frieden zu leben, ist es ein dringendes Gebot, sämtliche Hilfsquellen zu erforschen, die uns zur Verfügung stehen, um auf dieser Erde Frieden zu schaffen. John Keegan behauptet, „eine gesellschaftliche Transformation unserer Vergangenheit als Krieger erfordert einen Bruch mit dieser, für den es keinerlei Vorbilder gibt". In diesem Buch revolutioniere ich jahrhundertealte Themen, die bislang als utopische Ideale galten, die niemals verwirklicht werden können. Und genau diesen Idealen müssen wir uns für die Zukunft unserer Welt zuwenden. Ich berichte hier auf provozierende Weise von einem aufregenden Durchbruch in Richtung Frieden. Dieses Buch vermittelt sowohl eine Vision als auch eine Handlungsanleitung für ein Leben in Sicherheit, Zugehörigkeit und Mitgefühl – den Zutaten, die Menschen ermöglichen, in Frieden zu leben.

Ich habe aus der Vision und Praxis ursprünglichen Spiels einen Plan für die Einrichtung eines Schutzraums entwickelt, der sich ohne Weiteres in den Alltag einbauen lässt. Die Vision dieses Projektes besteht darin, dafür zu sorgen, dass jedes Kind eine Kindheit hat, in der es einfache Wahrheiten wie Liebe, Sicherheit und Zugehörigkeit erfährt, die das Kind in uns allen ansprechen. Ich glaube, dass Erwachsene und

Kinder gemeinsam ein Netz von sicheren Beziehungen weben können, in denen alle Kinder blühen und gedeihen. Der Zweck dieses Projektes ist simpel: Es soll sämtliche Bereiche einer Gemeinschaft einbeziehen, um dafür zu sorgen, dass Kinder sicher aufwachsen. Um das zu ermöglichen, bauen wir eine innovative primäre Betreuungsbeziehung auf, die ich als Schutzraum bezeichne. Parallel dazu entwickeln wir für die Gemeinschaft eine verständliche Strategie, um diese innovative Beziehung zu stützen und damit Angst, Schikane und Aggression in der Kindheit durch Sicherheit, Mitgefühl und liebevolle Güte zu ersetzen.

Damit Gemeinden für Kinder wieder zu sicheren Umgebungen werden, entwickeln wir eine Partnerschaft zwischen Erwachsenen und Kindern. Das Projekt kann in Familien, Schulen und Kindertagesstätten verwirklicht werden und auch in die Hilfsprogramme für Kinder und Familien mit besonderen Anforderungen und hohen Risikofaktoren eingebaut werden. Auch wenn der Weg des Friedens durch Spiel so simpel daherkommt, ist er keinesfalls einfach.

Ich schlage hier einen Ansatz vor, der sich radikal von früheren und augenblicklichen Ansätzen unterscheidet. Ich gehe davon aus, dass Kinder eine ganz *reale* Hilfsquelle für den Frieden sind. Die Kindheit bietet grundlegend andere Möglichkeiten als die Wege, die wir als Erwachsene eingeschlagen haben. Nachdem ich 34 Jahre mit Kindern gespielt habe, weiß ich aus Erfahrung, dass sie tatsächlich Träger eines Friedensversprechens sind. Sie weisen uns eine Richtung, die von den uns bekannten Wettbewerbsbeziehungen wegführt. Vielleicht halten viele Erwachsene das für unmöglich. Die meisten Erwachsenen gehen davon aus, dass Konflikte uns immer begleiten werden.

Da es für uns im Leben primär um Überleben geht, halten wir Selbstverteidigung für normal und notwendig. Und so gehen wir auch davon aus, dass wir als Individuen, Gruppen und Länder immer wieder Kriege führen müssen, wie bedauerlich wir das auch finden mögen. John Keegan schreibt am Ende seiner Geschichte der Kriegsführung, dass Krieg im Verlauf der letzten 4000 Jahre zu einer Gewohnheit geworden ist und wir nicht überleben werden, wenn wir die Gewohnheiten, die wir selbst entwickelt haben, nicht verlernen.

Zu Anfang des Jahres kniete ich in Athlone, in Kapstadt, Südafrika, auf dem Spielplatz einer Schule, umgeben von schwarzen Kindern, die amüsiert und aufgeregt waren – und neugierig darauf, den großen weißen Mann mitten unter ihnen auf dem Boden zu sehen, zu berühren und mit ihm zu spielen. Aus den hinteren Reihen der Gruppe zwängte sich der kleinste Junge durch all die anderen Kinder durch und krabbelte auf meinen Schoß. Er breitete seine kleinen Arme aus, umschlang mich damit, so weit sie reichten, und hielt mich. Wir sprachen nicht miteinander. Er blieb einfach da und schmiegte sich inmitten der drängelnden, rempelnden und lachenden Kinder an mich. In seinem Blick, seiner Berührung, seiner Unschuld und seinem Vertrauen lag so viel Kraft, dass mir innerlich und äußerlich ganz warm wurde. Ich legte beide Arme um ihn, damit er durch den Ansturm der anderen Kinder nicht verletzt wurde. Er wollte nicht viel, nur dass ich bei ihm war. Wir blieben zusammen, bis die Glocke klingelte und die Kinder in die Schule zurückrannten. Er rannte nicht mit ihnen. Er blieb noch einen Augenblick. Dann umarmte er mich und ging ruhig davon.

Als ich ebenfalls zur Schule zurückkehrte, fragte mich eine der Betreuerinnen, die mich durchs Fenster beobachtet hatte, ob ich über den kleinen Jungen in meinem Schoß etwas wisse. Ich verneinte. Sie sagte, man habe ihn hierher gebracht, nachdem man ihn gefunden hatte: gefesselt in einem schwarzen Plastiksack, irgendwo abgestellt. Ich wandte mich ab und schaute unter Tränen zurück zum Spielplatz. Ich glaube, dieser kleine Junge ist, was Elie Wiesel einen „Hoffnungsträger" nennt.

Dieser kleine Junge ist ein Botschafter. Er verkörpert das lebendige Versprechen, Gandhis Überzeugung zu verwirklichen: Dass wir, um in dieser Welt wirklich Frieden zu finden, bei den Kindern anfangen müssen. Ich nahm bei diesem Jungen weder Ärger, Angst noch Rache wahr, vielmehr weckte er in mir ein ganz elementares Gefühl von Zugehörigkeit und Liebe. Für diesen kleinen Jungen gilt, was Jesus über den Stein sagte, den die Bauherrn nicht haben wollten: „Das ist der von euch, den Bauleuten, mißachtete Stein, der zum Eckstein geworden ist." (Apostel 4:11). Genau diejenigen, die wir übergehen, vernachlässigen und verachten, sind es, die uns den Weg zeigen. Um dieses kleinen Jungen willen schrieb Nelson Mandela: „In Südafrika (und in der ganzen Welt) müssen Kinder wieder spielen können." Er ist ein Partner in dem Friedensvertrag, geschlossen zwischen der Schöpfung und Kindern. In Lichtjahren entstanden, können wir diese Abmachung sekundenschnell spüren. Ganz simpel formuliert bedeutet dieser Durchbruch: Frieden ist Kinderspiel.

Die Kraft der Wahrheit in solchen Geschenken von Kindern ist manchmal kaum zu ertragen. Stellen Sie sich eine Welt vor, in der niemand Partei ergreift, in der es weder Versagen noch Vorwürfe, Rache, Selbstverteidigung und Feinde gibt. Für Erwachsene wäre das eine Märchenwelt. Das galt auch für mich, bis ich Kindern begegnete wie dem kleinen Jungen in Südafrika, die mir Möglichkeiten eröffneten, die ich bislang für mich nicht kannte. Erwachsenen mag solch eine Welt unglaublich vorkommen. Doch Kinder haben mir gezeigt, dass sie glaubhaft ist.

Noch mehr Dank

Ich danke Euch allen, die Ihr Gottes Spielgefährten seid. Ihr seid in so vielerlei Gestalt zu mir gekommen, um mich daran zu erinnern, wie wichtig die Liebe in meinem Leben hier auf der Erde ist.

Einige dieser Spielgefährtinnen und Spielgefährten üben schon seit Jahren ihre Kunst an mir aus wie Daniel, Stacy, Suellen, Insui, Vidar, Gerda, Kathy, Linda und Dan. Und ich danke auch Ray und Michael, die mich in so vieler Hinsicht beharrlich unterstützten.

Ein besonders liebevoller Dank an Jan dafür, dass sie weiterhin mein „Zeug" las, mich ständig bombadierte, ich solle für „reale Menschen" schreiben, und mich beharrlich und geduldig ermutigte, über das zu schreiben, was ich weiß. Und an Björn für seine funkelnden Augen und seine freundliche Weisheit, seine Ideen, unsere Spaziergänge und Gespräche. Und besonders *tak* an Anette, min Lilla Anna, die mich an einer Liebe teilhaben ließ, von der die Dichter sprechen.

Einleitung: Lehrzeit für Spielgefährten

*„.. als wenn gleichsam den Königen nichts Ehrbringenders wäre,
als daß sie Mitspieler Gottes in dem gleichen Spiele seyen."*

Sir Francis Bacon

Als ich jung war und ganz in den Sommer eintauchte, begannen meine
Tage früh. Ich frühstückte eilig, zog mir schnell meine viel zu großen
Cowboystiefel an, griff nach meinem Cowboyhut und eilte durch die
Fliegengittertür, um mit der Welt, die dort draußen langsam erwachte,
zu spielen.

Diese alte Fliegengittertür, ausgebeult von unseren täglichen Zusam-
menstößen, war ein alchemistisches Tor zu einer anderen Welt. Über
dem Sumpf hinter dem Kornfeld schwebten noch Nebelschwaden, die
sich ebenso wenig auflösen wollten, wie die Sonne aufgehen wollte. In
der frühen Morgenluft hing ein Potpourri schwerer Düfte – von den
gestern geschnittenen Alfalfa-Sprossen, den Rosen neben dem Haus
und dem Klee, der am Zaun entlang wuchs. Im Gras vor der Scheune
funkelte der Tau. Unsere vier Pferde drängten sich in der Kälte des frühen Morgens in der sonnigen Ecke der Weide hinter der Scheune und
liebkosten sich mit den Schnauzen. An solch einem Tag war die Welt
ein Universum voller Spielgefährten: den eben flügge gewordenen Rotkehlchen im Obstgarten, den jungen Kätzchen auf dem Dachboden,
den Pferden im Scheunenhof, dem Schiffswrack hinten im Wald. Und
ich musste herumwandern und sie alle besuchen, bevor die Gewitter
am Nachmittag laut über die Wiesen und Weiden poltern würden wie
die Kartoffelsäcke auf dem Scheunenfußboden.

Ich öffnete die Scheunentür und betrat den stillen Raum, in dessen
schattiger Dunkelheit gelbes Sonnenlicht aufleuchtete, das durch die
Ritzen in den alten, schiefen Holzwänden drang. Die Luft war voll
vom Staub des Heus, das in Sonnenflecken wie unzählige goldene Käfer
tanzte. Ich kletterte die Leiter hoch, die in die Scheunenwand eingebaut
war, um auf den Dachboden zu gelangen. Dort band ich das dicke Seil
los, das um den mächtigen Deckenbalken geschlungen war, sprang auf
den ballgroßen Knoten am unteren Ende und schwang mich über die

Heuballen unten. Genau im richtigen Augenblick ließ ich mich fallen und purzelte ins Heu. Ich krabbelte aus dem Heu und begab mich zur Leiter, um noch einmal zu springen.

Als ich sechs war, ließ ich mich von meinem Staunen leiten und folgte ihm überall hin. Wenn ich kurz vor Einbruch der Dunkelheit schnell ins Haus schlüpfte, fragte meine Mutter mich immer forschend: „Was hast du heute gemacht?" „Nichts besonderes", antwortete ich.

Viele Jahre später spielte ich an einem warmen Nachmittag in San Diego mit Kindern von der Children's School nach dem Unterricht auf dem Rasen draußen. Alle Kinder waren von ihren Eltern abgeholt worden, außer David. Wir tummelten uns auf dem Gras, jagten uns über den Hof und kletterten auf die hölzernen Spielgerüste. Während der Nachmittag dahinging, wurde unser Spiel sanfter und passte sich an die Stille des frühen Abends an. Wir rannten nicht mehr, sondern gingen, unser Herumgetolle ging in Umarmungen über, und statt zu klettern, lagen wir entspannt auf dem Rücken im Gras und betrachteten das Wechselspiel des Himmels über uns.

Wir spielten mit den Wolken und stellten uns vor, sie wären Wattebäusche auf unseren Fingerspitzen. Wir zeigten darauf und teilten uns unsere Entdeckungen mit – rennende Pferde, die sich aufbäumten, Tiger, die ihr Maul aufrissen und wieder schlossen, Wale, die aus dem Wasser auftauchten und wieder verschwanden. David sagte mit sanfter Stimme: „Weißt du Fred, wenn wir spielen, wissen wir nicht, dass du anders bist als ich und ich anders als du."

In Wolf Haven ruhte Sybil, eine zweijährige Wölfin, oft auf dem Boden, den Kopf auf ihren gekreuzten Vorderpfoten, und sah mich eindringlich an. Der Blick ihrer tiefen bernsteingelben Augen zeigte keine Spur von Aggression oder Unsicherheit. Ich saß auf einem Baumstumpf in ihrer Nähe und erwiderte ihren Blick. Nach einer Weile kam sie zu mir, stellte die Vorderpfoten auf meine Oberschenkel und ließ ihren Kopf auf meiner Schulter ruhen. Ich lehnte mich leicht gegen sie. Nach einigen Minuten ging sie so ruhig wieder, wie sie gekommen war.

Sybil schlenderte zurück zu ihrem Lieblingsplatz zwischen den sechs anderen Wölfen, schnüffelte den Boden ab, drehte sich ein paarmal um sich selbst und legte sich hin. Ich stand auf und ging langsam durch das Gehege. Fast sofort lief Sybil zu mir her. Sie sprang hoch und legte die

Pfoten auf meinen Unterarm, den ich vor mir hielt. Sie knabberte an meinem Bart und ich tätschelte ihr mit meiner freien Hand den Kopf. Unsere Gesichter waren sich sehr nahe. Dann tauchten unsere Blicke ineinander. Plötzlich war da weder Wolf noch Mensch, weder Sybil noch Fred, nur Licht. Eine Sekunde lang durchdrang mich eine große Kraft – und schon war es vorbei. Nur für eine Sekunde wurde ich in den innersten Kern ihres Lebens gezogen.

Mir liefen Tränen über die Wangen, als mir klar wurde, dass Sybil mich an einer Essenz teilhaben ließ, die sich sämtlichen Kategorien entzieht. Ich fragte mich, ob sie das ebenso empfunden hatte. Wäre sie ein Mensch, dann würde ich sie anrufen oder ihr zumindest einen Brief schreiben. Aber wie würde ich ihr mitteilen, was ich wusste? Ich lächelte über meine menschlichen Gedanken: Sybil wusste es bereits.

Dies sind drei ganz gewöhnliche und zugleich außergewöhnliche Begegnungen, greifbare Öffnungen in ein unteilbares ökologisches Ganzes, in dem kein Element ein anderes dominiert oder ihm Schaden zufügt. Spielgefährten ergreifen den Augenblick, statt auf ihren Erwartungen zu beharren. Während wir erfahren, an welchem Punkt wir Widerstand leisten, wie sich Verbundenheit und gemeinsames Fließen anfühlen, ist zwischen uns ein ständiges Geben und Nehmen.

In diesem Buch geht es um die Kunst, aus uns Spielgefährten zu machen. Wir sind das Rohmaterial, mit dem unsere Spielgefährtinnen und Spielgefährten arbeiten, indem sie ursprüngliches Spiel mit uns spielen, um das in uns verborgene Spiel zu befreien.

Meine Spielgefährtinnen und Spielgefährten, wie David und Sybil, öffneten Türen zu einer großen, weiten, sinnerfüllten Welt, die ich in meiner Kindheit hinter mir gelassen hatte. Mit ihnen gemeinsam spürte ich, dass das Leben in Wirklichkeit sowohl einfach als auch hintergründig, voll Verbundenheit und eins ist. Ein Teil von mir – der innere Spielgefährte – kam zum Vorschein wie Don Quichotte, der, völlig unangepasst, von einer anderen Welt ausgeht, die voller Wunder und wunderbar erfüllt ist. Ich erkannte einen Grundsatz, der Wissenschaft und Mystizismus gemeinsam ist: In ihrem innersten Kern ist unsere Welt eins, und wir können dieses Einssein entdecken und erleben.

Das ging weit über das hinaus, was ich mir erhoffte, als ich anfing, mit Vorschulkindern zu spielen. Spiel zerfetzte nicht nur meine Hosen, sondern auch viele meiner vorgefassten akademischen Ideen von der Welt. Eine gewisse Demut mäßigte meine Freude und Aufregung. Mit Staunen und Ehrfurcht erlebte ich, wie sich mir eine ganze Reihe völlig neuer Möglichkeiten erschloss. Das Spiel mit Kindern ließ mir keine andere Wahl, als meine Vorstellung vom Universum und von meinem Platz darin ständig neu zu überdenken. In dem Maße, wie meine Spielgefährten neu definieren, was ich als Realität zu akzeptieren gelernt habe, erweitert sich meine Sicht ständig.

„Hauptsache, es macht Spaß." Diese Worte stammten von Dr. Bill Bunge, einem Universitätsprofessor, der mich und meine Mitstudenten, die er in Umweltkunde unterrichtete, ermahnte, uns an der Welt zu erfreuen und sie zu erforschen.

Was meinte er damit? Wollte er wirklich sagen, dass meine Ausbildung Spaß machen solle? War das ein Trick von ihm? Ich fand es schon bald heraus: Er wollte, dass wir lernen und Freude daran hatten. Statt geografische Daten auswendig lernen und Tests mit Mehrfachantworten schreiben zu müssen, machten wir eine Reihe von scheinbar unmöglichen Projekten. Als wir bei der zweiten Projektreihe anlangten, gab ich es auf, einen Abschluss machen zu wollen und begann mit den Ideen, die er uns vorstellte, herumzuspielen. Ich war sowohl hoch erfreut als auch verwirrt. Dieser Mann schien das Gegenteil von dem zu unterrichten, was ich in der Schule jahrelang gehört hatte.

Ich begann mich auch außerhalb meines Seminars an Bills Rat zu halten, aber je mehr ich versuchte, mit meiner Ausbildung zu spielen, desto steifer fühlte ich mich. Das Universitätssystem eignete sich nicht zum Spielen, und wie viele andere auch war ich praktisch nicht mehr imstande, die transformativen Kräfte von Spiel zu erfahren.

Nach einer Weile gab ich Spiel auf, um mich ernsthaft und produktiv der akademischen Arbeit zu widmen. In vielen Schuljahren hatte ich gelernt, die Welt aus einem ganz bestimmten Blickwinkel zu sehen und gedanklich zu erfassen. Und ohne mir darüber im Klaren zu sein, hatte ich den Kontakt zu meinem Gefühl des Staunens und der Zugehörigkeit zur Welt verloren. Ebenso wenig wie ich bereit war, ein Kaninchenloch zu entdecken, das ins Wunderland führte, war ich offen für die Möglichkeiten von Spiel.

Ich schloss mein Studium ab, ohne die Universität jemals als einen Ort der Gelehrtheit zu erleben, wo Menschen sich auf das Spiel mit Ideen einließen. Frustriert von der akademischen Welt, verließ ich Mitte der siebziger Jahre die Universität, um Lehrer zu werden. Ich wollte mit Menschen in Kontakt sein, die lernten. Ich wollte nicht lehren, überzeugen und gut zureden. Ich wollte einfach mit anderen zusammen lernen. Die Vorschule, so dachte ich, wäre dafür am besten geeignet, und so trat ich eine Stelle als Lehrerassistent an der Children's School in San Diego an.

Wie vor Jahren Cort, der Sohn meines Studienfreundes, zogen die Kinder auf dem Spielplatz der Schule mich an den Hosenbeinen, damit ich mich zu ihnen auf den Boden setzte. Jetzt begann meine Ausbildung zum Spielgefährten wirklich. Unter Anleitung meiner neuen Spielgefährtinnen und Spielgefährten erlebte ich, dass Spielen Möglichkeiten und Richtungen birgt, die mir in meiner Collegezeit gar nicht bewusst waren. Hier gab es keine Fachsimpeleien. Die Kinder hatten etwas anderes im Sinn. Tatsächlich redeten sie gar nicht mit mir.

Ich war begeistert über diese Rückkehr zum Spiel. Erst als diese Kinder mir Spiel neu beibrachten, dämmerte mir, dass ich vor vielen Jahren aufgehört hatte zu spielen.

Ich dachte, ich hätte mein ganzes Leben lang gespielt. Schließlich hatte ich in der Kleinen Liga Baseball und an der Hochschule Fußball gespielt. Jetzt begann ich allmählich zu begreifen, dass das, was ich immer für Spiel gehalten hatte, kein Spiel war. Ich muss für meine kleinen Spielgefährten ein ziemlich langsamer Schüler gewesen sein. Wochenlang rollten, rannten und ruhten wir auf dem Rasen, bevor ich allmählich begriff, dass ich als Spielgefährte „eingeweiht" wurde. Meine Tutoren waren Meister, deren Geist, Körper und Seele noch völlig lebendig waren. Sie entführten mich durch ihr Spiel! Schon bald begann ich die Welt anders zu sehen. Das tiefe Gefühl von Zugehörigkeit, das ich im Spiel erlebte, war zu wichtig, um in die „Freizeitecke" gesteckt zu werden. Ich wollte mehr.

Ohne dass ich darum gebeten hätte, begann Spiel sich langsam auch in anderen Bereichen meines Lebens auszubreiten. Mein Unterricht, mein Schreiben und meine „Hausmannspflichten" wurden lebendiger, spontaner und energievoller. Wenn meine eigenen Kinder, Anthony und Etienne, mich spielerisch anstupsten, stellte ich mitten in den Vorbereitungen für das Abendessen den Herd ab und ging mit ihnen raus auf den Rasen. Wenn ich an meiner Dissertation saß und eines meiner Kinder mir einen „Spielblick" zuwarf, brach ich mitten im Satz ab und balgte mich mit ihm auf dem Teppich. Ich stellte fest, dass die Bedenken, die ich als Erwachsener hatte, unrealistisch waren. Ich musste ja nicht stundenlang spielen. Das Abendessen wurde einfach etwas später fertig. Und meine Dissertation schloss ich termingerecht ab.

Ich begann etwas zu spüren, das über unser spielerisches Tun und Machen hinausging, ohne dass ich es erklären konnte. Ich hatte meine akademische Ausrichtung noch nicht ganz aufgegeben und wollte Bestätigung für das, was ich mit Kindern erlebte. Also fing ich an, alles über Spiel zu lesen, was mir in die Hände kam.

Ich fand nicht, was ich erwartete hatte. Stattdessen stieß ich auf eine große Diskrepanz zwischen dem, was ich beim Spielen empfand, und den Abhandlungen der Verhaltenswissenschaftler über Spiel. Ich war verblüfft. Was ich über Spiel las, war so unlebendig und trocken; für mich hatten diese Worte nichts mit meiner Spielerfahrung zu tun. Die Forscher hielten sich pflichtbewusst an die akademischen Regeln und gingen mit ihren Begrifflichkeiten völlig an Kindern vorbei. Wenn das, worüber die Akademiker schrieben, Spiel war, musste ich über eine Form des Verhaltens gestolpert sein, die man bislang noch nicht „entdeckt" hatte. Wenn das, was ich erlebte, Spiel war, beschrieben die Wissenschaftler etwas völlig anderes und nannten es Spiel. Je mehr ich spielte, desto größer wurde diese Diskrepanz zwischen meiner Erfahrung und ihren Büchern. Ich gelangte immer mehr zu der Überzeugung, dass ich in eine völlig andere Beziehung eingeweiht wurde, deren Dynamik die Wissenschaft mit Begriffen beschrieb wie: „ziellos", „Dampf ablassen", „ausagieren", „unwirklich", „Konkurrenzkampf", „kindisch", „Vorbereitung auf das Erwachsenenleben" und „abreagieren von unterdrückten Aggressionen".

Ich stieß nur auf wenige Ausnahmen von dieser Herangehensweise der Sozialwissenschaften an Spiel. Eines Tages, als ich Gregory Batesons *Eine Theorie des Spiels und der Phantasie* noch einmal las, traf mich eine seiner Erkenntnisse wie ein Blitz. Er schreibt, dass „Spiel nur auftreten kann, wenn die beteiligten Organismen in gewissem Maße der Metakommunikation fähig waren, d.h. Signale austauschen konnten, mit denen die Mitteilung 'Dies ist Spiel' übertragen wurde." Genau das hatte ich mit meinen Spielgefährten erlebt.

Beim Spielen stellte ich fest, dass diese nonverbale Botschaft von allen Kindern verstanden wurde, ganz gleich wie ihr kultureller Hintergrund oder ihre Krankengeschichte aussah. Ich spielte mit Kindern aus Mexiko, die kein Englisch sprachen. Ich sprach auch kein Spanisch, aber das war völlig unwichtig. Ich spielte mit autistischen Kindern und Kindern mit zahlreichen weiteren emotionalen Störungen und stellte fest, dass sie wie „normale" Kinder spielten. Die Etiketten, die man für diese Kinder bereit hielt, waren für unser Spiel bedeutungslos. Ich begann Verdacht zu schöpfen, dass ich hier in eine Kommunikationsform unserer Spezies eingeführt wurde, die alle kleinen Kinder verstanden. Die Aussage des Dalai Lama, „Kinder wissen innerlich, dass alle Kinder und alle menschlichen Wesen gleich sind", bekam für mich eine neue Bedeutung.

Während ich immer mehr und ganz unterschiedlichen Spielgefährtinnen und Spielgefährten begegnete, stellte sich heraus, dass Spiel ein noch grundlegenderes Verhaltensmuster war, als ich zunächst angenommen hatte. Ich begann zu vermuten, dass es nicht nur Menschen, sondern alle Lebewesen miteinander verband, und so beschloss ich, mich nach Spielgefährten aus dem Tierreich umzusehen. Intuitiv hatte ich das Gefühl, dass Hunde und Katzen zu domestiziert und damit in gewisser Weise zu „verfälscht" waren, um so zu spielen, wie ich Spiel begreifen gelernt hatte. Ich würde mit wilden Tieren spielen müssen.

Als ich eines Tages zu Besuch in Seattle war, erzählte mir meine Freundin Vicki von Wolf Haven, einem Tierschutzgebiet in der Nähe von Tenino, im Staat Washington. An einem regnerischen Tag fuhren wir dorthin, um mit Jack zu sprechen, einem Biologen, der auf Wölfe spezialisiert war, und uns den Ort anzuschauen. Ich erzählte Jack, dass ich gern in das Gehege gehen und mit den Wölfen spielen wollte. Er schlug mir vor, einen entsprechenden Antrag zu schreiben, den er dem Vorstand von Wolf Haven unterbreiten würde. Das tat er. Und mit der Auflage, dass ich die Wölfe nicht verletzte und die volle Verantwortung für mich trug, begann ich wenig später, mich den Wölfen als Spielgefährte vorzustellen. Das war ein langer Prozess. Da ich in Südkalifornien lebte und arbeitete, konnte ich nur zweimal im Jahr, im Frühjahr und Herbst, jeweils für zwei bis drei Wochen kommen. Neun Jahre reiste ich jedes Jahr an, um mit den Wölfen, Kojoten und Füchsen von Wolf Haven zu spielen.

Mitte der achtziger Jahre zogen wir nach Montana. Ich begann in den Bergen zu wandern, auf der Suche nach Spielgefährten. Im Yellowstone Nationalpark und auf dem angrenzenden Land fand ich Rehwild, Elche, Bisons und Bären. Mit der Zeit erweiterte sich der Kreis meiner wilden Tier-Spielgefährten um einen Schmetterling, einen Mungo, Löwenjunge, Paviane und Delphine.

In der Zeit las ich ein weiteres Buch von Gregory Bateson, *Geist und Natur: eine notwendige Einheit*, und war völlig verblüfft von der Frage, die er ganz am Anfang seines Textes stellte: „Welches ist das Muster, das alle Lebewesen verbindet?" Ich war vor Begeisterung kaum zu bremsen. Spiel natürlich! Mein Spiel mit Kindern und Tieren hatte mir in den vergangenen Jahren bestätigt, dass Spiel eine konstante Größe im Leben ist, ein Prinzip, dessen Anwendungsbereich umfassender war, als ich mir vorstellen konnte. Ich empfinde Zugehörigkeit und Verwandtschaft zu einer sehr großen Gemeinschaft, die ich nicht eingrenzen kann.

Die Liebe, die im Spiel Ausdruck findet, überwindet gesellschaftliche Grenzen. Über diese Liebe schreibt der Dichter Rainer Maria Rilke: „... Denn das Schöne ist nichts als des Schrecklichen Anfang, den wir noch grade ertragen.". Mir ist eine solche Liebe zuteil geworden, und ich fürchte sie und sehne mich zugleich zutiefst nach ihr. Genau um diese Liebe geht es in unserem Leben hier auf dieser Erde. Sie kümmert sich nicht um Fragen der Moral oder des Überlebens. Sie teilt Leben nicht in Kategorien ein und geht über unsere gesellschaftlich geprägten Liebesbeziehungen hinaus. In meiner Schulausbildung fand sie keinerlei Erwähnung. Es ist Liebe für ein Pferd, ein Kind, einen Fluss – nicht als Pferd, Kind oder Fluss, denn das sind lediglich Begriffe. Dieses „es" nenne ich im Spiel „Freundlichkeit". Wenn ich eines weiß, dann dass alles Leben durch diese Freundlichkeit miteinander verbunden ist. Das Spiel mit Kindern und Tieren weckt und befreit diese Liebe/Freundlichkeit in mir, die bislang schlief.

Unser grundlegender Irrtum in Bezug auf das, was wir allgemein „Spiel" nennen, besteht darin, zu glauben, es werde von der jeweiligen Kultur entwickelt und sei eine Aktivität, der bestimmte Menschen, wie Kinder und Sportler, zu bestimmten Zeiten, wie bei Sportwettkämpfen, in den Ferien oder in Pausen, nachgehen. Eine völlig andere Sicht wäre, dass Spiel keine Reihe von kindischen Aktivitäten, Freizeitbeschäftigungen oder persönlichen Schrullen ist, sondern eine heilige Beziehung zum Leben selbst und keinesfalls eine allgemein beliebte Erfindung. Die Freundlichkeit von Spiel wird, obwohl von Gesellschaften und Religionen als Ideal angestrebt, in unserem Alltag abgewertet. Man bringt Kindern bei, nur einen Teil des Lebens als gleichgesinnt zu betrachten. In diesem Umfeld ist authentisches Spiel ein verwegenes Abenteuer, das an den Grundfesten der Gesellschaft rüttelt.

Im Spiel verbünden wir uns über die Grenzen von Nationen, Kulturen und Religionen hinweg mit dem Leben selbst. Spielend berühren sich Lebewesen gegenseitig in dem, was in ihnen zutiefst lebendig ist. Verglichen mit authentischem Spiel sind die kulturellen „Fälschungen", wie befriedigend sie auch sein mögen, bloße Oberfläche oder Unterhaltung. Spiel ist einfach der richtige Weg, das Leben kunstvoll zu gestalten. Im höchsten Sinne ist Spiel verkörperte Freundlichkeit.

Lewis Mumford beschreibt Loren Eisely in einem Brief, was ein Spielgefährte für ihn ist: „Das sind die, die auf Fragen keine Antworten geben und stattdessen, wenn sie wieder gehen, die Spur eines Leuchtens hinterlassen, das nicht von dieser Welt ist, wie wir sie kennen oder in unseren Büchern beschreiben." Lin-chi (Rinzai), ein chinesischer Zen-Mönch, beschreibt den Spielgefährten, wie ich ihn verstehe, als „Wahre Person, ohne Rang oder Stempelzeichen in diesem großen Haufen Säugetierfleisch".

Ein Spielgefährte zu werden ist eine große Herausforderung. Manchmal scheint es auf dieser Erde nicht möglich zu sein. Die Reise geht dahin, dass wir wieder lernen, was wir verlernt haben, unermüdlich praktizieren und uns einlassen, einem Mysterium auf der Spur, das uns manchmal tiefe Freude und dann wieder große Zweifel beschert. Meine Vorstellung und Praxis von Spiel unterscheidet sich inzwischen sehr von unseren konventionellen Vorstellungen von Spiel. Im Zusammensein mit Erwachsenen bin ich mir manchmal unsicher in meinem Verhalten und hinterfrage es. Mit Kindern in einer Gesellschaft zu spielen, die sowohl Kinder als auch Spiel abwertet, ist ein radikaler Akt. Unsere Gesellschaft unterstützt dieses Spiel mit Kindern nicht. Man findet es „nett" oder „drollig" und mein Spiel mit Tieren „interessant". Wir haben Schwierigkeiten mit einem Menschen, der älter ist als fünf und „noch" spielt.

Ein Reporter schrieb: „Fred Donaldsen hat bei der Arbeit nie schwere Tage. Er spielt ja nur herum." In solchen Situationen erinnere ich mich an das, was ich von Kindern und Tieren lerne, und mache mir klar, warum ich spiele. Spiel ist kein Job und kein Beruf, sondern meine Berufung, die, wie ich mich erinnere, als „die Arbeit (gilt), zu der die Götter uns auffordern".

Als ich anfing zu spielen, versuchte ich noch nicht zu erklären, was Spiel ist. Erst einige Zeit nach diesen ersten Erfahrungen mit Spiel versuchte ich gedanklich zu begreifen, was da passiert. Mit wurde klar, warum die Bemühungen der Sozialwissenschaftler, Spiel so zu verstehen, wie ich es erlebte, zum Scheitern verurteilt sind. Sie erforschen Spiel als außenstehende Beobachter und analysieren es. Doch wenn sie versuchen, es wieder zusammenzusetzen, fehlt ihnen etwas. Sie haben zwar die Summe aller Teile vor sich, doch entgeht ihnen das Ganze.

Ich denke an einen Tag im Spätsommer in Montana. Der Himmel ist strahlend blau. Hier und da ziehen Bauschwolken über mir dahin. Die Espenblätter flirren am Baum, und ihr Laub sammelt sich unter seinem Stamm. Die Sonne ist fast noch heiß, die leichte Brise ein wenig kühl – kurz, ein Tag, den man draußen verbringen sollte. Wenn ich versuchte, ihn zu analysieren, indem ich ihn in seine meteorologischen und biologischen Teile zerlege, verliert er seine Schönheit. Doch wenn ich diesen Tag einfach erlebe, wird er Teil von mir.

Als Spielgefährte bin ich nicht abhängig von den Regeln, nach denen ich ansonsten lebe, und diese Unabhängigkeit macht mich frei, tiefere Regeln zu achten, die wir im gesellschaftlichen Rahmen nicht umsetzen können. Spiel ist nichts Neues. Dieses kosmische Spiel existierte schon vor Anbeginn allen Lebens. Jede menschliche Geburt – tatsächlich die Geburt jedes Lebewesens – ist Ausdruck dieses Lebensspiels.

TEIL I

Ursprüngliches Spiel

Gott schläft in den Steinen,
Träumt in den Pflanzen,
Regt sich in den Tieren,
Erwacht in der Menschheit
Und spielt mit allen.

Autor unbekannt

In der tiefer liegenden Wirklichkeit jenseits von Zeit und Raum
sind wir vielleicht alle Glieder eines einzigen Körpers.

Sir James Jeans

Kapitel 1

„Komm mit mir an meinen geheimen Ort": Eine göttliche Einladung

Die Seele wird von Gott an einen geheimen Ort geführt…, denn nur Gott allein spielt mit ihr ein Spiel, von dem der Körper nichts weiß.

Mechthild von Magdeburg

Nachdem ich eine Entdeckung machte, werde ich die Welt nie wieder so sehen wie zuvor. Meine Augen sind andere geworden; ich habe mich in eine Person gewandelt, die anders sieht und denkt. Ich habe eine Kluft überwunden, die heuristische Kluft zwischen Problem und Entdeckung.

Michael Polanyi

Spielen heißt, sich einer Art Zauber auszuliefern, sich selbst den absolut anderen vorzuspielen, die Zukunft vorwegzunehmen, die böse Welt der Fakten Lügen zu strafen. Im Spiel werden die irdischen Wirklichkeiten ganz plötzlich zu Dingen des vorübergehenden Augenblicks, die man jetzt hinter sich läßt, die man loswird und in der Vergangenheit begräbt. Der Sinn wird vorbereitet, das

Unvorstellbare und Unglaubliche zu akzeptieren, in eine Welt ein-
zutreten, in der andere Gesetze gelten, von allen Gewichten befreit
zu werden, die ihn niederdrücken, damit er frei sei, königlich,
unbehelligt und göttlich.

Hugo Rahner

Ein Hauptkapitel der Geschichte der Welt scheint von herumirren-
den kleinen Geschöpfen zu handeln, die scheinbar kein besonderes
Potential haben und wie die kleine hilflose Alice durch ein Kanin-
chenloch oder eine überraschende Felsspalte in ein neues Reich
fallen, wo alles drunter und drüber geht.

Loren Eiseley

Als ich heute Morgen auf meiner Veranda saß und las, radelt Chris, der
Junge von nebenan, auf seinem Fahrrad die Auffahrt herunter. Er
bremst abrupt und vertraut mir an, dass er ein Geheimnis habe, beugt
sich näher zu mir und lädt mich ein, mit ihm den Baum zu besuchen,
wo die Trolle wohnen. „Es ist nicht weit", versichert er mir. Begeistert
von der Aussicht auf solch ein Abenteuer, lege ich mein Buch beiseite
und wir brechen auf. Er führt mich durch eine Straße in der Nähe zu
einer riesigen Zeder mit einer langen, engen Öffnung, die in ihre
dunkle Mitte führt. Chris legt den Finger auf die Lippen, um mir zu
signalisieren, still zu sein. „Sie haben gesagt, man könne ruhig herein-
kommen, auch wenn niemand zu Hause ist", flüstert er und versichert
mir: „Ich habe das schon mal gemacht." Wir zwängen uns durch die
Öffnung hinein, warten ein paar Minuten still in der dunklen, feuch-
ten, duftenden Mitte des Baumes und zwängen uns dann wieder hinaus, gewandelt.

Auf dem Rückweg sind wir beide still. Auch wenn meine Füße fest
die Erde berühren, gehe ich, als schwebte ich in der Luft. Dann beginne
ich mich zu fragen, was passiert ist, und genau diese Frage ist wie eine
Stecknadel, die das Erlebnis platzen lässt. Plötzlich gehe ich wieder auf
der Straße und betrachte Häuser und Bäume. Das Erlebnis verschwindet wie ein Traum. Und doch war es kein Traum. Während wir um die
Ecke in unsere Straße biegen, schaue ich mich noch einmal nach dem

Baum um. Er sieht jetzt anders aus. Ich bin zurück in meiner üblichen Welt, und doch ist diese nicht ganz dieselbe wie zuvor. Die meisten Erwachsenen, die diese Geschichte hören, sind verblüfft darüber, dass ich sie für wahr halten könnte.

„Natürlich hast du nur dem Kind zuliebe getan, als wäre das alles Wirklichkeit. Du glaubst doch nicht wirklich an Trolle, oder?" Ihr Skeptizismus ordnet solch ein Erlebnis als Fantasie ein. Manche Erwachsene jedoch fragen aufgeregt: „Wo ist dieser Baum?" Diese beiden Fragen gehen von völlig verschiedenen Annahmen aus. Das Kind in uns ist begierig darauf, diesen Baum aufzusuchen. Der Erwachsene nimmt gar nicht wahr, dass es ihn gibt.

Heute habe ich mit Dennis draußen gespielt. Es war unsere übliche halbe Stunde nach seinem Mittagessen, bevor er mit dem Bus nach Hause fährt. Als ich mich zu ihm an den Tisch kniete, lächelte er und begann einen kleinen Haufen Blätter zusammenzusammeln, ein großes Blatt und eine Handvoll Blattstücke. Als er alle beisammen hatte, gingen wir zur Tür. Er legte die Blätter auf die Türschwelle und begann damit zu spielen. Das große Blatt war eine Henne und die kleinen Stücke waren abwechselnd Babies oder Eier, je nachdem, ob er das große Blatt oben auf den Haufen legte oder die Blattstücke darum verteilte. Dennis zog mich in sein Spiel hinein und erzählte mir von den Küken, die er bei einem Ausflug vor dem Mittagessen gesehen hatte. Für einen Moment wanderten meine Gedanken zurück zu meiner eigenen Kindheit, und ich sah mich, wie ich als kleiner Junge von einer Pferdeshow zurückkehrte und in der Garage und im Keller nach Dingen suchte, mit denen ich Hindernisse für meine Hinterhofarena bauen konnte. Ich wurde zu den verschiedenen Pferden, die ich am Morgen gesehen hatte.

„Du bist die Babies." Dennis' Worte holten mich von Pferden zurück zu Küken.

„Wo gehst du denn hin, Mutter?" fragte ich. Dennis ließ das Blatt/die Henne über die Küken fliegen und in ihrer Nähe landen. Plötzlich sah ich kein Blatt mehr, sondern ein Huhn. Ebenso schnell sah ich wieder ein Blatt, das sich in Form eines Vogels anmutig vorbeugte. Ich grinste in mich hinein. Dennis war ein Meister, und ich hatte Erlaubnis bekommen, seine Welt mit ihm zu teilen. Keiner von uns störte sich an der „Tatsache", dass wir ein Huhn sahen und unsere Vögel Blätter waren. Die Unterschiede hier machten keinen Unterschied. Ich lächelte und schaute mich um. Schaute mir jemand zu? Hätte man sehen können, dass auch ich Hühner sah? Wem konnte ich von diesem Erlebnis erzählen? Dennis wusste es bereits. Alle anderen sahen Blätter.

Je länger ich mit ihnen arbeitete, so stellte ich fest, desto größer wurden sie, und als ich richtig mit ihnen arbeitete, befand ich mich nicht mehr außerhalb von ihnen, sondern mitten unter ihnen. Ich war Teil des Systems. Ich war direkt da unter ihnen und alles wurde groß. Ich konnte sogar die inneren Teile der Chromosomen sehen... Das überraschte mich, weil ich wirklich das Gefühl hatte, direkt dort zu sein, und diese hier waren meine Freunde. Wenn du diese Dinge betrachtest, werden sie zum Teil von dir. Und du vergisst dich. Das Wichtigste ist, dass du dich selbst vergisst.

Barbara McClintock

Ich hatte das Gefühl, dass ich eine unermessliche Präsenz wahrnahm *und* von dieser *wahrgenommen wurde*. Ich war sprachlos, und zugleich versuchte ich, eine enorme Menge an Informationen aufzunehmen, die ich weder in entsprechende Muster noch in frühere Erfahrungen einzuordnen vermochte. In gewisser Weiser transzendierte diese Erfahrung das menschliche Erleben, reichte bis tief in unbekannte Mysterien.
Diese Einladung eines weiblichen Wals, ihre Welt mit ihr zu teilen, verschaffte mir durch einen kosmischen Spalt zwischen den Spezies einen kurzen Einblick... in die Einheit aller lebenden Wesen, wie wir sie eines Tages in der Zukunft erleben werden..., einen Ort, an dem wir schon einmal gewesen sind und an den wir zurückkehren werden... ein friedliches Versprechen... *das* „friedliche Königreich".

Antoinette Lilly

Als erstes musst du träumen und daran glauben, dass es die Einladungen, „hervorzukommen und mit der Welt zu spielen", tatsächlich gibt. Stelle dir diese Einladung als einen Spielkameraden vor, der jeder oder alles sein kann, real oder phantasiert. Die Einladung, dich dem Mysterium anzuschließen, kann in Person eines Kindes wie Dennis kommen, als Troll-Baum oder Blick aus dem Auge eines Wales. Die Einladung annehmen heißt, sich von einem Strom der Phantasie mitreißen zu lassen und sich dadurch der göttlichen Erscheinungen, die uns umgeben, deutlich bewusst zu werden. Letzten Endes verblasst die materielle Welt und kommt unserer Sehnsucht entgegen, ihren mysteriösen Einladungen zu folgen und sie zu erforschen.

Überraschung!
Das Leben kommt ohne Vorwarnung

Es heißt, das Leben passiert uns, während wir darauf warten, dass etwas anderes geschieht. Der Historiker Daniel Boorstin erzählt die Geschichte eines obskuren holländischen Brillenmachers namens Hans Lippershey, der um 1600 herum lebte. Eines Tages kamen zwei Kinder in seinen Laden und begannen, mit seinen Linsen zu spielen. „Sie legten zwei Linsen zusammen, und als sie durch beide zugleich auf eine entfernte Wetterfahne auf der Stadtkirche blickten, wurde diese auf wundersame Weise vergrößert." Lippershey schaute selbst durch die Linsen und begann dann, Teleskope herzustellen. Sich ständig von der Welt überraschen lassen heißt nicht, gefühlsduselig und sentimental zu sein, sondern zu begreifen, dass wir uns mitten in einem Mysterium befinden.

Zu oft verengt sich unsere Sicht auf Kategorien, erstarrt zur festen Form wie Eiskristalle zu Flächen. Einen Spielgefährten entdecken heißt anfangen zu schmelzen. Wenn wir eine Einladung zum Spielen erhalten, werden Dinge, die wir schon oft getan haben, zu etwas, das uns wandelt. Der Dichter Rabindranath Tagore wurde so transformiert: „Als plötzlich aus dem innersten Kern meines Wesens ein Lichtstrahl seinen Weg nach draußen fand, breitete er sich aus und erleuchtete für mich das ganze Universum, das nicht länger als viele einzelne Haufen, Dinge und Ereignisse erschien, sondern sich meiner Sicht als ein einziges Ganzes erschloss." Diese Einladungen können, was oft auch geschieht, dann eintreffen, wenn wir sie überhaupt nicht erwarten. Wenn wir aufmerksam mit dem Herzen lauschen, können wir inmitten der Hetze und des Gewirrs unseres Alltags hören, wie sich von ferne behutsam eine Einladung/ein Spielgefährte regt. Werden wir dann ganz still und stellen das innere Zwiegespräch ein, schließen unsere Augen und schauen wirklich hin, kann uns, wenn weder das Auge noch unser Geist auf bestimmte Dinge fixiert ist, eine solche Einladung erreichen.

Ich stand im warmen flachen Uferwasser, meine Aufmerksamkeit ganz auf das Meer gerichtet, das in der späten Nachmittagssonne schimmerte. Ich kniff die Augen zusammen und versuchte, einen Blick auf Hollys Rückenflosse zu erhaschen, die das ruhige Wasser durchfurchte. Holly, ein zwei Jahre alter Delphin, wurde 1988 während meines Aufenthaltes in Monkey Mia, Australien, meine Spielgefährtin. Ruhig schwamm sie immer auf mich zu und knabberte an meinen Fingern oder bohrte ihr schnabelförmiges Maul in den Sand unter meinen Fuß und hob ihn. Heute jedoch konnte ich sie nirgendwo erblicken. Plötzlich spürte ich, wie etwas fest und sanft zugleich meine Finger umschloss, die an den Seiten meines Körpers im Wasser baumelten. Ich lächelte, schaute nach unten und erwartete in Hollys lächelnde Augen zu schauen. Stattdessen lächelte mich ein kleines Mädchen an. Sie nahm mich bei der Hand und leitete mich an zu einem Spielnachmittag. Sie kletterte auf meine Knie und hechtete vor dort ins Wasser. Wir tollten im Wasser herum und erforschten das Meeresufer. Später liefen wir Hand in Hand am Strand entlang, ohne zu sprechen. Als wir unter dem Bootssteg hindurchhüpften, sah sie ihre Mutter und lief zu ihr hin. Sie verließ mich so plötzlich, wie sie aufgetaucht war, und ich war dankbar für den wunderbaren Luxus, Gehilfe eines kleinen Kindes zu sein, das diesen rätselhaften inneren Ort fand und Licht hineinbrachte. Wieder einmal wurde ich daran erinnert, dass wir das Spiel durch jede Öffnung empfangen können, durch die es aufleuchten mag wie eine vergessene Glut. Das Universum lädt uns ein, sein Spiel mitzuspielen.

Vor langer, langer Zeit,
als das Wünschen noch geholfen hat...

Spielen ist ein vielversprechendes Abenteuer, das den Zauber von Alice und das Göttliche von Christus zusammenbringt. Aber selbst das reicht nicht aus; denn als magische und göttliche wären die Zugänge zum Spiel dem Menschen mit seinen gewöhnlichen Fähigkeiten verschlossen. Wir könnten über das, was uns das Spiel eröffnet, unmöglich etwas sagen, gäbe es nicht bestimmte außergewöhnliche Begegnungen, Erlebnisse und Enthüllungen. Mit ihrer Macht, Bedeutsamkeit, ihrer Stimmung und dem ausgeprägten Gefühl von Verantwortung, das sie mit sich bringen, sind diese Ereignisse einerseits ganz gewöhnlich und zugleich von einer ganz anderen Qualität als unsere üblichen Erfahrungen.

Das Leben präsentiert uns so viele verschiedene Einladungen, wie es Menschen gibt. Diese Einladungen sind ein Geburtsrecht der ganzen Menschheit. Ich nehme an, dass sich außer mir noch viele weitere Menschen hervorwagen und mit der Welt spielen, und sei es nur für einen Augenblick. Aber aus verschiedenen Gründen haben sie beschlossen, diese Erlebnisse für sich zu behalten.

Eines Morgens waren Dennis und ich draußen auf dem Schulgelände in unser morgendliches Spiel vertieft. Es war Oktober, und die großen Blätter der Platane begannen zu fallen. In der Nacht zuvor hatte es geregnet. Die Sonne hatte die Pfützen im Gras und im Sand auf dem Spielplatz noch nicht verdunsten lassen. Dennis legte sich auf dem Bauch auf das Karussell und winkte mir, mich ihm anzuschließen. So lagen wir zusammen dort, ließen das Karussell ganz langsam kreisen und beobachteten dabei, wie sich das braune Wasser wellte, während wir unsere Finger durch die Pfützen zogen. Wir sprachen nicht miteinander, schauten uns aber immer wieder an und lächelten. Dennis hob ein Blatt auf und legte es in das Wasser. Er brachte es mit seinem Finger zum Trudeln und sagte: „Baumstern." Er sah Muster und stellte Verbindungen her, wo ich feste Gegenstände sah. Dennis nahm die Einladung an und erlaubte der Welt, ihn am Herzen zu kitzeln.

Was Sir Arthur Eddington als „mystischen Kontakt zur Erde" bezeichnet, ist überall um uns herum zugänglich. Die Mischung von innerer und äußere Natur ist integraler Teil von uns allen; unser eigener Körper bietet uns Zugänge zum Spiel. Das ist ein sehr machtvoller Gedanke, nicht nur in Bezug auf unsere Heilung als Individuen, sondern auch für die Heilung der Erde. Wie Deepak Chopra erläutert: „Die amerikanischen und japanischen Forschungen über Spontanheilung bei Krebs haben ergeben, daß, kurz bevor die Heilung eintritt, fast jeder Kranke einen tief greifenden Bewußtseinswandel durchmacht. Er weiß, daß er geheilt wird, er spürt, daß die dafür verantwortliche Kraft in ihm selbst steckt, sich aber nicht auf ihn beschränkt, daß sie sich über seine persönlichen Grenzen hinweg über die ganze Natur erstreckt."

Wie Alice, die durch den Spiegel steigt, müssen wir einen Quantensprung durch die Öffnungen machen, die das Leben für uns bereitstellt. Wie die Schneeschmelze, die des Winters reiche Sammlung an verlorenem und liegen gelassenem „Kram" dem Frühling enthüllt, lassen solche Öffnungen unsere versteinerten Erfahrungen mit dem ursprünglichen Spiel wieder lebendig werden.

Zwei Blicke weit entfernt

Das Leben ist reich an Spielgefährten. Überall winken Einladungen, um uns von den üblichen kulturellen Pfaden wegzulocken. Warum nimmt nicht jeder von uns die Einladungen wahr, die das Leben uns zukommen lässt?

Ein Problem ist: Wir sind nur begrenzt imstande, wirklich zu sehen. Vielleicht lädt uns ein Blatt, ein Kind oder ein Chromosom für einen kurzen Augenblick ein. Wir erhaschen einen Blick auf mehr, als wir glauben, sehen und wissen zu sollen – und lehnen die Einladung ängstlich ab. Wir ziehen uns zurück auf sicher vermessenes Kulturgebiet.

Bei einer Reise nach Montana, wo ich im Norden des Glacier Nationalparks der Spur von Wölfen folgen wollte, besuchte ich einige amerikanische Ureinwohner, die Kunsthandwerker waren. Einer der Männer sagte in ruhigem Tonfall:

„Die meisten Menschen sehen keine Wölfe, weil sie nur mit ihren Augen sehen können. Manche sind geübt und sehen besser als andere. Einige von diesen Leuten sagen, dass sie Wölfe sehen. Weiße Menschen spüren Wölfe mit Hilfe ihrer Wissenschaft auf, doch selbst mit diesen Maschinenaugen können sie nicht sehen. Gute Augen reichen nicht aus, um einen Wolf in der Wildnis zu sehen." Er sah mich aufmerksam an, berührte mit der Hand die Mitte seines Brustkorbs und streckte sie mir entgegen. „Wir müssen einen zweiten Blick riskieren. Und das geschieht mit dem Herzen. Der wirkliche Wolf ist zwei Blicke weit entfernt."

Das Bewusstsein des „ersten Blicks" strukturiert das Leben fortlaufend nach rigiden Kategorien und Mustern. Um zu überleben, nehmen wir die Welt rational wahr, ordnen sie anhand fester Werte und versuchen sie systematisch zu beherrschen. Die meisten Erwachsenen nehmen durch die Schleier der Gewohnheit wahr und sehen Kinder als Rohmaterial, das geformt werden muss. Lehrer, Ärzte und Psychologen beschreiben Kinder mit einem bestürzenden Aufgebot an Etiketten, die von begabt, verhaltensgestört, autistisch, Aufmerksamkeitsdefizitsyndrom, lerngestört, Down-Syndrom bis zu mehrfach behindert reichen. Solche Begriffe mögen für die Kommunikation der Fachwelt hilfreich sein, sind aber beim Spielen mit Kindern völlig nutzlos. Hier ist die Wärme eines wachen Herzens angemessener als die kalte Analyse des rationalen Verstandes, der jeden Aspekt des Lebens erstarren lässt. Blaise Pascal rückte das für uns in die richtige Perspektive: „Das Herz hat seine vernünftigen Gründe, welche die Vernunft in keiner Weise erfasst."

Spielen erfordert einen zweiten Blick. Das ist schwierig, weil die Stimme unseres Herzens erstickt wird durch Gedanken, Ängste und Urteile. Kulturell geprägte Wahrnehmungen dringen einfach nicht tief genug. Einladungen zum Spiel entschlüsseln heißt, unter die Oberfläche schauen und mehr als Worte hören können. Mit der Weisheit eines Dritten Auges versetzt das Spiel uns in die Lage, die Wahrheit hinter den Erscheinungen zu sehen. Mit gewöhnlichen menschlichen Verfahren bekommen wir keinen Zugang zu Einleitungen zum Spiel, wohl aber als gewöhnliche Menschen. Was Joseph Campbell über den mythischen Helden sagte, stimmt auch für uns. Der Ruf, hervorzukommen und zu spielen, bedeutet, dass „die Bestimmung den Helden erreicht und seinen geistigen Schwerpunkt aus dem Umkreis der Gruppe in eine unbekannte Zone verlegt". Hier liegt die Überzeugungskraft des Spiels. Der zweite Blick ist es, der im Leben selbst das größere Leben aufspürt.

Der wahre Wert von Spiel liegt in dem, was es über die Anordnung des Universums selbst verrät, dessen verspielte Natur uralten Ursprungs ist. Zum Glück gibt es Träumer und Forscher, die die traumähnliche Natur der Ursprünge verstehen. George Wald erwähnte das in seinen Anmerkungen zum Nobelpreis: „Ein Wissenschaftler lebt mit der ganzen Realität. Es gibt nichts Besseres. Die Wirklichkeit kennen heißt sie akzeptieren und schließlich auch lieben. In gewisser Weise ist ein Wissenschaftler ein gelehrtes Kind. In jedem Kind steckt etwas von einem Wissenschaftler." Sowohl der Wissenschaftler als auch das Kind wissen, dass „man, wenn man in einen leeren Raum gelangt, logischerweise anhalten muss. Doch das Leben springt", wie Michael Adam sagte. Spielgefährten springen aus der Sicherheit des alten Wissens der Professoren, Lehrer und Eltern. Das Kind und der Wissenschaftler wissen, dass es nichts zu befürchten gibt. Sie winken uns, uns ihnen bei ihren Abenteuern anzuschließen.

Eine solche Einladung zum Spiel annehmen heißt um die Vielfalt des Kosmos wissen. Unser Blick kann die Schleier der Kultur durchdringen, und wir können uns in neuen Welten bewegen. Tatsächlich können wir von Glück sagen, dass das Universum uns unzählige bezaubernde Türen zum Spielen bietet – vom Kaninchenloch und weitläufigen Wäldern bis zu Schwarzen Löchern und der DNA –, die uns locken, seine Ecken und Winkel, die voll simpler Geschenke und kleiner Wunder sind, zu erforschen.

Wie ein Kind, das mit Matsch spielt, können wir die Substanz des Universums kneten. Und werden dabei vom Universum geknetet. Jede Spielerfahrung lebt in uns als kleine Erinnerung weiter. Wenn ein neuer Spielgefährte mit mir spielt, spielt er oder sie mit allen Spielgefährtinnen und Spielgefährten, mit denen ich jemals gespielt habe.

Kapitel 2

Gott spielen:
Das irrational verrückte Geschenk
der Schöpfung

Stell dir vor, Gott würde mit uns spielen.

John Donne

Gott hat diese Welt im Spiel geschaffen.

Sri Ramakrishna

Für den Logos, der in erhabenen Spielen waltet.

Sankt Gregory Nazianzen

Die Wurzel des Lebens ist spielen.

Alan Watts

Dieses ganzes Spektakel, mich eingeschlossen, ist das Spiel der DNA.

Deepak Chopra

Überall auf der Welt entsteht die Schöpfung der Welt aus dem Spiel der Götter.

Lynda Sexson

Der Mensch ist dazu gemacht, Gottes Spielzeug zu sein.

Plato

Ursprüngliches Spiel

Wir beginnen mit der Sichtweise, dass ursprüngliches Spiel Leben und Leben ursprüngliches Spiel erschafft. Mit dem Wort „ursprünglich" bezeichne ich das Spiel, das dem Menschen und seiner Kultur und damit begrifflichem Denken und erlernten Reaktionsweisen vorausgeht. Spiel ist ein Geschenk der Schöpfung, kein künstliches Kulturprodukt. Es ist Ausgangspunkt und Kraft, die alles hervorbringen. Laut Michael Adam ist es in der Mathematik „die Form der Null, diese Abwesenheit von Zahlen, die alle Zahlenspiele ermöglicht". Auf ähnliche Weise kann das Spiel mit der ihm zugrunde liegenden Leere oder Abwesenheit von kulturellen Kategorien und Grenzen die ganze Fülle des Lebens umfassen. Wäre es weniger, könnte es die Grenzenlosigkeit des Lebens nicht beinhalten. Die Muster, Formen und Bewegungen von Spiel sind unsere Muttersprache, die Laurens van der Post als „vergessene Sprache Gottes" bezeichnet hat.

Der Physiker Brian Swimme versichert: „Das abenteuerliche Spiel der Lebensformen entlud sich in der irritierenden und erhabenen Vielfalt der vergangenen fünfhundert Jahrmillionen. Spiel, Wagnis und Überraschung haben all diese verschwenderische Fülle von Leben und Schönheit hervorgebracht." Friedrich Schiller wies fast 200 Jahre zuvor darauf hin, dass der Impuls zu spielen eine vereinheitlichende Kraft sei, die zwischen Form und Materie wirkt. In Shakespeares *Der Sturm* „entdeckt" Prospero durch den Verlust und die Erneuerung seines Selbst einen Kraftkörper, der unter der aus Namen und Dingen bestehenden Oberfläche der Welt existiert und zu dem er im Spiel Zugang bekommt.

Über das Erbe des biblischen Lehms hinaus sind in den interstellaren Räumen alle Paradiese, Erde, Himmel und Wasser am Spielen. Spiralnebel und Quarks spielen. Gott spielt. Und wir sind immer mitten unter ihnen gewesen. Für Alan Watts ist Verspieltheit die Essenz der Energie des Universums. Mit 15 sprach der Physiker Freeman Dyson von der 'kosmischen Einheit' und schloss daraus, dass es nur eine Person gibt, die wir alle sind. Ursprüngliches Spiel ist, was die Theologin Carol Ochs über Gott sagte: sowohl „unser Schöpfer als auch unsere Schöpfung, unser Vorfahre und unser Nachkomme".

Dieses Spiel bildet in der gesamten Geschichte den Kern der weisen Lehren vieler Traditionen. Hinweise auf das Spiel als vormenschliche, göttliche Kraft finden sich im christlichen, taoistischen, buddhistischen und hinduistischen Gedankengut. So steht zum Beispiel in der *New Jerusalem Bible*, dass, bevor alles „feste Gestalt annahm, vor jedem Anfang, bevor die Erde ihr Dasein antrat", die Weisheit vom Spielen sprach: „Ich war dem Meisterhandwerker zu Seite, erfreute Ihn Tag für Tag, immer im Spielen begriffen in Seiner Anwesenheit und überall auf Seiner Erde." Meister Eckhart beschreibt den Vater als den, der dem Spiel der von ihm erschaffenen Natur zuschaut, den Sohn als den, der vor Ihm spielt, und „das Spiel des Paares" als Heiligen Geist. Im Vorwort zu einer englischen Übersetzung von Jakob Böhmes *Signatura Rerum* aus dem 17. Jahrhundert, das Perry zitiert, steht: „Dies ist jene Weisheit, die nirgendwo weilt und doch alle Dinge in sich birgt, und die demütig ergebene Seele ist ihr Spielkamerad."

Auch östliche Traditionen verweisen auf das Spiel als ursprüngliche Quelle. In den Schriften von Tschuang-Tse zum Beispiel fragt Tsekung Konfuzius nach zwei Männern, die er in Gegenwart eines Leichnams hat singen hören und über deren Mangel an gutem Benehmen er sich Gedanken macht. Konfuzius erwidert: „Diese Männer spielen und kümmern sich dabei nicht um Materielles. Sie betrachten sich als Spielkameraden des Schöpfers und spielen im Einen Geist des Universums." Das japanische Zen weiß von einer Intensität des Gefühls, yukezammai, bei der das Selbst untrennbar mit allem verbunden und alle Aktivität Spiel ist. Wie in den christlichen Schriften ist das Spiel auch hier Quelle allen Lebens.

Im Hinduismus heißt die kreative Aktivität des Göttlichen *Leela*, Spiel Gottes. Dies ist die heilige Energie, in der *Brahman* sich in die

Welt verwandelt. *Leela* ist der endlose Zyklus des Göttlichen, das rhythmische Spiel jenseits intellektuellen Verstehens, durch welches das Eine transformiert wird in das Viele und das Viele zurückkehrt ins Eine. Das Herz des Menschen ist der Sitz von *Leela*, das im Herzen jedes wahren Bhakta immer wieder neu hervorgebracht werden kann. Ein weiterer Name für die hinduistischen Götter ist *krida*, was ebenfalls Spiel bedeutet. In den Upanischaden ist der Lauf der Welt ein Spiel, das der Geist mit sich selbst spielt. In den hinduistischen Schriften über das Leben und die Lehren von Sri Krishna entfaltet „der ewige, unwandelbare Lord... das gesamte Universum aus sich selbst heraus und spielt damit". Swami Ramdas, ein hinduistischer Bhakta aus dem 20. Jahrhundert, bestätigt, dass „Er selbst Spieler und Zeuge des Spiels zugleich ist".

Ursprüngliches Spiel ist eine heilige Kraft, von der die ganze Existenz durchdrungen ist. Es ist der Boden unseres Seins. Wir sind ständig am Spielen. Dieses ursprüngliche Spiel ist der große Einklang, von dem die Taoisten sprechen. Laut Chang hält die universelle Kraft die Menschen untereinander und alle Dinge zusammen." Rumi, Persiens größter Sufi-Dichter, schreibt von eben diesem Spiel zwischen Schöpfer und Menschen: „Auf dass alle 'Ichs' und 'Dus' zu einer einzigen Seele werden, um am Ende mit dem Geliebten zu verschmelzen." Wie wunderbar und vernunftlos verrückt.

Spiel ohne Linien

Der vierjährige Michael zeigte auf die Kuh im Bilderbuch und sagte: „Pferdchen." Bei Tschuang-Tse heißt es: „Alles ist ein Pferd." Kleinkindalter und Weisheit sind nicht das gleiche, aber sind sie so verschieden? Beide, sowohl Kinder als auch die weisen Alten, schauen „zwei Blicke weiter" über die Grenzen und Unterschiede hinaus, die ihnen ihre jeweilige Kultur auferlegt. Durch dieses Sehen gelangen sie von der Ungleichheit zur Einheit. Dass Tschuang-Tse und Michael mehr sehen als die meisten von uns, ist nicht überraschend, denn wir befinden uns im Erwachsenenalter, einem Lebensabschnitt, in dem wir zu alt für Wunder und zu beschäftigt für Weisheit sind.

Wissen Sie noch, wie Sie mit bunten Stiften auf einem leeren weißen Blatt gemalt haben? Es war unmöglich, die Farben in oder neben die Linien zu setzen, denn da waren keine. Dann legte man uns linierte Blätter und Malbücher vor. Und als wir die Farben in die Linien zwängten, wurde unser Malen gebändigt wie ein wildes Pferd im Pferch.

Hervorkommen und spielen heißt nicht, gegen unsere Kultur ankämpfen, sondern begreifen, was wir auch wussten, als wir zum ersten Mal mit bunten Stiften malten: Dass die Linien unnötig sind. Wir können einfach spielen, als gäbe es keine Linien. Beim ursprünglichen Spiel gibt es weder innen noch außen. Ohne diese Grenzen ist das Spiel, wie Martin Buber schrieb, „ein Frohlocken des Möglichen".

Na gut, sagen Sie. Solch ein Spiel mag für Götter, Mystiker und Wissenschaftler das Richtige sein, aber für mich und dich? Im alltäglichen Leben spielen heißt entweder sehr furchtlos oder ziemlich verrückt sein, vielleicht auch beides. Ein großer Narr, sagt Wes Nisker, ist einer, der aus der blind machenden Routine aussteigt und offen bleibt für die Überraschungen, die das Leben bereithält. Irgendwie müssen wir vertrauen, dass uns etwas auffängt, wenn wir die soziokulturellen Normen, in die wir eingezwängt sind, hinter uns lassen. Da wir ständig mit der Ungewissheit und dem Mysterium des Lebens konfrontiert sind, wissen wir vielleicht, dass totale Sicherheit eine Illusion ist. Aber Illusion oder nicht, wir denken und handeln, als sei unsere Kultur eine einzige schützende Kuscheldecke. Um uns vorstellen zu können, darunter hervorzukommen, müssen wir furchtlos sein. Was motiviert manche Menschen, auf Sicherheit zu verzichten und jenseits der durch die Kultur errichteten Grenzen zu forschen? Wir müssen jenem Glauben folgen, dass das Leben mehr ist, als man uns erzählt, dass es über die gewöhnlichen kulturellen Gegebenheiten hinausgeht.

Die Macht des Spielens liegt in dessen zeitlosem Muster des Teilens. Spielen ist nicht darauf aus, Unterschiede zu nivellieren oder zu transformieren. Es ermöglicht den Austausch der Spielenden, weil es auf einer tieferen Ebene agiert, wo keine Unterschiede existieren, die wirklich einen Unterschied ausmachen.

Versuchen wir es mit einer Metapher: Stellen wir uns vor, ein menschliches Wesen wäre eine Artischocke. Die Artischocke ist hart und zäh. Stachelige Blätter bilden die zahllosen Schutzschichten, die wir bilden, um das zu verteidigen, was am zartesten ist und wonach wir am meisten suchen – das Herz. So wie wir einen Menschen angreifen können, können wir auch einer Artischocke die Blätter abreißen, um zu ihrem Herzen vorzudringen; doch gibt es einen viel leichteren und wirkungsvolleren Weg. Wenn wir die Artischocke dämpfen, gibt sie ihre Blätter von selbst her, zeigt uns ihr Herz und teilt es mit uns. Ähnliches gilt auch für das Spiel: Es greift die Abwehr eines Menschen nicht an. Das Spiel schafft eine Umgebung, in der wir unseren Schutzschild fallen lassen und anderen unser zartes und zärtliches menschliches Herz zeigen, was wir uns alle am dringendsten wünschen. Aber wenn uns unser Schutzschild von außen weggerissen wird, versuchen wir uns noch stärker zu schützen. Beim Spielen tauschen wir uns von Herz zu Herz aus, ohne uns durch kulturelle Grenzen vom anderen abzutrennen. Um so spielen zu können, brauchen wir Vertrauen in ein tragendes Lebensnetz, das umfassender ist als die eigene Kultur.

Spielen schenkt uns die Möglichkeit, am ursprünglichen, ewigen Moment voll und ganz teilzuhaben. So unvorstellbar das für unser gewöhnliches Denken sein mag, wenn wir mit einem Wesen spielen, spielen wir tatsächlich mit allen. Meister Eckhart präsentiert uns ein kleines Frage-und-Antwort-Spiel, mit dem er diese Einheit illustriert.

„Wann ist ein Mensch nichts als Verstand?"
Ich antworte: „Wenn er das eine getrennt vom anderen sieht."
„Und wann gelangt ein Mensch über den bloßen Verstand hinaus?"
„Das kann ich dir sagen: Wenn ein Mensch in allem Alles sieht, dann ist er über den bloßen Verstand hinausgelangt."

Das ist im Evangelium laut Thomas auch die Botschaft von Jesus, der zu seinen Jüngern sagte: „Wenn ihr aus Zweien eines macht... dann werdet ihr (ins Himmelreich) eingehen." Dann spielen wir wirklich ohne trennende Linien.

Gott spielen

John Donne, St. Gregory, Sri Ramakrishna, Michael und Tschuang-Tse
haben Recht: Wir alle sind Gottes Spielgefährtinnen und Spielgefährten.
„Spielgefährte" ist dann nicht länger ein kultureller Begriff, wie wir ihn
normalerweise für Freundschaften zwischen Kindern benutzen. Wenn
wir ein Gespür für die spirituellen Implikationen dieses Wortes haben,
kann es Ehrfurcht gebietende Dimensionen annehmen. Spielgefährten,
so wusste auch der fünfjährige David, wissen nicht, dass sie verschieden
sind. Das heißt, auf einer bestimmten Ebene sind wir nicht verschieden
von Gott. Im ursprünglichen Spiel ist es unmöglich, nicht „Gott zu
spielen", denn im Kern des Seins und Tuns dieses Spiels sind wir Gott
und Gott ist wir. Auf seine klare, kindliche Art brachte David zum Ausdruck, was Meister Eckhart im 13. Jahrhundert schrieb: „Gott und ich
sind eins im Wissen... Und die Art und Weise unseres Wissens sei: Ich
bin er und er ist ich, nicht mehr und nicht weniger, einfach dieselben."

Wenn ich das Wort Gott in diesem Buch benutze, bezeichne ich damit
die unbeschreibliche Kraft, die viele Namen hat: Das Eine, Logos, Tao,
Brahman, Buddha, Krishna, Allah, Mana, Wakan Tanka, Universaler
Geist oder Universales Prinzip.

   Gott spielen heißt nicht, sich einer göttlichen Rolle bemächtigen,
als wären wir Gott gleich. Es geht nicht um eine Vergöttlichung des
Selbst und eine Herabsetzung von Gott, bis beide auf irgendeiner sozi-
alen/spirituellen Skala gleich gewichtig sind. Das wäre eine große Über-
heblichkeit. Gott spielen heißt nicht, sich eine größere Rolle aneignen,
sondern die Rollen aufgeben, die wir bereits innehaben. Dann gibt es
keine Rollen mehr, die wir spielen müssen. Die Verbindung zwischen
mir, dem anderen und Gott entsteht im Spiel unmittelbar, spontan
und auf der Stelle. So wie der Ozean nicht aus der Welle hervorgeht,
entspringt auch das Spiel nicht in uns; es ist unser aller Boden der
Schöpfung.

   Ursprüngliches Spiel schöpft seine Kraft aus einer uralten Quelle
jenseits unserer am weitesten zurückreichenden Erinnerungen und enthüllt uns die entferntesten Verbindungen unserer Seele. In den meisten
von uns schläft ein solches Spiel wie Feuer unter einem Haufen Asche.
Hin und wieder flammt es auf und lässt diejenigen, die empfänglich

dafür sind, vor Freude erschauern. Ein Gefühl von Gnade, ein leichtes Delirium zündet bei der Einladung zum Spiel in der menschlichen Wirbelsäule einen Sinnesdetektor. Eine vertraute Kraft wird ausgetauscht; ein Hunger nach Leben wächst.

Freundlichkeit

Im Spiel erleben wir eine Freundlichkeit, die jenseits unseres gesellschaftlichen Bewusstseins angesiedelt ist. Diese Freundlichkeit ist keine Moral, die uns sagt, was wir zu tun haben. Die Freundlichkeit des Spiels geht tiefer; sie ist wie ein Gewissensbiss, der dem grenzenlosen Fluss von Materie und Energie entspringt. Die Essenz ursprünglichen Spiels ist eine präexistierende Freundlichkeit, die Ausdruck findet in dem hermetischen Diktum: „Wie oben, so unten."

In der Freundlichkeit des Spiels zeigt sich eher eine Beziehung zum Leben statt ein gesellschaftlicher Befehl, wie Chopras Geschichte vom indischen Sadhu und vom Skorpion verdeutlicht:

> Ein Mann geht die Straße entlang und erblickt einen Sadhu, der neben einem Graben kniet. Er nähert sich ihm und sieht, dass der Sadhu einen Skorpion beobachtet. Der Skorpion möchte den Graben überqueren, aber als er in das schlammige Wasser gerät, beginnt er unterzugehen. Der Sadhu fasst vorsichtig hinunter, um ihn aus dem Wasser zu ziehen, aber kaum hat er ihn berührt, so bekommt er einen Stich. Wieder und wieder versinkt der Skorpion, wieder hebt ihn der Sadhu heraus und wieder wird er gestochen. Dies geschieht dreimal. Schließlich ruft der Mann aus: „Warum lässt du dich die ganze Zeit stechen?" Der Sadhu entgegnet: „Da kann man nichts tun. Es liegt im Wesen des Skorpion zu stechen, und es liegt in meinem Wesen zu retten."

Der Versuch, das Gefühl zum Ausdruck zu bringen, das sich einstellt, wenn wir für alles Leben Freundlichkeit empfinden, ist mit Sicherheit eine altehrwürdige Tradition. Wie der Astronaut Russell Schweikart sagte: „Was jedoch keinerlei Analyse, noch mikroskopische Untersuchungen, Laborexperimente oder ein mühseliges Verarbeiten erforderte, war die überwältigende Schönheit... das plötzliche Begreifen der unausweichlichen und Ehrfurcht gebietenden persönlichen Beziehung zu allem Leben auf dem erstaunlichen Planeten... Erde, unserem Zuhause." Und der sowjetische Kosmonaut Oleg Makarov fügt hinzu: „Für mich war es wie eine Umarmung des Planeten und allen Lebens... und wie die Eichhörnchen und die Pinien umarmte er auch mich."

Aurobindo äußerte ähnliche Gefühle aus einem ebenso kleinen Raum wie der Raumkapsel, auch wenn er diesen nicht freiwillig gewählt hatte. Als sein Gefängnis aufhörte, ein Gefängnis zu sein, schrieb Aurobindo: „Die hohen Wände, die eisernen Gitterstäbe, die weiße Wand, die grünen Blätter des Baumes, die im Sonnenlicht schimmerten – es schien, als wären all diese gewöhnlichen Gegenstände keinesfalls unbewusst. Vielmehr vibrierte in ihnen allen ein universelles Bewusstsein, sie liebten mich und wollten mich umarmen, so empfand ich es jedenfalls. Menschen, Kühe, Ameisen, Vögel – sie alle gehen, fliegen, singen, sprechen, und doch ist all das Spiel der Natur..."

Ursprüngliches Spiel ist die Einheit von Photon und Lichtwelle auf der infinitesimalen Ebene der Natur, die Ganzheit, die Individuen im Raum auf der höchsten Ebene der menschlichen Wahrnehmung erleben. Ursprüngliches Spiel ist die Ganzheit, die wir im Yoga und im Gefängnis erleben können. Sie gehört auch zum Spektrum der Lebenserfahrungen derjenigen unter uns, die weder Quantenphysiker noch indische Rishis sind. Wir sind nicht getrennt von dem Universum, in das wir eingebettet sind. Was auf der Mikro- und auf der Makroebene wahr ist, gilt auch für unser Lebensspektrum. In einem der Verse der uralten Ayurveda-Texte heißt es:

Wie der menschliche Körper, so der kosmische Körper.
Wie der menschliche Geist, so der kosmische Geist.
Wie der Mikrokosmos, so der Makrokosmos.

Spiel ist nicht nur irgendwo da draußen zwischen den Sternen, noch ausschließlich da drinnen in unserer DNA. Spiel umgibt mich, ist in mir, jenseits von mir. Ich bin Spiel. Du bist Spiel. Wir sind Spiel.

Genau das passierte an jenem Frühlingstag, als David und ich auf dem kleinen Hügel lagen und beobachteten, wie die Wolken über uns hinwegzogen. Mit einem einzigen klaren, freimütigen Satz sagte er mir alles, was es zu wissen gilt: „Weißt du, Fred, spielen heißt, wir wissen nicht, dass wir, du und ich, verschieden sind." Es war so einfach. Seine Fähigkeit, das Unbegreifliche zu ergründen und dessen Essenz so klar zu formulieren, verblüffte mich. David gab nicht nur die beste mir bekannte Definition von Spiel, er wies auch auf das grundlegende Paradox von Spiel und seine tiefgreifende individuelle, kollektive und spirituelle Bedeutung hin. Die spirituelle Sprengkraft des Spiels lässt alle vorgefassten Ideen von der Trennung zwischen Mensch und Göttlichkeit explodieren. Nicht nur David und ich waren nicht verschieden voneinander. Noch wichtiger war, dass er wusste, wir waren beide nicht verschieden von Gott.

Ursprüngliches Spiel ist in allem Leben und geht zugleich über alle Trennungen hinaus. Es ist von uraltem Ursprung. Unaufhörlich gehegt, hat es unter der Oberfläche der Kultur seit Jahrtausenden überlebt. Ketzerisch genug, ist diese Sicht jedoch nicht ausreichend. Ursprüngliches Spiel ist transformativ, weil es mehr ist als eine Sichtweise, die unsere Vorstellung davon, wer wir individuell und kollektiv sind, verändern kann. Es ist eine begleitende Praxis, die zu dieser Transformation in all unseren gegenseitigen Beziehungen und in der ganzen Natur den Anstoß gibt.

An diesem abenteuerlichen Spiel teilnehmen heißt, als Kunsthandwerker mit dem Gefüge kosmischer Abläufe arbeiten und den Lauf des Universums erweitern. Die uralte weise Lehre der hebräischen Kabbala besagt, es sei unsere Aufgabe im Leben, all die vielen Fragmente einer gespaltenen Welt, auf die wir auf unserem individuellen Pfad stoßen, wieder zur Ganzheit zusammenzufügen. Dann sind die Fülle, die Schönheit und Verspieltheit des Universums integraler Teil von uns.

Wie Plato schon vor langer Zeit sagte: „So muß jedermann ... die schönsten Spiele spielend das Leben leben."

Kapitel 3

Spielend empfangen

Wir alle beginnen das Leben als Spielende.

Lynda Sexson

... in der jüdischen Mythensprache heißt (es), im Mutterleib wisse der Mensch das All, in der Geburt vergesse er es.

Martin Buber

Von Anbeginn an
Nicht lange nach jenem ersten Mal,
wo ich, ein kleines Kind, durch Austausch von Berührung
stumm Zwiesprache hielt mit dem Herzen meiner Mutter,
war ich bestrebt zu zeigen,
wodurch das Feingefühl des kleinen Kindes,
das große Geburtsrecht unseres Seins, in mir
weiterwuchs und erhalten blieb.

William Wordsworth

Als ich Kind war, wurde auch Gott Kind mit mir, um mein Spielgefährte zu sein.

Rabindranath Tagore

Ich versuchte mein Kind mit Büchern zu lehren,
da sah es mich an, wie um aufzubegehren.
Ich versuchte mein Kind mit Worten zu lehren,
sie erreichten es nicht, es wollt' sie nicht hören.
Verzweifelt fragte ich still für mich:
„Wie soll ich dieses Kind denn lehren?"
„Komm", sagte es da. „Spiele mit mir."

Verfasser unbekannt

Das Kind spielt. Seit der Geburt sind noch nicht einmal zehn Minuten vergangen.

Frederick Leboyer

Bei jeder neuen Geburt haucht das Universum dem Körper zugleich mit dem Leben das Geheimnis ein: „Aha, dies ist Spiel!"

Wir werden spielend empfangen. Spiel ist der Anfang, die Ganzheit, aus der wir alle hervorgehen. Göttliches Spiel war vor jedem menschlichen Spiel und ist dessen großes Vorbild. Dieses Spiel, das initiiert, inspiriert und den Kosmos durchströmt, ist auch in uns. Der Befreiungstheologe Matthew Fox weist darauf hin, dass Gott unser göttlicher Spielgefährte ist und wir auf Gottes Spielplatz leben.

Menschliche Kleinkinder spielen aus dem gleichen Grund, wie Wasser fließt und Vögel fliegen. Spielen liegt in der Natur der Dinge. Unser individuelles Spiel gründet in der Natur des Universums selbst. Es ist ein intimer persönlicher Rhythmus, bei dem jeder Augenblick ein ständiger Fluss an gelenkter Leidenschaft und Vertrauen ist, der sowohl uns ganz allein als auch allen anderen Wesen zugänglich ist. Dieses Spiel hin und her wandernder Energien bildet nicht nur die Struktur der Intelligenz in der Beziehung zwischen Mutter und Kind, sondern zwischen jedem einzelnen von uns und dem Leben selbst. Dieses Spiel gibt uns unsere ursprüngliche Zentrierung, unser Gleichgewicht und das Gespür für unsere Richtung im Leben. Der Biologe Lyall Watson behauptet: „Wir alle sind biologisch in gleicher Weise auf die grundlegenden Rhythmen von Mutter Erde eingestimmt – und diese sind immer in uns." Man könnte sagen, dass wir mit dem Universum spielen, wenn nicht ebenso wahr wäre, dass das Universum mit uns spielt. Spiel/Berührung zwischen Kind und Mutter vor, während und unmittelbar nach der Geburt ist ursprüngliches Spiel, von der kosmischen auf die persönliche Ebene gebracht.

Die Empfängnis ist eine Folge, keine Ursache. Die Ursache liegt tiefer, im Spiel des Universums. Dies ist ein Prozess der Einweihung, in dem das Gewöhnliche zum Heiligen wird. Auf einer bestimmten Ebene wissen wir das; dieses Wissen inspiriert uns zu unseren Osterfesten oder welchen Namen auch immer wir entsprechenden Feierlichkeiten geben. Spiel ist untrennbar verwoben mit dem uralten Kontinuum nicht nur unserer Spezies, sondern des Lebens selbst. Ob es die Geburt des Frühlings oder unseres eigenen Kindes betrifft, wir können nur schwer an uns halten, wenn wir staunend und empfänglich gestimmt beobachten, wie das Leben sich erneuert. Trotz all unserer Gelehrsamkeit und Bildung werden wir demütig angesichts der Erhabenheit des Mysteriums, das uns berührt, wenn wir einer Geburt beiwohnen. Etwas tief in uns antwortet auf den Fluss des Lebens, auf Kräfte jenseits des Selbst und unseres gesammelten Wissens.

Geburtsspiel

Die Geburt ist eine persönliche Bestätigung der freudigen Kräfte des Spiels. Ganz gleich, wann oder wo wir geboren werden, jede und jeder von uns beginnt das Leben auf die gleiche Weise, im Dunkeln spielend wie in einer Sphäre, die in eine weitere Sphäre eingebettet ist. Der Mutterleib ist unser erster Spielplatz, Mutter unsere erste Spielgefährtin, und Spiel ist die Energiequelle, die uns Liebe, Unterstützung, Vertrauen, Kraft und neue Möglichkeiten schenkt. Die nächsten neun Monate schmiegen wir uns in den Körper unserer Mutter. Wir teilen ihren Körper, Nahrung, Blut und Gefühle mit ihr. Mehr „in Berührung" als wir jemals wieder sein werden, spuren wir die Einheit, die ursprünglichem Spiel innewohnt. Der Mutterleib ist eine Matrix des Seins, die die übliche Kluft zwischen Individuen überbrückt. Die Folge ist ein kraftvoller, spontaner, synergetischer und harmonischer Rhythmus.

Der Schoß ist unsere erste Matrix des Lebens. Außer Nahrung schenkt er uns noch weitere, wirklich grundlegende Lebensfähigkeiten: Vertrauen, Gleichgewicht, Freundlichkeit, Berührung, Verschmelzung und Liebe. Dies ist das Spiel des Lebens. In Spielworkshops erzählen Erwachsene mir oft, dass das Spielen eine tiefe Erfahrung für sie war, die sie zum Weinen brachte, ohne dass sie sagen könnten warum. Ich glaube, wir erleben in solchen Situationen ein flüchtiges Wiedererkennen. Wir kommen in Kontakt mit ursprünglichem Spiel, dem Gefühl von Einheit, bevor wir bewusst wurden. Wir erkennen in dieser tief gehenden Verbindung nicht nur die körperlich stimulierende Situation wieder, sondern begreifen auch, dass wir schon einmal Teil einer solchen Beziehung waren.

Dies ist eine individuelle Erfahrung vom Bild des Paradieses, das tief im kollektiven menschlichen Bewusstsein angesiedelt ist. Colin Turnbull spielt darauf an, wenn er eine schwangere Mbuti-Mutter und ihre Beziehung zu ihrem Zuhause, dem tropischen Regenwald im nordöstlichen Zaire, beschreibt:

> Sie macht sich ... bereit für den kreativen Akt, der unmittelbar bevorsteht, wiegt sich in Zuversicht, dass der Wald ihr Kind ebenso gut und freundlich aufnehmen wird wie sie selbst. Nahrung, Unterkunft, Kleidung, Wärme und Zuneigung schenkt er. Diese Zuversicht wäre schon als solche ein glückverheißender Anfang für jedes Leben, und solange es keine Gegenbeweise gibt, glaube ich nicht, dass davon nichts auf das Kind im Mutterleib übergeht. Denn ich habe erlebt, wie das Kind geboren wurde, seine Kleinkindzeit, seine Kindheit und Jugend bis zum Eintritt ins Erwachsenenalter gelebt hat, sicher geborgen in einer sonst fast unglaublichen Zuversicht und einem Vertrauen in jede der neuen Welten, die dieser Mensch der Reihe nach betritt, als wäre jede von ihnen eine weitere Form dieser ersten und ursprünglichen Sphäre des Mutterleibs.

Dies ist der heilige Stoff, aus dem unsere Kleinkindzeit, die in sogenannten zivilisierten Länder später als kindische Zeitverschwendung abgetan wird, gewebt ist.

Die Tatsache, dass wir fast ein Jahr lang unreif und hilflos ausgetragen werden, ermöglicht den intimen Kontakt, der Babys in ihre Kultur einführt. Doch diese Zeit der Unreife hat noch eine andere Seite: die Erfahrung von Einheit jenseits all unserer Unterschiede, seien sie kulturell oder genetisch bedingt. Das Neugeborene bringt die unmittelbare Erfahrung ursprünglichen Spiels mit, die wir, gegen den Rat so vieler Weiser, zu ignorieren und zu verfälschen beschlossen haben.

Unsere Wege trennen sich vor der Geburt und laufen danach immer weiter auseinander. Die Tatsache, dass wir die Angebote der Kinder abwerten und heruntermachen, sagt mehr über die Weisheit von Erwachsenen als über die Intelligenz von Kindern. Wir können uns bestimmt nicht damit entschuldigen, dass wir von alledem nichts wissen. Weise Menschen überall auf der Welt sagen uns immer wieder, dass wir unseren Kindern Aufmerksamkeit schenken sollen:

Wenn ihr... nicht umkehrt und werdet wie die Kinder, so werdet ihr nicht ins Reich der Himmel kommen.

Matthäus 18:3

Die Weisen hören und sehen wie kleine Kinder.

Laotse

Ihr wollte die Ursprünge?
Das Kind hat sie.

Tschuang-tse

Das Geschenk der Unreife hat uns ermöglicht, uns in unseren besten, menschlichsten Augenblicken die Fähigkeit zum Spiel zu bewahren.

Joseph Campbell

Solange wir nicht einfach werden wie ein Kind, erlangen wir die göttliche Erleuchtung nicht.

Sri Ramakrishna

Erwachsene können viel von ganz kleinen Kindern lernen, denn die Herzen kleiner Kinder sind rein, und deswegen kann der Große Geist ihnen vieles zeigen, woran es älteren Menschen fehlt.

Black Elk

Zen heißt, Herz und Seele eines Kindes haben.

Zen-Meister Takuan

Bevor der erste Ton sein Ohr erreichen kann, muss der Schüler den Zustand des Kindes zurückgewinnen, den er verloren hat.

Tibetische Lehre

Gib die Gedanken und das Denken auf und sei einfach wie ein Kind... dann wird sich das Angeborene manifestieren.

Der buddhistische Heilige und Weise Saraha

Spiel des Lebens

Diese Botschaften sind für uns immer wieder schwierig. Was sie vermitteln, ist viel subtiler, als wir annehmen. Unsere Unaufmerksamkeit ist mehr als Unwissenheit; sie beruht auf Angst.

Ursprüngliches Spiel, wie es im Leben menschlicher Wesen zum Ausdruck kommt, ist die Beziehung von Tun und Sein, die dem begrifflichen Denken und erlernten Reaktionen vorausgeht. Es ist das, was der Zen-Mönch Hui-neng als „unser ursprüngliches Gesicht vor der Geburt unserer Eltern" bezeichnet. Spiel ist ein Kontext, der keinem der Kontexte gleicht, die der eigenen Kultur entstammen. Dies ist Spiel, bevor die Gesellschaft es manipuliert und kontrolliert. Kulturelle Spiele sind bestimmte Kodifizierungen, mit denen eine Gesellschaft ihren Kindern hilft, sich an das Leben, wie sie es sieht und erfährt, anzupassen. Solche Spiele gibt es in allen Kulturen.

Ursprüngliches Spiel ist ganz anders. Es ist eine Art Teilnahme, die wir als Mimesis oder Bewusstseinszustand bezeichnen können, in dem die gesellschaftlichen Kategorien von Subjekt und Objekt nicht existieren. Hier ist Spiel eine fließende Balance von Seele, Geist und Körper, ohne den Gedanken, sich an etwas zu klammern, ohne Energieverschwendung und Festhalten an Angst oder Begehren. Hier ist Spiel keine moralische Entscheidung für eine von vielen gesellschaftlichen Alternativen, sondern eher wie das Leben in einer Welt, in der eine solche Entscheidung nicht nötig ist. Dies ist der grundlegende buddhistische Gedanke vom Nichtunterschiedenen: ein dynamisches Gleichgewicht, nicht von Gleichheit getragen, sondern vom Zusammenspiel und der Vereinigung von allem, das ist.

Die subtile Alchimie von menschlicher Berührung und menschlichem Vertrauen, durch die Liebe und Furchtlosigkeit von einem menschlichen Wesen auf ein anderes übertragen werden, scheint sich meinen Erklärungskünsten oft zu widersetzen. Doch dass sie existiert und der essenzielle „Stoff" des Lebens ist, steht außer Frage. Manche Gesellschaften und Individuen können dieses Mysterium mit ihren Kindern besser teilen als andere. Zum Beispiel dort, wo Männer an der Versorgung und Betreuung von Kindern beteiligt sind und Kinder häufiger und über längere Zeiträume liebevoll berührt werden wie in einigen Jäger-Sammler-Gesellschaften, bei den !Kung Buschmännern in Botswana, den Fore und Araphesh in Neu Guinea sowie in den traditionellen Gesellschaften von Senegal, Malaysia, den Fidschi-Inseln, Bali und Venezuela.

In technologisch weiter entwickelten Ländern jedoch nehmen Berührungen nach der Geburt rapide ab, um im Jugendalter völlig wegzufallen sowie abgewertet und gefürchtet zu werden. Wir wissen nicht, wie wir uns berühren sollen. Und was wir nicht kennen, macht uns Angst. In den Richtlinien einer ländlichen Grundschule in Südkalifornien heißt es: „Halte Hände und Füße immer bei dir." Missbrauch und Aggression haben in Amerika nahezu epidemische Ausmaße angenommen. Aber es reicht nicht, solche Statistiken zu sammeln, wir müssen uns unsere Annahmen über menschliches Leben anschauen.

Was können wir von Kindern lernen? Vielleicht, wofür die nicht genutzten 95 Prozent unseres Gehirns da sind. In seinem Buch *Zum Kind reifen* listet Ashley Montagu 27 entwicklungsfähige Eigenschaften des Fötus, Kleinkindes und Kindes auf, die wir fördern und denen wir nacheifern können, darunter Liebe, Staunen und Verwunderung, Spieltrieb, geistige Aufgeschlossenheit, Flexibilität, Fröhlichkeit und Freude, Vertrauen, mitfühlendes Verständnis. All diese Eigenschaften zusammengenommen liefern ein Vorbild für menschliches Verhalten, dem wir zwar Lippenbekenntnisse zollen, sonst aber kaum Aufmerksamkeit schenken. Wir haben solche Eile, neue Erwachsene zu produzieren, dass wir für die charakteristischen Eigenschaften, die kleine Kinder mitbringen, weder Zeit und Raum haben noch sie hegen und pflegen. Montagu sagt: „Dies ist eine Mangelerscheinung, die wir in zivilisierten Gesellschaften bei Millionen von potentiellen menschlichen Wesen vorfinden und die zu unzähligen menschlichen Tragödien führt."

James Prescott glaubt, „dass warmherzige, liebevolle Beziehungen in der Kindheit oder Jugendzeit, die mit viel Berührung einhergehen.., Erwachsene von Gewalt abhalten". Mein Spiel mit Kindern zeigt immer wieder, dass die Weisen Recht haben: Kinder sind, bevor sie sozialisiert werden, ein echtes Vorbild für Liebe und Angstfreiheit. Mit ihrer Hilfe könnten wir Menschen bei ihren Forschungen liebevoll unterstützen, ohne dass sie ihren Halt verlieren.

Spiel, wie ich es beschreibe, ist kein kulturelles Spiel, wie Erwachsene es Kindern „beibringen", damit diese sich besser in deren Gesellschaft einfügen. Mir geht es nicht darum, Kinder zu „Superbabys" zu erziehen oder „Supereltern" zu sein. Ihr Kind ist nicht Ihr Spielzeug, und Sie sind nicht seines. Keiner von Ihnen ist ein Gegenstand, mit dem der andere seinen Spaß haben kann.

Verlernen

Ich kann einem anderen Menschen nicht beibringen, mit einem Kind zu spielen. Es gibt dafür kein Rezept. Ich kann Erwachsenen lediglich helfen zu verlernen, bis sie so leer sind, dass sie aufnehmen können, was das Kind mit ihnen teilt. Es fällt uns erstaunlich schwer, unseren kindlichen Genius zurückzugewinnen. Statt all des *Tuns* beim Unterrichten, Beraten, Bemuttern und Bevatern schlage ich vor, einfach zu sein. Ein Spielgefährte sein hat nichts mit Techniken und Fähigkeiten zu tun, sondern mit totalem Einlassen. Spiel ist eine Vision, von Hand übersetzt. Außerdem müssen wir vertrauen, dass auch in uns Spiel ist; selbst wenn wir aufgefordert sind, vieles zu verlernen, um mit diesem Spiel in Kontakt zu kommen. Ich meine ursprüngliches Spiel, an dem Sie sich als Spielgefährte beteiligen. Und der einzige Weg dorthin ist, beim Spielen all Ihre Erwachsenenrollen aufzugeben.

Beobachten reicht nicht aus. Sie müssen selbst Spiel in sich spüren. Kleine Kinder sind dafür bereits Experten. Setzen Sie sich zu ihnen auf den Boden. Lassen Sie los. Seien Sie aufmerksam. Kommen Sie in Berührung mit dem, was da passiert. Sie werden mehr lernen, als Sie sich vorstellen können. Ich spreche nicht nur von „normalen" Kleinkindern. Spielen ist keine Frage der Kompetenz, und Menschen mit Behinderungen können nicht weniger gut spielen als gesunde. Ich spiele nicht mit Kategorien von Leid oder Krankheit, sondern mit individuellen Kindern.

Alle Spielgefährten halten zwei ganz besondere Geschenke für uns bereit: *Du bist liebenswert* und *Es gibt nichts zu befürchten*. Berührungen sind ein greifbarer Beweis dafür, dass auch wir diese Gaben besitzen, sie verschenken und empfangen können. Wir alle brauchen diese Gaben unser Leben lang. Mit Babys spielen tut nicht nur diesen gut. Die Freude, Liebe und das Vertrauen sind gegenseitig – oder es ist kein Spiel.

Die jüngsten Forschungen, von denen Thoman und Browder berichten, zeigen deutlich, dass das Spielen mit Ihrem Kind nicht nur dessen intellektuelle, sondern auch seine emotionale und soziale Entwicklung fördert. Gleichzeitig, und das berücksichtigt die Forschung nicht, ist die Synchronizität von Spiel/Berührung auch für Sie eine Hilfe. Liebevolles Spiel/Berührung schafft sowohl bei den Eltern als auch beim Kind Vertrauen.

Mit einem Kind spielen heißt nicht, ihm Vater oder Mutter sein, es betreuen, unterrichten oder beraten. Es geht nicht darum, das Kind zu überzeugen, zu verändern, an Schule und Gesellschaft anzupassen oder in eine Neurose zu intervenieren. Damit soll nichts gegen diese Eltern-Kind-Aktivitäten gesagt werden, doch sie sind nicht Spiel. Noch ist jede Spielsitzung ein Ehrfurcht gebietendes, lebensveränderndes Ereignis. Weit gefehlt. Die Einzelheiten der meisten Spielsitzungen habe ich vergessen. Ein Jahr lang habe ich verfolgt, mit wie vielen individuellen Spielgefährtinnen und -gefährten ich gespielt habe. Es waren über 3.000. Ich spiele nicht, um wunderbare Erlebnisse zu sammeln, die sich vorzeigen lassen wie Medaillen. Ich spiele Tag für Tag mit jeder und jedem, die hervorkommen, um zu spielen. Das heißt, ein Spielgefährte zu sein.

Die meisten Berührungen von kleinen Kindern nehmen wir an, ohne wahrzunehmen, welches Geschenk uns da gemacht wird. Wir haben erkannt, dass Babys Berührungen überaus feinfühlig empfangen, aber wir wissen noch nicht, dass sie selbst gut berühren können. Ich versuche immer noch nachzuahmen, wie großartig ein Kleinkind greifen kann. Jeder, der einem kleinen Kind einmal seinen Finger gereicht hat, weiß, wovon ich rede.

In Herrigels Buch *Zen und die Kunst des Bogenschießens* beschreibt ein japanischer Meisterbogenschütze diesen magischen Augenblick der Berührung:

> „Sie müssen", erwiderte der Meister, „die gespannte Bogensehne etwa so halten, wie ein kleines Kind den dargebotenen Finger. Es hält ihn so fest umschlossen, daß man sich über die Kraft der winzigen Faust immer wieder wundert. Und wenn es den Finger losläßt, geschieht es ohne den leisesten Ruck. Wissen Sie weshalb?? Weil das Kind nicht denkt: jetzt lasse ich den Finger los, um dies andere Ding da zu greifen. Völlig unüberlegt und unabsichtlich vielmehr wendet es sich von einem zum anderen, und man müßte sagen, daß es mit den Dingen spiele, wenn nicht ebenso zuträfe, daß die Dinge mit dem Kind spielen."

Der Meisterbogenschütze formuliert unsere Aufgabe gut: Ebenso wie das Kind mit uns müssen wir mit dem Kind spielen.

Im Spiel fühle ich mich nicht aufgrund meines erworbenen Wissens sicher, sondern bin bereit, mit einem Kind präsent zu sein, weil ich mein Wissen beiseite lasse. Ursprüngliches Spiel ist nicht Urlaub vom Leben; es ist Leben. Sowohl Sie als auch das Kind wachsen und verändern sich ständig. Das zu akzeptieren und zu spielen, ohne Antworten parat zu haben, verlangt sehr viel Offenheit. Ursprüngliches Spiel beruht nicht auf Angst, sondern auf einer vertrauensvollen Beziehung zum Leben. Als Spielgefährte schließen Sie sich dem Kind so an, dass Sie sich beide geliebt und respektiert fühlen und mit Eifer ihren

Forschungen nachgehen. Die Fähigkeiten, die beim Spielen von Ihnen verlangt werden – Neugier, Vertrauen, Flexibilität, Wachsamkeit –, sind die eines gesunden Kindes.

Frankie ist zwei Jahre alt. Bei ihm wurde Spina bifida (offener Rücken, Anm. d. Ü.) diagnostiziert. Er mag in seinen Therapiesitzungen nicht krabbeln. Er wehrt sich dagegen und weint. Aber unsere Spaziergänge sind Marathons im Krabbeln. Wir krabbeln zusammen über den ganzen Schulhof. Eines Tages setzte ich ihn auf den Boden und er begann mir Stöcke und Kieselsteine zu zeigen. Zuerst beugte ich mich über ihn, während ich hinter ihm herging. Plötzlich wusste ich, dass ich mich auf seine Ebene begeben musste. Also legte ich mich neben ihn. Er zog sich mit Ellenbogen und Unterarmen vorwärts. Ich beobachtete und krabbelte. Das war harte Arbeit und ich wurde schnell müde. Er bewegte sich schneller als ich, aber er lächelte und wartete auf mich. Ich bewegte mich weiter auf dem Bauch voran, so gut ich konnte, während wir den Hof erforschten. Wir warfen noch mehr Kieselsteine, beobachteten Ameisen und pflanzten Stöcke in den Boden.

Immer ist beim Spielen die Möglichkeit eines neuen „Wir" gegeben, das ausgelöst wird durch „du" und „ich". Eines Tages machten mir Christian und Andrea, die beide an Gehirnlähmung leiden und sehbehindert sind, neue Möglichkeiten der Berührung bewusst. Normalerweise lege ich mich zwischen die beiden und tausche mich abwechselnd mit ihnen aus. Doch dieses Mal legte ich Andrea neben Christian, und sie streckte die Hand aus und berührte ihn am Brustkorb. Er kicherte und bewegte seinen Arm in ihre Richtung. Ihre Hände trafen sich auf halbem Wege in der Luft. Ihre Finger verflochten sich kurz ineinander, bevor sie sich wieder losließen. Sie begannen einander mit den Händen zu suchen. Manchmal berührte Andrea Christians Brustkorb oder Gesicht und strich sanft darüber, womit sie ihn zum Kichern brachte. Er drehte sich in ihre Richtung. Hob er seine Hand zwischen ihnen in die Luft, fand Andrea sie, als hätte sie schon vorher gewusst, wo sie war. Bevor sie sich berührten, waren ihre Bewegungen schnell und ruckartig. Das Berühren selbst schien sie beide zu besänftigen. Hier lagen zwei Kinder, von denen man nicht erwartete, dass sie sich so intensiv aufeinander bezogen, und doch tauschten sie sich als Spielgefährten aus.

Kleine Kinder sind virtuose Spielgefährten. Der Psychologe Abraham Maslow spricht in diesem Zusammenhang vom „Liebeswissen":

Die Liebe für einen Menschen erlaubt diesem, sich zu entfalten, zu öffnen, seine Abwehr fallen zu lassen, um nicht nur körperlich, sondern auch psychisch und seelisch nackt zu sein. Mit einem Wort, er lässt zu, dass er gesehen wird, statt sich zu verstecken. In gewöhnlichen zwischenmenschlichen Beziehungen sind wir bis zu einem gewissen Maß gegenseitig undurchschaubar. In Liebesbeziehungen werden wir „durchschaubar".

Je durchschaubarer ich bin, desto mehr Entdeckungen erschließen sich mir auf dem Gebiet von Berührung, Vertrauen und Liebe.

Dabei muss ich immer an die Worte von Ashley Montagu denken: „..wir haben niemals zu jener Art von 'Er-wachsenen' werden sollen, die die meisten von uns nun einmal geworden sind." Aber da ich nun einmal zu diesem Erwachsenen geworden bin – wo finde ich jemanden, der mir nicht erzählt, ich müsse zum Kind werden, sondern der die Geschenke des Spielens mit mir teilt?

TEIL II

„In bester Absicht": Spielen im Dienst der Gesellschaft

Wenn die Lampe brennt am Abend,
meine Eltern sich am Feuer laben;
sie sitzen zu Hause, reden und singen,
ohne zu spielen mit den Dingen.

Robert Louis Stevenson

Kinder, die frei und unbeaufsichtigt herumlaufen, werden auf
Kosten der Besitzer abgeschleppt.

(Schild in einem Laden)

Kapitel 4

Falsches Spiel

Ein Käfig ging einen Vogel suchen.

Franz Kafka

Wir haben so vieles von dem lieblichen Zauber des Lebens begraben.

D.H. Lawrence

Die Entzauberung von Spiel

Typisch für unser modernes Spielbewusstsein ist, dass wir die Elemente des Heiligen nicht erkennen. Wir verfallen der groben Täuschung, dass wir selbst es sind, die Spiel erschaffen. Dadurch verändert sich Spiel auf grundlegende Weise von einem Lebensprozess zu einem Akt im Dienst der Gesellschaft. Dieser tief greifende Wandel im menschlichen Bewusstsein hat dramatische und tragische Konsequenzen für unser tägliches Leben. Unser Denken über die Welt beruht letzten Endes vor allem darauf, wie wir uns selbst in Beziehung zu anderen und zur Welt sehen und erleben, und spiegelt sich in unserer Unfähigkeit wider, mit

Kindern zu spielen. Wie Morris Berman in seinem Buch *Wiederverzauberung der Welt* so gut darlegt: „Die Geschichte der Neuzeit ist, zumindest auf der geistigen Ebene, geprägt von zunehmender Entzauberung." Diese Entzauberung betrifft nicht nur den Geist, sie schließt auch die Seele und den Körper ein. Aus der Sicht des modernen Erwachsenen heißt dem Spiel des Kindes entwachsen, sich von der Macht der angenehmen Täuschung zu befreien, die der Zauber und der Bann der Kindheit sind, um sich der wichtigen Arbeit des Lebens als Erwachsener zuzuwenden.

Wahrscheinlich ist für diesen Wechsel nichts symptomatischer als unsere Unfähigkeit, Vorbilder für ein Spielen zu sein, bei dem die Erfahrung von Freundlichkeit erhalten bleibt. Von einem Gefühl ekstatischer Zugehörigkeit gehen wir über zu einer Sicht und Erfahrung der Welt, die auf Opposition beruhen. Die ursprünglichen Geschenke der Furchtlosigkeit und Liebe werden zugunsten des Bemühens um Selbstverteidigung aufgegeben; sich vor einer zunehmend feindlichen Welt zu schützen, gilt als Lebenssinn. Während wir den Mangel an Nähe in unserem Leben beklagen, reden wir uns ein, dass unsere körperliche und emotionale Sicherheit Trennung und Grenzen verlangt. Um dieser Sicherheit willen distanzieren wir uns von unserer Umwelt, ohne zu bemerken, dass wir mit diesen Abwehrmanövern die Gefahren, die wir fürchten, erst heraufbeschwören. So fand ich es geradezu unheimlich, als ich Kindern und Erwachsenen das Reiten beibrachte, dass die Menschen, die Angst vor Pferden hatten, so vor den Tieren zurückschreckten und um sie herumgingen, dass es höchst gefährlich war.

Kinder wachsen ohne kulturelle Unterstützung auf, ohne kollektive Mythen, auf deren Hintergrund ursprüngliches Spiel real erscheint, weil diese Mythen von den Erwachsenen, mit denen die Kinder zusammenleben, selbst erfahren und geteilt werden. An ihre Stelle tritt Entzauberung. Bei diesem schmerzlichen Prozess werden Kinder wie ein eingeklemmter Weisheitszahn herausgezogen aus der reichen Welt der Wunder, der Magie und des Mysteriums, der die Kindheit auf natürliche Weise angehört. Wir werden dieser Welt so gründlich entfremdet, dass wir schließlich jeden Kontakt zu unserem Eingeborenenselbst verlieren und die Instinkte, die es am Leben erhalten, selbst abwerten. Wir entwachsen dem ursprünglichen Spiel, betrachten es als kindisch, und in diesem Prozess wird dessen Seele, Sprache und Form verzerrt.

Wir ersetzen ursprüngliches Spiel durch das kulturelle Spiel, das nicht von Kindern, sondern von Erwachsenen stammt. Damit weisen wir die Idee der Zugehörigkeit zurück, die ursprünglichem Spiel zu eigen war. Stattdessen bekräftigen wir die Wichtigkeit von Unterschieden zwischen uns und anderen.

Johan Huizinga schreibt über das Spiel, „daß eine Spielgemeinschaft wahrscheinlich auch nach dem Spiel weiter besteht, von dem Gefühl inspiriert, in einer außergewöhnlichen Situation getrennt zusammen zu sein, etwas Wichtiges miteinander zu teilen, sich gemeinsam vom Rest der Welt zurückzuziehen und die üblichen Regeln zurückzuweisen". Ich weiß noch, wie ich mich als Mitglied der Kleinen Liga meiner Baseballmannschaft, in meiner Fußballmannschaft in der Highschool und in meinem Collegeteam „getrennt zusammen" fühlte. Dieses Gefühl braucht einen „anderen". Als eine Form von Wettbewerb dient dieses Spiel als grundlegende Stütze der Kultur. Es wird verfälscht zu einer Welt, die beherrscht ist von Angst. Dominique Lapierre beschreibt ein Kinderspiel mit Drachen, das die Väter an sich reißen. „Das Spiel wurde zu einem Kampf. Die Erwachsenen... hatten ihren Kindern das Spiel weggenommen und bekämpften sich wie wilde Tiere."

Diese Entzauberung, bei der ein rationales Selbst behauptet, das kulturelle Spiel auf vernünftige Weise zu unterstützen, reißt eine tiefe Kluft. Ein anderer, tief vergrabener Teil des Selbst jedoch durchschaut diesen Taschenspielertrick und kämpft darum, sich das ursprüngliche Gefühl der Verbundenheit mit der natürlichen Welt zu bewahren, indem er sich an die authentische Quelle von Spiel wieder anschließt. Wie Matthew Fox darlegt: „Wer die Heiligkeit der Schöpfung und die spirituelle Erfahrung, die natürliche Begeisterung sein kann, ignoriert, wird schließlich die Botschaft des Vertrauens verzerren und taktische, vom Menschen stammende Einfälle mit spirituellen Erfahrungen verwechseln." Auch die Upanischaden weisen auf diesen Abstieg von der Erfahrung von *Leela* oder des göttlichen Spiels zum schalen Reich fruchtloser Frivolität hin.

Da wir beschlossen haben, das ursprüngliche Spiel aufzugeben, wachsen wir in einer Gesellschaft heran, in der wir unserer natürlichen Rüstung beraubt sind. Die Folge ist, wir schämen uns der Geschenke der Kindheit, der lebensspendenden Schätze, die uns in den schrecklichen Augenblicken, in denen wir zurückgewiesen werden, eigentlich eine Hilfe sein sollten. Wie ein Waisenkind, das nichts über seine leiblichen Eltern erfährt, werden ursprüngliche Gefühle und Erinnerungen durch andere ersetzt, so dass wir keinen Zugang mehr zu ihnen finden. Von der Gesellschaft entführt und dem zentralen Kern ihres verspielten Selbst entfremdet, müssen Kinder auf ihre Ekstase verzichten. Das Wissen darum wird ihnen ausgetrieben, damit sie erzogen werden können von denen, die ebenfalls zu Waisen gemacht wurden und die, sich schwach erinnernd an die absolute Liebe, die sie einst erfuhren, um diese trauern. Das großäugige Staunen, das grenzenlose Vertrauen, die feinfühlig forschende Berührung und die umfassende Liebe ursprünglichen Spiels werden verzerrt, um es den Erfordernissen der Gesellschaft anzupassen. Die uralte chinesische Sitte, die Füße der Mädchen einzubinden, ist ein ausgezeichnetes Beispiel für Vorgehensweisen, mit denen die Gesellschaft natürliche menschliche Eigenschaften verstümmelt, die, so deformiert, zum Objekt der Verehrung werden. Auch das kulturelle Spiel wird so verehrt. In beiden Fällen wird das Authentische zuerst verfälscht und dann hoch geschätzt.

Im Schatten der Erwachsenen spielen

Diese gebildeten Menschen… sind ein Schrecken für Kinder.

B. Yeats

Suche nicht mit kaltem Blick Mängel aufzuspüren,
sonst verwandeln sich Rosen unter deinem Blick in Dornen.

Shabistari

Es ist hart für Kinder, im Schatten von Erwachsenen zu spielen, die der Erfahrung ursprünglichen Spiels radikal entfremdet wurden. Alice macht uns das klar, wenn sie das Spiegelzimmer betritt: „Da wird mir so warm sein wie in dem vorigen Zimmer“, dachte sich Alice, „und sogar noch wärmer, denn hier vertreibt mich niemand vom Feuer. Ach, wie lustig das sein wird, wenn sie mich hier drinnen im Spiegel sehen und nicht zu mir herkommen können!" Wie die dunklen Tunnel heranwirbelnder Sommertornados fegen die Erwachsenen durch die Kindheit, lösen hier Spiele auf und zerstören sie, ignorieren sie dort und trennen Kinder von der Fülle ihrer Welten. Ich will Ihnen dafür drei Beispiel geben:

Während der Sommermonate spielte ich auf der Farm meines Onkels auf einem alten Waggon, der irgendwie entgleist und in die Wälder hinter den Weiden gebracht worden war. Wenn ich in den Wäldern fertig war, trieb ich die Pferde der Farm den Weg hinunter, der von der Weide zum Stall führte. Den ganzen Tag lang war ich da draußen in meiner eigenen Welt, außer Reichweite des Zugriffs der Erwachsenen. Beim Abendbrot fragten Mom, Dad, meine Tante und mein Onkel mich meistens, was ich den ganzen Tag lang getrieben hätte. Der Dialog, der sich daraufhin entspann, verlief etwa so:

Mom: „Was hast du heute gemacht?"
Ich: „Ich habe draußen gespielt."
Mom: „Hast du etwas Bestimmtes gespielt?"
Ich: „Nö, einfach gespielt."
Dad: „Du hast doch nicht mit den Pferden gespielt, oder?"
Mit den Pferden sollte ich nicht spielen. Aber was sonst hätte ich mit ihnen anfangen können? Sie waren Teil meiner Welt. Spielen schloss alle ein, denen ich da draußen begegnete.

Hier ein weiteres Beispiel aus meiner Kindheit. Es war ein strahlender Samstagmorgen. Sonnenschein flutete durch die Doppelfenster meines Zimmers und malte Sonnenfenster auf die Eichendielen des Fußbodens. Ich lag auf dem Boden, ließ mich von der Sonne wärmen, total vertieft in die Pläne und Schachzüge der Cowboys und Indianer aus Metall und Gummi, die sich in den bewaldeten Ebenen und auf den kahlen Bergen erbitterte Kämpfe lieferten. Meine Mutter öffnete meine Schlafzimmertür. Ihre Anwesenheit war wie ein Eindringen von außen in meine Welt. Sie ging zum Fenster, um die Morgenluft hereinzulassen, als würde eine mythische Göttin, größer als das Leben selbst, über mein Miniaturschlachtfeld hinweg und mitten hindurch schreiten. „Fred, warum spielst du nicht draußen? Es ist so ein schöner Tag." Und weg war sie. Als sie einen Augenblick später die Treppe hinunterging, ermahnte sie mich noch einmal: „Jetzt komm schon."

Der Krieg endete. Widerstrebend raffte ich alle Figuren zusammen, ließ sie in ihren Kasten fallen, sammelte die Berge ein und warf sie auf mein Bett. Ich würde hinausgehen und auf den Stufen der Veranda sitzen. Meine Mutter hatte mein Spiel unterbrochen, damit ich spielen gehen konnte.

Lynda Sexson beschreibt aus ihrer Kindheit eine ähnliche Erfahrung:

> „Als ich drei Jahre alt war, zogen wir in ein kleines Haus, und meine Mutter machte sich ans Saubermachen. Ich sah ihr zu. Ihr Besen riss Spielzeugfiguren auseinander, die für mich, wie sie da unter dem Bett hervorpurzelten, lebendig waren.
> Ich wollte sie behalten.
> „Nein", sagte meine Mutter. „Das ist nichts als Schmutz. Staubfänger."
> „Ich kann aber damit spielen. Sie sehen wir Tiere aus."
> „Nein."

Irgendetwas stimmt einfach nicht, wenn wir Kindern im Spiel begegnen. Etwas ist mit uns nicht in Ordnung. Offensichtlich sind wir nicht imstande, unsere falschen Vorstellungen vom Spielen aufzugeben und uns dem Spiel unserer Kinder einfach anzuschließen. Fast alles, was wir über das Spielen annehmen, ist so offensichtlich, allgemein verbreitet und selbstverständlich, dass es uns nicht bewusst ist. Praktisch jede und jeder von uns glaubt zu wissen, was Spiel ist und sein soll: Spaß! Doch was Spielen für ein Kind bedeutet, finden Erwachsenen oft frivol, gefährlich oder destruktiv.

Auf einem Flug von Montana nach Kalifornien stieß ich auf folgende Verwendungen des Wortes „Spiel". Nachdem ich es mir in meinem Sitz bequem gemacht hatte, blätterte ich eine Ausgabe der Zeitschrift *Esquire* vom Mai 1991 durch, die jemand in der Sitztasche vor mir zurückgelassen hatte. Ich las einen Artikel mit der Überschrift: „Achtung! Hier spielen Nutten, Hosenschlitzpiloten und Rammböcke!" In dem Text ging es um eine junge Frau und amerikanische Soldaten, die während des Golfkrieges abseits der saudi-arabischen Küste „R&R"

genossen (rest and relaxation, Ruhe und Entspannung, Anm.d.Ü.). In ihrer eigenen Zeitschrift bat Delta Airlines: „Spielen Sie mit uns. Delta ist Ihr idealer Spielgefährte." In derselben Zeitschrift war von American Express zu lesen: „Der Druck hat aufgehört, es ist Wochenende. Ich werde das ganze Wochenende Tourist spielen." In einer weiteren Anzeige wurde Las Vegas beschrieben als „Ort, wo Amerikaner ihr Spiel spielen". Und weiter hieß es hier: „Wenn Sie ein ernsthafter Spieler sind, das Tropicana hat, was Sie suchen." Später während dieses Fluges schien eine Mutter, die vor mir saß, ärgerlich darüber zu sein, wie ihr Sohn seine Milch trank. Erbost sagte sie zu ihm: „Du sollst trinken und nicht mit der Milch herumspielen." Im Flughafen von Salt Lake City fiel mir ein kleines Schild auf, das Eltern bat, ihre Kinder zu beaufsichtigen, damit diese nicht auf den Rolltreppen spielten.

Der Begriff „Spiel" ist sowohl historisch von Sozial- und Verhaltenswissenschaft benutzt worden als auch in der Umgangssprache. Er bezeichnet nicht nur das Verhalten von Kleinkindern, die ihre Zehen erforschen, sondern auch Einschüchterungsmanöver auf Schulhöfen, Sportwettkämpfe, das Töten von Tieren und Feinden, kurze Pausen und Ferien. Im allgemeinen Sprachgebrauch bezeichnet dieses Wort ein großes Spektrum an zum Teil widersprüchlichen Verhaltensweisen und Einstellungen: von der Intrige und dem Schmieden „politischer Ränkespiele" bis zur Kooperation beim „Ballspiel"; von Täuschungsmanövern wie beim „tot spielen" bis zur Unterwerfung wie bei „die zweite Geige spielen"; vom Verpacken der eigenen Ablehnung wie bei „gute Miene zum bösen Spiel machen" zur Anpassung an vorgegebene Regeln wie bei „das Spiel mitspielen". Die Bedeutung dieses Wortes kann negativ sein wie bei „an sich herumspielen", „Playboy" und „sich aufspielen", oder positiv wie bei „sich warm spielen".

Wie Spiel verfälscht wird, zeigt sich zum Beispiel in der Redewendung „Spielen ist Kinderkram". Dem Spiel wird eine Aufgabe zugewiesen; erfüllt es diese nicht, wird es ebenso zur Plage wie spielende Kinder. Für kleine Kinder ist Spiel Vorbereitung auf die Verantwortlichkeiten, die in der nächsten Entwicklungsphase auf sie zukommen. Von klein auf gilt Spiel als Training für die Arbeitswelt. Wie diese soll auch das Spiel nützlich, produktiv und gerecht sein. Mit dieser Form von Spiel können Erwachsene leben. Welch wunderbare Art des Lernens – die Lehrer haben die Kontrolle, durch Spielen lernen Kinder bessere Erwachsene zu werden, und die Sollziele werden erreicht. Wie problematisch die Maxime „wer nicht arbeitet, soll auch nicht spielen" ist, hat Erik Erikson bereits vor Jahren betont: „Um daher dem Spiel des Kindes gegenüber tolerant zu sein, muß der Erwachsene Theorien bilden, die entweder beweisen, daß dieses Spiel in Wirklichkeit Arbeit ist – oder daß es nichts zu bedeuten hat. Die populärste und für den Beobachter bequemste Theorie ist, daß das Kind noch *niemand* ist und der Unsinn seines Spieles eben diese Tatsache widerspiegelt." Auf diesem Hintergrund ist nicht schwer zu verstehen, warum für viele Erzieher, Forscher und Mediziner Spielen, außer für ganz kleine Kinder, regressives Verhalten ist.

Psychoanalytische Theorien betrachten Spielen oft als Reduktion und reduzieren es selbst auf andere Prozesse. Hier gilt es als regressiver Ausdruck unbefriedigter kindlicher Wünsche. Norman O. Brown beschreibt die Spielwelt des Kleinkinds als eine, die „erbaut ist aus Wünschen, (die) durch das Realitätsprinzip keinerlei Einschränkung erfahren und auf unrealistische, halluzinatorische Weise Erfüllung finden". Aus dieser Sicht hat das Spiel nichts mit der Realität zu tun und ist eine imaginäre Welt. Michael Fordham sagt: „Jedes Spiel beruht auf Angst und ist für das Kind ein Mittel, ihrer Herr zu werden." Norman O. Brown fügt hinzu, dass „die psychoanalytische Vorstellung vom unterdrückten Unbewussten notwendig zu sein scheint, um das Element des Spiels in der Gesellschaft definieren zu können." Viele Erwachsene glauben, spielen hieße, realistische Zwänge und Konsequenzen ablehnen. Aus dieser Sicht ist verständlich, warum Menschen denken, spielen sei einfach nur kindisch.

Erstickt von Theorien und steifen pädagogischen Ansätzen, vor allem aber in eigenen Ängsten befangen, halten Erwachsene emotional und körperlich Distanz zum Spiel von Kindern. Nicht bereit, uns der Liebe zu öffnen, vor der wir solche Angst haben, geben wir die Position des Spielgefährten auf. Stattdessen nehmen wir beliebig viele Erwachsenenrollen ein, hinter denen wir uns verstecken können.

Dieser Prozess beginnt schon früh im Leben und entwickelt eine Eigendynamik. Wie eine chinesische Schale, deren viele glänzende Lackschichten die tatsächliche Patina des darunter liegenden Holzes verbergen, wächst die Angst Schicht um Schicht und überzieht unser ursprüngliches Spielgesicht von der frühen Kindheit an bis zur Jugendzeit und auch unser ganzes Erwachsenenleben lang mit gesellschaftlichen Verschalungen. Diese zahllosen schützenden Masken betäuben und verkleiden unser Herz, das durch die permanente Distanz zum Leben und die ständigen Konflikte mit diesem gespalten ist. Im Erwachsenenalter ist unsere Spielmaske ein vielschichtiges Mosaik, das sich in den Jahren unseres Heranwachsens bildete, wie zusammengesetzt aus einem geplünderten menschlichen Schrotthaufen von lauter alten Helden und entmutigten Verlierern. Nichts und niemand zwingt uns, den Versuch zu wagen, durch unsere Masken zum wahren Gesicht vorzudringen. Trägheit, Angst und der Sog alter Gewohnheiten treiben uns, die Maskerade aufrechtzuerhalten. Wir flüchten uns in die schützenden Schichten der Maske und leben in der Illusion, diese sei unser wahres Selbst. Alle Erfahrungen, die wir machen, werden wieder zurückübersetzt in die Gedanken, mit denen wir die inneren Mauern ursprünglich errichtet haben.

Statt dass sie lernen, Spielgefährten zu sein, lernen Erwachsene das Spiel der Kinder als Betreuungspersonal zu beobachten, daran teilzunehmen, es zu diktieren und anzuleiten. Ständig werden Eltern von Fachleuten wie Wittes und Radin angewiesen, das Spiel ihrer Kinder zu beobachten und zu fördern. In ihrer Ausbildung wird Lehrern nicht beigebracht, wie sie mit Kindern spielen können. Spiel ist etwas für die Kleinen. Die Teilnahme der Erwachsenen beschränkt sich auf Unterrichtsstrategien und beratende Funktionen. In bester Absicht bringt man Erwachsenen bei, zu helfen, zu ermutigen, herauszufordern, auszugleichen, zu managen, anzuleiten, zu fördern und zu planen.

Wenn Erwachsene am Spiel teilnehmen, dann nicht als Spielgefährten, sondern als Supervisoren. In einem Ablehnungsschreiben des Redakteurs einer der bekanntesten amerikanischen Zeitschriften für Eltern und Kinder an mich hieß es: „Im Wesentlichen sagte unser Herausgeber, dass Eltern (Erwachsene) eher innerlich verspielt sein müssen als mit ihren Kindern zu spielen. Spiele sind für Kinder. Eltern müssen 'zulassen', dass Kinder spielen und ihre eigenen Spiele spielen, aber nicht unbedingt ihre Spielgefährten sein." Hier ist kein Platz für das Gefühl, wirklich mitzuspielen und sich im Spiel auszutauschen, was Erwachsenen die Freuden am Spiel mit Kindern erschließen würde. Lehrer bleibt Lehrer, Eltern bleiben Eltern. Unsere Entscheidung, uns von unseren Kindern fern zu halten, ist eine Tragödie von großem Ausmaß. Nicht nur, dass Erwachsene nicht wissen, wie man spielt, sie haben auch kein Bewusstsein davon, dass sie es nicht wissen. Ursprünglichem Spiel seit vielen Jahren entfremdet, ist uns diese Art des Seins, die aus unserem Leben verbannt wurde, nicht mehr zugänglich.

Für die meisten Erwachsenen ist die Arbeit mit Kindern ein Job und die Betreuung von Kindern eine Pflicht. Viel zu oft fühlen sie sich von der Pflicht entbunden, wenn die Arbeit getan ist. Und Kinder werden grundsätzlich viel zu lange allein gelassen. Selbst im Schoß eines Erwachsenen kann ein Kind allein gelassen werden, wenn dieser vor sich hinstarrt oder Dinge mit einem Kollegen bespricht. In einer Welt, in der das Schwergewicht auf praktischer Verwertbarkeit und Effizienz liegt, nimmt man von Kindern, sobald sie in den festen Tagesablauf eingeplant wurden, wenig Notiz.

Im Januar 1991 spazierte ich in Budapest durch ein Labyrinth aus grauen, hoch aufragenden Wohnblocks. Jan Tunde, unser ungarischer Führer, und ich hatten uns auf der Suche nach einer Schule, die wir besuchen wollten, verirrt. Ich empfand die Allgegenwart der großen Betonklötze als bedrückend; das alles verschlingende Grau, das fehlende Grün der kleinen, ausgemergelten Bäume, die festgetretenen Schmutzhaufen, übersät mit menschlichem Abfall und Hundekot. Es war frostig, wenn auch sonnig. Menschen gingen rasch vorbei, beeilten sich, dort hinzugelangen, wo sie hinwollten. Im Erdgeschoss einiger Gebäude befanden sich Vorschulen, auf dem Gelände davor lagen eingezäunte Spielplätze. Wie Drachen, die in einem bewölkten Himmel hin- und herflitzen, brachten die Farben, Geräusche und der Geist der Kinder Lebendigkeit in eine ansonsten trostlose Umgebung. Wie Raubvögel, die auf Baumwipfeln thronen und mit scharfem Blick nach einer Maus Ausschau halten, standen einige wenige Erwachsene in ihre schäbigen Mäntel gehüllt herum und sahen zu, wie die Kinder unter ihnen herumwirbelten.

Das begegnet mir in Schulen und auf Spielplätzen überall auf der Welt. Spielen ist im Allgemeinen keine Zeit des Zusammenseins von Kindern und Erwachsenen. Selbst wenn Erwachsene sich auf demselben Gelände aufhalten, existieren auf dem Spielplatz grundsätzlich zwei Welten. Kinder spielen, Erwachsene haben „Aufsicht", das heißt sie überwachen und managen die Kinder. Gelegentlich kommen sie sich in die Quere, meistens wenn ein Erwachsener bei Störungen eingreift.

Ansonsten stehen die Erwachsenen herum, als ob nichts unterhalb von Augenhöhe sie interessiere. Ziellos wandern sie zwischen den spielenden Kindern umher, als gäbe es hier nichts anderes zu tun, als Urteile abzugeben und Warnungen auszusprechen. Ansonsten gilt als selbstverständlich, dass wir nicht gefragt sind, uns einzulassen oder teilzunehmen. Aus ihrer Perspektive können Erwachsene Spiel nicht sehen, denn wenn sie es täten, könnten sie an einer allgemeinen Freude teilhaben. Wenn die Unterschiede sich auflösen, verschwinden auch Autorität und Trennung. Das ist beängstigend.

Spielen ist in unseren bereits aus allen Nähten platzenden Terminkalendern übrig gebliebene Zeit. Wir werden später spielen, nur dass „später" meistens nie kommt.

Kürzlich bekam ich einen Brief von einer Großmutter, die schrieb: „Bevor meine Enkelin in die Schule kam, haben wir immer zusammen gespielt. Sie fragt mich immer noch, ob ich mit ihr spiele, aber aus ziemlich armseligen erwachsenen Gründen habe ich es nicht getan. Als wir sie letztes Mal besuchten, hatte sie zwei Freundinnen zum Spielen da, kam aber zu mir und fragte mich, ob ich mit nach draußen käme, um mit ihr zu schaukeln. Ich sagte, ja, ja, später, tat es aber nicht. Das war wirklich schmerzlich." Dieses Verhalten ist weiter verbreitet, als wir gern glauben mögen, und hat viel nachhaltigere Konsequenzen, als uns klar ist.

In ihrem Buch *Das Drama des begabten Kindes* erzählt die Psychoanalytikerin Alice Miller die Geschichte von Jürgen Bartsch, einem inhaftierten Mörder von vier Jungen, der, als er schließlich imstande war, seinen Eltern Vorwürfe zu machen, weinend ausrief: „Warum habt ihr in zwanzig Jahren nicht ein einziges Mal mit mir gespielt?"

Kürzlich hatte ich Gelegenheit, mit einem Mann zu spielen, der weiß, was es heißt, wenn das „später, mein Sohn" niemals kommt. Bei einer nationalen Spielkonferenz fragte ich Doug, der von Geburt an an einer Gehirnlähmung leidet, ob er gern aus seinem Rollstuhl steigen und mit mir spielen würde. Sein „Ja!" klang so begeistert, dass ich dachte, er springt gleich allein aus dem Rollstuhl. Mit seiner Hilfe hob ich ihn heraus. Wir rollten uns im Hotel auf dem Boden des Ballsaals herum, purzelten über einander hinweg wie zwei kleine Jungen auf dem Rasen. Dann ruhten wir uns auf dem Teppich aus, atmeten schwer und umarmten uns. Später beim Abendessen erzählte mir Doug weinend, wieviel Angst seine Eltern hatten, ihn zu berühren. Er hatte sich immer gewünscht, dass sein Vater, der kürzlich gestorben war, einmal mit ihm spielte. Er hat es nie getan.

Lassen wir jemals zu, dass Kinder uns geben, was sie wirklich zu geben haben? Und wenn wir Kindern erlauben zu geben, können wir ihre Geschenke dann auf dem Hintergrund unserer gründlich durchdachten, materiellen Werteskala des Erwachsenen annehmen, ohne sie abzuwerten? Wir brauchen uns gegenseitig als Erwachsene und Kinder.

Als Dennis zum ersten Mal in die Schule kam, war er voller Neugier, Freude, Humor und Sensibilität, obwohl er eine schwere frühe Kindheit hatte. Ja, diese bewundernswerten Eigenschaften sind in der Schule oder auch in jener größeren Welt, zu der die Schule den Zugang eröffnen soll, keine gültige Währung. Dennis Weigerung, zur Schule zu gehen, bedeutete nicht, dass er nicht lernen will. Er lernt sehr gut. Er wehrt sich dagegen, umgekrempelt zu werden. Kinder bitten um Spielgefährten, und wir teilen ihnen Erwachsene zu.

Wenn der Geist des Spielens so herabgewürdigt wird, verändert das den Kontext des Lebens von Kindern grundlegend. Unsere Verfälschung von Spiel verändert auch den Blick auf uns selbst und unser Verhalten Kindern gegenüber. Das ist keine abstrakte Angelegenheit, sondern betrifft die ganz konkreten Umstände des Alltagslebens ganz realer Menschen. Es stimmt, wir halten die Welt in unseren Händen. Und doch wurde vielen von uns nie erlaubt, unseren inneren Spielgefährten herauszulassen und mit der Welt zu spielen. Kinder bekommen gesagt, mit wem, was, wo und wie sie spielen sollen:

„Spiel nicht auf dem Rasen!"

„Spiel nicht im Haus!"

„Spiel nicht mit deinem Essen herum!"

„Spiel nicht an dir herum."

„Ich habe jetzt keine Zeit zu spielen."

„Ich bin zu beschäftigt/alt/müde/groß zum Spielen."

„Geh raus und spiele!"

„Spiel nicht in den Kleidern!"

„Spiel nicht so laut!"

„Sei nicht so grob beim Spielen!"

„Spiel nicht auf deinem Bett!"

„Spiel nicht im Regen!"

„Spiel nicht herum!"

„Du solltest nicht mit denen spielen!"

Statt alles zu umarmen, wie die Liebe, die ursprünglichem Spiel innewohnt, beschneidet das kulturelle Spiel die Welt und spaltet sie in
„sicher" und „unsicher", „uns" und „die anderen".

Wir haben innere Schutzwälle errichtet, um unser Herz daran
zu hindern, sich nach außen an eine Welt zu wenden, die wir als
feindlich wahrnehmen. Es fällt uns nicht nur schwer, mit Kindern zu
spielen, sondern auch zuzulassen, dass sie ihre Welten erforschen. Auf
Schulplätzen zum Beispiel werden Kinder angewiesen, die Spielgeräte
„richtig" zu benutzen, das heißt so, wie Erwachsene sie gedacht haben.
Das heißt, auf der Rutsche gerade sitzen und nach vorne schauen.
Die Möglichkeiten, die eine Rutsche bietet, werden durch die Ängste
der Erwachsenen beschnitten. Auf der Rutsche „spielen" und alle verschiedenen Möglichkeiten ausprobieren, wie man sich auf der glatten
Oberfläche hoch- und runterbewegen kann, halten Erwachsene für
unsicher.

Manchmal haben Worte das Gewicht eines Grizzlybären, der sich
auf eine zarte Gletscher-Lilie stürzt und sie so zusammendrückt, dass
alles Leben aus ihr entweicht. Unser Babel der Worte ist ein Spiegel, in
dem wir nicht die Freude und das Staunen spielender Kinder, sondern
das nüchterne Bild unserer Verfälschungen sehen. Spiel wird sprachlich
ebenso entwürdigt wie seine Seele und Form.

Kinder spüren den Unterschied zwischen dem, was sie beim Spielen
in ihren Herzen fühlen, und was ihnen als Spiel beigebracht wird. Aber
ihnen fehlen die Worte, über das zu sprechen, was im Grunde unsagbar
ist. Anders ausgedrückt, das Kind ist sich der Abwesenheit einer Präsenz
bewusst, während der Erwachsene sich der Präsenz einer Abwesenheit
nicht bewusst ist. Erwachsene haben den Kontakt mit ursprünglichem
Spiel verloren, besitzen jedoch die Sprache. Sie können mit dieser Sprache aber nur über das kulturelle Spiel sprechen. Ursprüngliches Spiel ist
der Weg eines Kindes, einen anderen Menschen zum Kind zu machen.
Das kulturelle Spiel ist der Weg des Erwachsenen, den anderen zum
Erwachsenen zu machen.

Ein tief reichendes Vergessen

Erwachsene sind für Kinder und andere Lebewesen ungesund.

Anonym

Du bist nicht hier, um zu spielen.

Warnung eines Erwachsenen an ein Kind

Der Himmel ist zum Greifen nah in unserer Kleinkindzeit!
Allmählich ziehen sich die Schatten der Gefängnismauern
um den Heranwachsenden zusammen...
Der Mann schließlich sieht diese Schatten langsam schwinden,
sie lösen sich auf in das Licht seiner Alltäglichkeit.

William Wordsworth

Er hegte bereits den Verdacht, dass das, was Menschen „erwach-
sen werden" nannten, in gewisser Weise bedeutete, dass man
durch Erziehung der Wirklichkeit und damit all den großartigen,
unsichtbaren Wirklichkeiten entfremdet wurde, die für einen
jungen Menschen so viel wichtiger sind als die dingliche Welt, auf
welche die Menschen im Laufe ihres Heranwachsens viel größeren
Wert legten.

Laurens van der Post

Ich wollte ja nichts als das zu leben versuchen, was von selber aus
mir herauswollte. Warum war das so schwer?

Hermann Hesse

Ich besuchte zum ersten Mal den Kinderturnverein der „V.I.P.-Tots" und kniete auf einer blau-weißen Matte, als Sandra hereinkam. Sie drehte sich um, beugte ihren Kopf und lugte zu mir her, als wolle sie sagen: „Bist du da? Hast du Angst, rauszukommen und zu spielen?" Mit ihren zwei Jahren war Sandra für mich wie eine Kerze in der Dunkelheit, und ich fühlte mich von ihrem Licht und ihrer Wärme angezogen wie die Motte vom Licht.

78

Ihr intensiver, schelmischer Blick zog mich völlig in seinen Bann. Langsam schlenderte sie näher und stand jetzt direkt vor mir. Unsere Blicke trafen sich auf gleicher Höhe. Ihre Augen über dem spitzbübisch lächelnden Mund funkelten. Sie sah mich unverwandt an, und ihr Blick war lebendig, scharf und ruhig wie die Klinge eines Schwerts in der Hand des Meisters. Es war, als wisse sie genau, was ich suchte. Mir dämmerte allmählich, warum die meisten Erwachsenen Kindern lediglich den Kopf tätscheln und dann ihren eigenen Beschäftigungen nachgehen. Das ist leichter – viel leichter. Dies war keine flüchtige Begegnung. Um mit Sandra zu spielen, musste ich mein Erwachsensein aufgeben. Das war beängstigend, aber auch aufregend. Ich wusste nicht, was passieren würde.

Vom ersten Augenblick an, von unserer Begrüßung, bei der wir unsere Fingerspitzen aneinander legten, bis zum wilden Herumtollen am Ende der halben Stunde bewegten wir uns wie in einem großen, unsichtbaren Netz. Sie ging behutsam mit mir um, und auch ich vermied jeden Übergriff. Wir berührten uns, kugelten uns am Boden, ruckelten und zuckelten herum und umarmten uns.

Es dauerte eine Weile, ehe ich mich nach dem Spielen mit Sandra aufrichtete. Ich war, wie so oft nach solchen Begegnungen, geistig und körperlich erschöpft. Sandras Intensität und Feinfühligkeit verstärkten jede Berührung. Wir sprachen nicht miteinander. Worte waren hier überflüssig und fehl am Platz.

Heute weiß ich, dass Sandra auf mein Inneres schaute und es hervorlocken wollte. An meinem Äußeren – dem erwachsenen Spielspezialisten – war sie nicht interessiert. Mich, den Spielgefährten lud sie ein, hervorzukommen und zu spielen.

Wie lange ist es her, dass unser inneres Kind eingeladen wurde, zum Spielen hervorzukommen? Ebenso wenig wie wir wissen, was mit den Phantasiefreundinnen und -freunden passierte, die wir als kleine Kinder hatten, wissen wir, was mit unserem ursprünglichen Spiel geschah. Was im Alter von zehn Minuten spontan und voller Wunder ist, ist mit fünf Jahren nur noch gelegentlich angemessen, mit zehn wird es zum Wettkampf, danach zur Freizeitbeschäftigung. Da sie all die Möglichkeiten des Spielens schon vor langer Zeit verworfen haben, finden Erwachsene körperlich und emotional keinen Zugang zum Spiel der Kinder. Wie der Alte in Robert Louis Stevensons Gesicht, beobachten wir das Spiel der Kinder, ohne uns bewusst zu machen, dass wir diesen essenziellen Teil von uns ebenso aufgegeben haben wie die, denen wir zuschauen.

Im Sessel der Alten
ruhn wir jetzt, halten die Füße still
und sehen aus dem Erkerfenster
die Kinder, unsere Nachfahren, spielen.

Warum spielen wir nicht alle die ganze Zeit? Seit Jahren frage ich mich jetzt, warum Erwachsene die Einladungen der Kinder, in ihre Welt einzutauchen und mit ihnen zu spielen, nicht annehmen. Warum wir nicht mit den Kindern hinauslaufen und Schneeflocken mit der Zunge fangen, den Regentropfen auf Fensterscheiben zuschauen, in Haufen von Herbstlaub springen, uns Hügel hinunterrollen, loslaufen und geheime Orte entdecken. Wir haben den Herzschlag des Spiels als Eingebung aus unserem tiefsten Inneren erlebt. Aber wir lehnen die Einladungen weiter ab.

Warum fällt es uns so schwer, uns dem Spiel der Kinder anzuschließen? Bei dem Dichter E.E.Cummings heißt es: „Nach oben wuchs ich, nach unten vergaß ich." Der Psychoanalytiker R.D. Laing stimmt dem zu: „Als Erwachsene haben wir unsere Kindheit fast ganz vergessen – die Zeit und ihr Flair." Unser Vergessen geht tief.

Ich habe Erwachsene gesehen, in deren Augen Neid aufglimmte, während sie Kindern beim Spielen zusahen. Sie empfinden ihr Erwachsenendasein als leer, schämen sich aber, weil sie nicht wissen, wie man spielt. So verbrachten zum Beispiel zwölf Erwachsene und ich bei einer eintägigen Spielsitzung den Morgen damit, verschiedene „Übungen" zu besprechen und durchzugehen. Nach dem Mittagessen, so hatte ich geplant, wollte ich die Erwachsenen zu ihren Kindern bringen, damit sie zusammen spielten. Aber so einfach war das nicht. Eine junge Frau zeigt auf einen Knirps im Sandkasten und fragte: „Was mache ich denn? Was sage ich? Ich weiß nicht, wie ich anfangen soll. Ich möchte erst mal sehen, wie Sie mit ihm spielen." Diese Frau sprach für viele der Erwachsenen, denen unbehaglich bei dem Gedanken wurde, sich der Gruppe von Kindern tatsächlich als Spielgefährten anzuschließen. Ohne ihre üblichen Rollen als Lehrer und Eltern fühlten sie sich verloren. Eine solche Offenheit war beängstigend, denn sie konnten sich an nichts mehr festhalten.

Manche mussten zu schnell erwachsen werden und hatten überhaupt keine Kindheit. Eine der Mütter in dieser Gruppe hatte fünf Kinder im Alter zwischen drei und 12 und erzählte, sie würde nie mit ihnen spielen. Nach einem lebhaften Gespräch sagte sie ruhig: „Ich kann mich nicht erinnern, als Kind selbst gespielt zu haben."

George Eison zitiert eine Frau, die den Holocaust überlebt hat: „Ich konnte nicht spielen, weil ich glaube, ich habe nie gespielt und denke wirklich, dass man Spielen lernen muss. Ich meine, man muss spielen, um zu wissen, wie man spielt." Sie ist mit diesen Gefühlen nicht allein. Erwachsene, die während der Weltwirtschaftskrise aufwuchsen, haben mir erzählt, dass sie keine Zeit zum Spielen hatten. Wenn doch, dann spielten sie mit phantasierten Spielgefährten, die sich ihnen bei ihren Pflichten anschlossen.

Am zweiten Nachmittag eines zweitägigen Spielworkshops in Tallahassee, Florida, versammelte ich etwa 20 Erwachsene im Kreis um mich. Ich zeigte auf einen nach dem anderen, um sie in den Kreis einzuladen und mit mir „Hündchen und Kätzchen" zu spielen. Mit diesem Spiel bringe ich Erwachsenen meistens das Herumtollen bei. Ich blinzelte nach oben, lächelte und lud eine ältere Frau ein, mitzuspielen. Ihr Lächeln sagte mir, dass sie gern spielen wollte, obwohl sie zögerte. Ich krabbelte auf sie zu, berührte ihre Hand und kehrte in die Mitte des Kreises zurück. Sie folgte mir auf Händen und Knien. Wir rollten uns auf dem Boden herum, lachten und hielten uns gegenseitig fest. Zur Freude der anderen Spielgefährten rollte sie mit mir auf dem Rücken über den Boden. Anschließend erzählte sie mir, warum sie gezögert hatte, meiner Einladung zum Spielen sofort zu folgen. Sie war 76 und hatte Angst, nicht spielen zu können. Sie war im Süden zur „richtigen Dame" erzogen worden und durfte sich nie schmutzig machen. Sie weinte, als wir uns umarmten. Später schrieb sie mir: „Ich hatte immer das vage Gefühl, dass mir das Leben innerlich und äußerlich noch mehr zu bieten hat als bislang. Jetzt fühle ich mich wirklich bereichert."

Spielen kann komisch aussehen und sich auch so anfühlen. Oft lachen die Erwachsenen nervös, wenn sie sich fragen, wie sie wohl auf Vorbeigehende wirken mögen. Es ist komisch, einen Erwachsenen mit Kindern spielen zu sehen, aber nur, weil so wenige das tatsächlich tun.

Ohne unsere Rollen können wir uns innerlich ebenso verloren fühlen wie äußerlich. „Soll ich aufstehen? Soll ich mich hinsetzen?" „Ich habe Angst, an meinen Brüsten berührt oder verletzt zu werden. Wie verhindere ich das?" „Was, wenn ich an den Haaren gezogen werde?" „Wie soll ich Kinder anfassen?" Die Fragen der Erwachsenen scheinen endlos zu sein.

Als ich zu spielen begann, fühlte ich mich wie ein Würfel, der versucht, zur Kugel zu werden. Ständig stieß ich mich an Ellenbogen, Knien, Schultern und Kopf. Meine Ecken und Kanten mussten abgeschliffen werden. Ich konnte mich weder herumrollen noch fallen; ich bewegte mich steif und ungeschickt. Wenn ich dann langsam aufstand und nach Hause ging, fühlte ich mich immer ganz wund.

Eines Tages wurde ich Billy vorgestellt, einem Fünfjährigen, der autistisch war. Wir trafen uns auf dem Rasen vor einem Lernzentrum in San Diego. Eine Weile beobachteten wir uns gegenseitig. Dann begann Billy auf dem Rasen herumzulaufen. Dabei kombinierte er springen, rennen, hüpfen, hopsen und fallen zu einer einzigen fließenden Bewegung. Ich rannte, hüpfte, hopste und fiel mit ihm. Aber ich konnte immer nur eine Bewegung zur Zeit machen. Billy kam einmal die Woche ins Zentrum, und ich begann mir genau anzuschauen, wie er fiel. Er „ging" nicht „hoch" und knallte dann auf den Boden wie ich. Er fiel überhaupt nicht. Er glitt zu Boden wie eine Kobra, die in ihrer Verteidigungshaltung ruht. Als er eines Tages mitten in unserem Spiel zu Boden ging, imitierte ich ihn. Er lächelte, als wolle er sagen: „Na, eines Tages kapierst du es vielleicht, Fred." Dann stand er auf und kam zu mir her. Er hielt mir seine Hand hin. Hand in Hand rannten wir herum. Er fiel mit mir zu Boden und leitete mich an, es ihm gleichzutun. So fing ich an, Rundheit zu lernen.

Die unerträgliche Angst vor dem Spielen

...Denn das Schöne ist nichts als des Schrecklichen Anfang, den wir noch grade ertragen.

Rainer Maria Rilke

Der Mensch, der keine Entscheidung trifft, trifft eine Entscheidung.

Jüdisches Sprichwort

Ich habe von Erwachsenen viele Entschuldigungen gehört, die erklären sollen, warum sie nicht mit Kindern spielen: zu viel zu tun, zu alt, zu müde, zu dick, zu gefährlich. All unsere Gründe beruhen auf Angst. Wir haben Angst, die Kontrolle zu verlieren, dumm dazustehen, verletzt zu werden, selbst Kinder zu verletzen, gerichtlich belangt zu werden. Wie Ablagerungen, die den Blutfluss in unseren Venen und Arterien behindern, klebt Angst an unserer Seele und unserem Körper und behindert den freien Fluss der Liebe.

Ende der achtziger Jahre gaben ein Freund und ich einen dreitägigen Spielworkshop für Vorschul- und Kindergartenerzieherinnen und -erzieher am Lehrercollege in Chicago. In den ganzen drei Tagen ließ sich nicht eine der teilnehmenden Personen zu Boden, um zu lernen, mit Kindern zu spielen. Es fiel ihnen sehr schwer, etwas anders zu machen, als ihr voriger Dozent ihnen beigebracht hatte. Sie erklärten, sie würden sich schmutzig machen, und man erwarte von ihnen, korrekt gekleidet zu sein. Sie sagten, dass sie es nicht mochten, wenn ein Kind, dem die Nase lief, sie umarmte, dass sie Angst hatten, gerichtlich belangt zu werden und in Konflikt mit den Bezirksanordnungen zu geraten, die das Berühren von Kindern verboten. Ähnliches erlebte ich, als ich in San Diego an der Universität von Kalifornien einen Intensivkurs im Spielen gab. In dieser Gruppe ließ sich nur eine der 30 Lehrerinnen, Lehrer und professionellen Betreuerinnen und Betreuer von Kindern bewegen, zum Spielen auf den Boden zu kommen.

Die Angst, wegen Missbrauchs belangt zu werden, hält Erwachsene von der Arbeit mit kleinen Kindern fern. Immer wieder erzählen mir

Lehrer, sie könnten es sich einfach nicht leisten, Kinder zu berühren. Die Gefahr, dass Schülerinnen und Schüler oder Eltern einen falschen Eindruck bekommen und dann zurückschlagen, sei einfach zu groß. Laut Ned Bennett heißt es in einem der entsprechenden Berichte, dass die jährliche Fluktuation in der Grundschulerziehung in den Vereinigten Staaten 1988 42 Prozent betrug. Lehrerinnen und Lehrer sehen ihre Rolle darin, das Spiel von Kindern zu fördern oder zu „managen", nicht aber, sich daran zu beteiligen. Traurigerweise ist diese Zurückhaltung die Norm.

Vielleicht glauben Erwachsene, in den Augen anderer Erwachsener an Ansehen zu verlieren, wenn sie mit Kindern auf dem Boden spielen. In einer Gesellschaft, die sowohl Spielen als auch Kinder abwertet, gilt es als degradierend, sich freiwillig und mit Freude an etwas so „Kindischem" wie Spielen zu beteiligen. Eine Kindergärtnerin in Südkalifornien teilte einer Kollegin mit, sie spiele mit den Kindern in ihrer Gruppe nicht, „denn wenn die anderen (Erzieherinnen) denken, ich spiele zu viel mit den Kindern, bekomme ich Schwierigkeiten."

Etwa ab dem Alter von fünf Jahren bleibt das, was bislang allgemein als unsere Art des Seins und Tuns galt, Schulpausen und der Zeit vorbehalten, die von den wachsenden Pflichten zu Hause übrig bleibt. Schon sehr früh im Leben lernen Kinder zweierlei: Dass sie zwischen Spiel und Arbeit trennen müssen und Arbeit vor Spiel kommt. Es entspricht dem Denken von Erwachsenen, einem Kind zu sagen: „Spielen kannst du jetzt erst mal vergessen. Das kannst du später, wenn du deine Hausaufgaben gemacht, deine Pflichten erledigt und gegessen hast." Niemand hinterfragt, warum etwas, das für das Leben des Kindes bislang entscheidend war, so schnell zur Nebensache wird. Dorothy Einon schreibt dazu: „Erwachsene spielen, wenn sie nichts Besseres zu tun haben. Tatsächlich hat ein Philosoph über das Spielen einmal gesagt, es sei 'in den Augen des Zuschauers nutzlos'."

Weil es ihnen so schwer fällt, dem Spielen für ihr eigenes Leben einen Sinn abzugewinnen, denken Erwachsene, es sei auch für das Leben ihrer Kinder unwichtig. Oft wird kindliches Spiel untergraben, damit es dem Bedürfnis von Lehrern/Eltern nach produktivem Tun entspricht. Als Rechtfertigung für ihre Art und Weise, im Grundschulunterricht zu spielen, erzählen Lehrer Eltern oft, Kinder sollten nicht unproduktiv sein. Oft sagen Lehrerinnen und Lehrer, dass bei den

Aktivitäten kleiner Kinder die Unterschiede zwischen Spiel und Arbeit verschwinden. Aber Spielen verschwindet in der frühen Kindheit nicht, weil die Erwachsenen diese unbewusste kindliche Vermischung von Spiel und Arbeit unterstützen, sondern weil sie das eine (Spiel) durch das andere (Arbeit) ersetzen.

Wenn ich mit Vorschul- und Kindergartenkindern spiele, kommt die Lehrerin oder der Lehrer oft aus dem Klassenzimmer und sagt: „Es wird Zeit, hereinzukommen und zu arbeiten. Schluss mit dem Vergnügen". Wenn die Kinder Widerstand leisten, fügt der Lehrer hinzu: „Sie würden den ganzen Tag spielen, wenn wir sie ließen. Sie würden lieber hier draußen bleiben und mit Ihnen ihren Spaß haben, als hereinzukommen und zu arbeiten." Da sie das wissen, versuchen Lehrer oft, das Spielen als Belohnung für „braves" Verhalten oder „fleißiges" Arbeiten zu benutzen. Für die Erwachsenen hat das Spielen jede Wichtigkeit verloren.

Als ich mit Irwin spielte, einem 16 Monate alten Jungen, der blind ist, sagte eine Beschäftigungstherapeutin zu mir: „Wenn Irwin zu mir kommt, muss er aber gut aufpassen." Was glaubt sie wohl, fragte ich mich, was wir taten? Es fällt Erwachsenen sehr schwer zu sehen, wie wohltuend es ist, einfach „nur zu spielen". Diese Frau hielt die therapeutische Arbeit eindeutig für wichtiger und sinnvoller als spielen. Die Tatsache, dass dieses Kind aufpasst, lernt und unterrichtet wird, indem es einfach auf seine Weise spielt, kam dieser Kindertherapeutin nicht in den Sinn.

In meiner Position als Spielspezialist hole ich oft „Problem"-Kinder aus ihrem Klassenzimmer, um allein mit ihnen zu spielen. Dennis, dem wir bereits früher begegnet sind, war ein schwer missbrauchter Vierjähriger. Als er in die Schule kam, fiel es ihm sehr schwer, sich an die vorgegebenen Strukturen des Unterrichts anzupassen. Statt ihn zu unterrichten, verbrachte ich einfach draußen Zeit mit ihm. Eines Tages fand er im Gras einen großen Käfer. Er ließ sich auf den Bauch fallen und verfolgte den Käfer aufgeregt, wie er über den Gehweg lief und im Gras verschwand. Seine Lehrerin kam, um nachzuschauen, ob er bereit war, sich der Klasse wieder anzuschließen. Ich winkte sie weg. Er war vertieft, begeistert und konzentriert. Ich weiß noch, wie ich für mich dachte: „Dennis lernt hier draußen. Sein Forschen und Mitteilen ist die Essenz von Wissenschaft." Wir verfolgten diesen Käfer noch mindestens eine halbe Stunde.

Aus der Sicht der Lehrerin sollte ich mit Dennis spielen, damit er sich in den Ablauf der Schulstunden besser einfügte. Das heißt, ich sollte die Aspekte im Lernverhalten des Kindes fördern, die das Schulleben fordert, wie Anweisungen befolgen und eine längere Aufmerksamkeitsspanne entwickeln. Aber das tue ich nicht. Ich spiele.

Erwachsene haben oft Angst, ihre Würde zu verlieren. Ich weiß jedoch aus eigener Erfahrung, dass diese „Würde" in Wirklichkeit Charakterschwäche ist. In den ersten Jahren meines Spielens versuchte ich mich, wenn ich mit Kindern auf dem Boden lag, so zu bewegen, dass die Erwachsenen die kahle Stelle auf meinem Kopf nicht sahen. Da ich über 1.80 m groß bin, dachte ich immer, die meisten Erwachsenen wüssten nichts davon. Dieses Versteckspiel dauerte, zumindest was mich betraf, bis zu dem Tag, an dem ich inmitten von Kindern, mit denen ich den ganzen Morgen gespielt hatte, auf dem Boden saß. Wir hockten alle still da und warteten auf eine Gruppe von amerikanischen Ureinwohnern, die in unserem Kreis eine Sondervorführung geben und ihrer Tänze aufführen wollten.

Eines der Mädchen hatte mit meinen Haaren gespielt. „Schaut mal, Fred hat oben auf dem Kopf keine Haare!" Ihre Stimme zerriss die Stille. Die Aufmerksamkeit des Publikums wanderte von den hereinkommenden Tänzern zu meiner kahlen Stelle. Die Erwachsenen erwiderten meine verschüchterten Blicke mit einem Lächeln. Sie wussten es bereits. Die Kinder lachten. Die nicht weit von mir saßen, kamen angerannt, um selbst nachzuschauen und meinen Kopf zu berühren. Die Lehrer riefen und trieben die Kinder zusammen, damit sie sich wieder auf die Tänzer konzentrierten. Immer wieder spürte ich, wie ein kleiner Finger mich am Kopf berührte, woraufhin ein sanftes, fröhliches Kichern folgte. Die Berührung eines Kindes kann Charakterschwäche heilen.

Immer wieder zieht meine kahle Stelle die Aufmerksamkeit von Kindern auf sich. In Südafrika spielte ich in einem Waisenheim in Soweto einmal mit kleinen Mädchen. Plötzlich hörte ich hinter mir ein Kichern und spürte den Druck von Fingern auf meinem Kopf. Dann schwoll das Kichern an und noch mehr Finger drückten auf meinem Kopf herum. Die Mädchen versammelten sich um mich, um sich etwas anzuschauen, was sie noch nie gesehen hatten: Den roten Oberkopf eines weißen Mannes, wo, wenn sie die Finger auf die sonnenverbrannte kahle Stelle pressten, die Druckstellen weiß wurden.

Margery Williams' Buch *Das Samtkaninchen oder das Wunder der Verwandlung* half mir schließlich, noch den letzten Rest an falscher Würde aufzugeben, der mir geblieben war. Als ich las, wie Pferdchen sich mit Samtkaninchen darüber unterhält, was es heißt echt zu sein, grinste ich vor Vergnügen. Es sagte: „Wenn man erst einmal echt ist, dann sind einem schon die meisten Haare weggeliebt worden und die Augen fallen dir heraus und deine Gelenke sind ausgeleiert und du bist ganz abgewetzt." Ich lachte. Ich werde echt!

Unbemerkte Geschenke

Trotzdem geht die Rechnung nicht auf. Die Geschenke, die das Spielen uns macht, sind so wertvoll. Und doch können die meisten von uns nicht sehen, was direkt vor ihnen liegt. Während wir heranwachsen, entwachsen wir den Mysterien des Lebens und fürchten sie wie eine innere und äußere Dunkelheit.

In *Das Herz des kleinen Jägers* erzählt Laurens van der Post eine afrikanische Geschichte, die unsere Unfähigkeit, mit unserem innersten Selbst in Kontakt zu kommen, deutlich werden lässt. Die Geschichte handelt von einem alleinstehenden Mann, der mit einer Herde von wirklich wunderbaren weißen und schwarzen Kühen lebt.

Eines Morgens ging er hinaus, um sein Vieh zu melken, aber die Tiere gaben keine Milch. Er fand das sehr merkwürdig, denn er hatte sie bestens versorgt. Also brachte er sie auf besseres Weideland und dachte, am nächsten Tag werde ich Milch haben. Aber auch am nächsten Morgen gaben die Tiere keine Milch. Dieser Ablauf wiederholte sich mehrmals; keine Milch. Schließlich dachte er, da müsse mehr dahinter stecken. Also blieb er eines Nachts wach und beobachtete die Herde. In der Dunkelheit sah er, wie von einem der Sterne ein Seil auf die Erde fiel. Eine Reihe schöner junger Frauen ließ sich daran hinab und begann seine Kühe zu melken.

Nun, da rannte er hinaus in den Kral. Die Sternenfrauen flüchteten zu dem Seil und zogen sich daran nach oben, aber eine bekam er zu fassen. Sie sagte zu ihm, sie würde gerne mit ihm leben und arbeiten, aber zu einer Bedingung: Dass er niemals ohne ihre Erlaubnis einen Blick in ihren Behälter warf. Er versprach es ihr.

Monatelang lebten sie glücklich zusammen. Eines Tages war sie aufs Feld gegangen und ihm war sehr heiß. Er trank Wasser. Dann sah er ihren Behälter und wurde ärgerlich. Er fand es lächerlich, dass er nicht hineinschauen sollte. Er hob den Deckel, schaute hinein, lachte und legte den Deckel wieder zurück an seinen Platz.

Als die Frau am Abend zurückkehrte, sah sie, dass jemand den Deckel abgenommen und zurückgelegt hatte. „Du hast in meinen Behälter geschaut!" rief sie.

„Ja, und er war die ganze Zeit leer. Warum hast du so viel Aufhebens davon gemacht?"

„Leer?" schrie sie.

„Ja, leer."

Da wurde sie sehr traurig, wandte sich von ihm ab, verließ sein Haus und wurde nie wieder gesehen.

Laurens van der Post erläutert: „Sie ging nicht davon, weil er das Versprechen nicht gehalten hatte, sondern weil er, als er in den Korb hineinschaute, ihn leer gefunden hatte. Sie ging davon, weil der Korb nicht leer war; er war voll von schönen Dingen des Himmels, die sie darin für sie beide aufbewahrt hielt, und weil er sie nicht sehen konnte."

Diese Geschichte handelt von dem Schrecken, den wir bekommen, wenn wir die Geschenke, die Liebe und Furchtlosigkeit uns machen, weder sehen noch fühlen können. Viele Geschichten über die Kindheit erinnern uns daran, dass wir als Erwachsene die Eingangspforten zur Magie des Spielens nicht sehen wollen oder können.

Unsere mehr oder weniger trivialen, vernünftigen Gründe sind keinesfalls vernünftig. Sie sind Ausflüchte. Wir verstecken uns vorm Spielen hinter Masken, mit denen wir uns sicher fühlen. Jugendliche Bandenmitglieder zeigen die gleiche peinliche Berührtheit wie Lehrer und andere Menschen, die beruflich mit Kindern zu tun haben. Die ersten verstecken sich hinter der harten Maske des Machos, während die anderen sich hinter ihren akademischen Fassaden verbergen.

Kahlköpfigkeit, Alter, Zeitmangel, Müdigkeit, Rotznasen und anderes mehr sind einfach keine ausreichenden Begründungen dafür, dass Erwachsene nicht mit Kindern spielen. Wovor könnten wir Angst haben? Schließlich ziehen wir Kinder groß, unterrichten, beraten, managen, analysieren, organisieren und befehligen sie. Wie sollen wir den Geisteszustand von Erwachsenen verstehen, denen die Phantasie, der Mut und das Mitgefühl fehlt, mit Kindern zu spielen? Da steckt mehr dahinter, tiefere Ängste, die Erwachsenen meistens nicht bewusst sind.

Sich der Welt, so wie sie ist, bewusst nähern und sie in Liebe furchtlos umarmen ist bestimmt befreiend und macht lebendig, aber es ist auch angsteinflößend. Selbst wenn wir uns hinter logischen Gründen verstecken, haben wir oft Angst vor unseren eigenen Möglichkeiten und sind nicht imstande, uns mit Staunen und Ehrfurcht dem Mysterium der Schöpfung zuzuwenden.

Wir sind der Liebe und Furchtlosigkeit ursprünglichen Spiels entfremdet und empfinden das alles als sehr ambivalent. Solche machtvollen Geschenke bringen eine erschreckende Freiheit mit sich. Wir haben große Angst vor der Verantwortung, die uns als Gegenleistung abverlangt wird. Spielen birgt die Last einer beängstigenden individuellen Offenheit, die eine totale Umstellung unserer Werte sowie Disziplin und Vertrauen verlangt.

Wir wissen, dass die Liebe des Spiels dem, was wir als Liebesabenteuer, Begehren, Vorliebe, Gunst, Wunsch und endlose Selbsttäuschung kennen, überlegen ist und weit darüber hinausgeht. Diese Liebe, die „alles hinnimmt" und „alles duldet", ist die heldenhafteste Erfahrung, die wir machen können. Die dafür erforderliche kreative Arbeit ist das Schwerste, was wir einem ängstlichen Menschen, der sich nicht liebenswert fühlt, abverlangen können. Gewöhnliche Ängste werden intensiver wahrgenommen: das Versagen der eigenen Bemühungen, die Einsamkeit durch soziale Isolation, das Wissen um die Notwendigkeit des Prozesses, der Schock der Ablehnung, die Geduld, immer noch einmal von vorne anzufangen, der Schmerz des Loslassens.

Wir werden mit einem Gefühl von Zugehörigkeit geboren, das wir ablehnen und vor dem wir zurückscheuen wie ein verängstigtes Pferd vor Bewegungen im Buschwerk, deren Auslöser nicht sichtbar ist. Wir wissen, was wir zu tun haben, aber die Aufgabe scheint uns völlig zu überfordern und fast göttliche Dimensionen zu haben. Was würde passieren, wenn wir so tief lieben? Furchtlosigkeit und Liebe setzen ein zitterndes Tier der Gnade des ganzen Kosmos aus.

Lewis Carrolls Alice spricht diese Ängste an:

„Was für ein ulkiges Gefühl!" sagte Alice. „Anscheinend schiebe ich mich jetzt zusammen wie ein Fernrohr." Und so war es in der Tat: sie war höchstens noch eine Spanne groß... dieser Gedanke beunruhigte sie etwas, „denn es könnte ja passieren", sagte sich Alice, „daß ich am Ende ausgehe wie eine Kerze. Wie ich dann wohl aussehe?"

Wie Alice sind wir in Todesangst. Wenn wir uns für diese Furchtlosigkeit und Liebe öffnen, so unsere Angst, verschwinden wir nicht nur als Erwachsene, sondern „gehen aus", werden als Individuen ausgelöscht wie eine Kerze, die keinen Sauerstoff mehr bekommt. Unser Erschrecken beruht darauf, dass wir unwissend sind und zugleich das Gefühl haben, dass niemand um uns weiß. Einen solchen Sprung ins Unbekannte zu tun bedeutet, aus allem herauszufallen, wovon wir abhängig sind. Für ein kleines Kind, einen Rishi oder Heiligen mag eine solche Erfahrung Glückseligkeit bedeuten; aber für den normalen Erwachsenen, der die Sicherheit einer solchen Liebe nicht spürt, ist sie, gelinde gesagt, verwirrend und verblüffend. Wir haben nicht wie ein Gandhi mit tiefer Freude erlebt, wie das Ego zur Null wird, wobei es sich, statt auf nichts zusammenzuschrumpfen, ausweitet, um alles einzuschließen. Uns scheint beides gleich selbstzerstörerisch zu sein.

Vor einigen Jahren fand ich in Australien Monkey Mia, einen Ort, wo ich mit Tieren zusammen sein konnte, ohne ständig von Touristen oder Wissenschaftlern gestört zu werden. Als ich erst einmal dort war, fand Holly mich.

Holly ist ein Delphin, und ein paar Wochen lang verbrachten wir täglich Zeit miteinander. Eines Tages eilte ich bei großer Hitze über den brennend heißen Sandstrand ins warme Wasser und planschte eine Weile herum. Plötzlich spürte ich, wie von unten etwas meinen Fuß berührte. Durch das Wasser konnte ich Holly sehen. Sie steckte ihr schnabelförmiges Maul unter meinen Fuß und hob ihn hoch. So begannen wir mit unserem Ritual, am Ufer hin und her zu schwimmen, während ich meine Hand auf ihre Seite legte. Dann hörte ich auf zu schwimmen und rannte im flachen Meer neben ihr her. Ab und zu schoss sie blitzschnell vor mir aus dem Wasser, und dann stolperte ich über sie. Sobald ich mich wieder aufrichtete, schien sie mich anzulä-

cheln und auf mich einzuschnattern. Dann spielten wir unser Seegras-
spiel. Ich nahm etwas Seegras zwischen die Zähne, und sie kam hoch,
berührte meine Lippen, nahm das Seegras und schwamm davon. Ich
rannte hinter ihr her und nahm ihr das Seegras wieder weg. Gelegentlich schwamm sie weg zu Holey Fin, ihrer Mutter.

Am nächsten Tag nahmen wir unser Schwimmspiel wieder auf.
Es veränderte sich. Langsam schwamm Holly hinaus ins tiefere Wasser. Ich ließ meine Hand auf ihrer Seite liegen. Plötzlich bekam ich
Angst vor den Haien in der Bucht. Ich drehte mich um und begann
zurückzuschwimmen. Und sie blieb an meiner Seite. Ich schaute zu
ihr hin. Sie sagte zu mir: „Kein Sorge, Fred, wenn die Zeit dafür reif
ist, kommst du schon mit." Sie schwamm mit mir zurück zum Strand.
Mir ist klar, wie merkwürdig dieses Erlebnis vielen Menschen vorkommen muss, und ich spreche nicht oft darüber. Wenn ich anderen
diese Begegnung beschreibe, versuchen sie oft, sie sich mit eigenen
Worten zurechtzulegen. „Du meinst, Fred, du dachtest, dass sie mit
dir spricht." Oder: „Du meinst, sie kommunizierte mit dir sozusagen
telepathisch." Dann lächele ich immer und lasse es dabei. Ich meine,
Holly redete Englisch mit mir. Wie der Baum der Trolle ist auch das
ein wunderbares Mysterium, das nicht enträtselt, sondern ausgekostet
und gelebt werden muss.

Als ich über den Sandstrand zurückging, war ich jedoch sehr enttäuscht von mir. Ich schämte mich, weil ich mich von meiner Angst
vor Haien überrollen lassen hatte. Weil ich Angst hatte, folgte ich Holly
nicht.

Bevor ich nach Monkey Mia kam, träumte ich, was ich „einen Del-
phinen-Traum" nenne. Das sind Träume, die einen ganz bestimmten
Realitätsgehalt haben. Ich träumte, dass ein Delphin mich mit hin-
ausnahm ins weite Meer bis zu einer Art Stadt und mich dann wieder
ans Ufer zurückbrachte. Als ich an jenem Nachmittag auf meinem
Bett ruhte, erinnerte ich mich an den Traum und fragte mich, ob ich
von Hollys Einladung geträumt hatte, nur um sie auszuschlagen. Das
machte mich noch trauriger.

Spiel mag Erholung, Therapie und sogar Erleuchtung sein, aber all
das ist es nur, weil wir dabei das Gefühl von Zugehörigkeit zurückgewinnen, das wir früher einmal sehr gut kannten, meistens aber vergessen haben und schließlich fürchten lernen. Spiel ist eine Zufluchtsstätte

für unsere Kindheitserfahrungen und die Geburt von Träumen. So betrachtet, heißt spielen nach Hause zurückkommen und eine Zeitlang die Entfremdung und Angst überwinden, die das Erwachsenendasein begleiten.

Spiel ist ein großer Behälter, in dem wir, wie die Sternenfrau, den Geist des Lebens aufbewahren. Wie der Mann, der seine Frau verlor, weil er den Deckel lüftete und erklärte, der Korb sei leer, beobachten wir Spiele, machen Ausflüchte, erfinden Regeln und sehen nichts. Wir glauben nicht. Wir haben die Fähigkeit verloren, nach innen zu schauen und zu sehen, was die Natur dort verwahrt.

Besonders erschwert wird das Spielen durch jahrelange Erfahrungen im Konkurrieren, da Konkurrenzdenken und Konkurrenzverhalten prägen, was wir an Neuem lernen. Spielglaube verlangt, dass wir in das Unbekannte hineinwachsen, aber genau das kann Konkurrenzdenken nicht, weil es bei diesem Vertrauenssprung keine kollektive Unterstützung erfährt. Das ängstliche Konkurrenzdenken kennt weder Hoffnung noch Staunen. Diese Isolation empfand Bertrand Russell, als er das intensive Leid der Frau seines Freundes Alfred North Whitehead miterlebte. Er schrieb: „... die Einsamkeit der menschlichen Seele ist unerträglich; nichts dringt zu ihr vor, es sei denn die höchste Intensität der Art von Liebe, die religiöse Lehrer predigen." Unsere Trennung vom ursprünglichen Spiel geht tief. Wir empfinden sie als bodenlose Traurigkeit, die durch keines der unzähligen kulturellen Angebote gelindert werden kann. Spielen dringt vor bis zum Kern der Einsamkeit in jedem Menschen und spricht zu diesem.

Wir entfernen uns so weit von unserem inneren Spiel, dass es uns fast unmöglich ist, das Spiel der anderen zu respektieren. Wie das Kind Moses, das an den Ufern des Nil im Schilf versteckt war, zeigt uns jedes neugeborene Kind einen Ausweg aus dieser Gefangenschaft und erinnert uns an das, was wir vor langer Zeit aufgegeben haben. Mit Kindern spielen hieße dann, frei nach R.D. Laing, sich immer wieder zu erinnern, zumindest daran, dass wir vergessen haben. Dann bekämen wir Zugang zu der großen inneren Leerheit und hören die Stimme des inneren Kindes, das danach ruft, erkannt zu werden. Mehr noch, wir würden mit Kindern spielen.

Wir erfinden unzählige Gründe dafür, dass wir mit Kindern nicht spielen können. Wir müssen sie als die Ausflüchte erkennen, die sie sind. Ich bin davon überzeugt, dass wir diese Kunst nur verwirklichen, wenn wir erleben, welche Geschenke Spielen für uns bereithält. Intellekt und Hörensagen erschließen uns die Geheimnisse des Spielens nicht. Erwachsene werden das Spielen nicht durch Definitionen oder philosophische Aussagen über das Spiel entdecken, sondern nur durch die Wirklichkeit des Spielens, die Worte, wie wahr auch immer sie sein mögen, nur unzureichend wiedergeben können. Wir sind verpflichtet zu spielen.

Wir kämpfen unter anderem deswegen so viel im Leben, um uns damit zu versöhnen, dass die Liebe so offensichtlich da ist, ohne dass wir das zugeben wollen oder können. Chögyam Trungpa, ein tibetischer Meditationsmeister, sagt: „Wenn wir wirklich die Oberfläche durchdringen und unsere Angst von innen betrachten, finden wir hinter der Nervosität als erstes Traurigkeit." Diese Traurigkeit beruht auf dem Gefühl, die Liebe verloren zu haben, von der wir wissen, dass sie möglich ist. Wenn wir nicht voll und ganz lieben, brechen wir den Vertrag, den wir mit dem Leben eingegangen sind.

Ernsthaft spielen: Der Versuch, das Spiel zu gewinnen, das nicht gewonnen werden kann

> *Der goldene Ball, der, ins Ziel gestoßen, das Spiel der Welt gewinnt,*
> *doch um den Preis, dass deine Seele verloren geht.*
>
> Attar

Die Entzauberung infiziert den Geist mit tiefen metaphysischen Zweifeln. Liebe wird durch Angst ersetzt und diese zur primären emotionalen Antriebskraft. Allein in einer Welt voller Konkurrenz, suchen wir ständig nach Teammitgliedern, die uns als Puffer dienen. Ständig sind wir auf Konkurrenz aus, ständig befinden wir uns im Zustand der Fibrillation, als wären wir individuelle Muskelfasern, die aus dem harmonischen Zusammenspiel der Muskeln ausscheren. Der normale Entwicklungsverlauf sieht so aus, dass wir lernen, uns an Konkurrenzbeziehungen anzupassen, indem wir unser inneres Bedürfnis nach Vertrauen ins Leben unterdrücken. Das führt zu einer Spaltung des individuellen Bewusstseins.

Das Selbst ist Spaltung. Da wir aus Angst einen Teil von uns verloren haben, nehmen wir an, dass wir diesen „zurückgewinnen" können. Als wäre das Leben ein einziger Konkurrenzkampf. Michael Balint glaubt, dass „die Sehnsucht nach diesem Gefühl von ‘Harmonie' (ursprünglichem Spiel) die wichtigste Ursache für Alkoholismus sowie für jede Form von Sucht ist". Weil jeder Konkurrenzkampf das Selbst weiter spaltet, können wir nicht sehen, dass unsere Anstrengungen nicht zu einem einheitlichen Selbst zu führen vermögen. Je mehr wir uns bemühen, zurückzugewinnen, was verloren ging, desto tiefer geraten wir in die Falle und desto mehr Teile unseres Selbst verlieren wir. Also kämpfen wir weiter. Das Kämpfen wird zu unserer primären Sucht, die wir mit sekundären Süchten wie Alkohol, Drogen, Sex und Sport zu befriedigen suchen. Aber wenn der momentane Kick vorbei ist, setzt das Bedürfnis zu konkurrieren wieder ein. Es ist sehr schwer, nur einmal in Konkurrenz zu treten.

Das Bedürfnis dieses „Spiels" nach Verlierern ist unersättlich. Die Grundlage für Konkurrenzbeziehungen besteht darin, dass wir, um uns als Gewinner zu erleben, das Bewusstsein der eigenen Bedürftigkeit und damit des extremen Bedürfnisses nach Verlierern unterdrücken müssen. Ist ein Erfolg errungen, muss er auf einer höheren Ebene erneut errungen werden, und auf jeder Ebene nimmt die Rate der Verlierer im Vergleich zu den Gewinnern zu. Schließlich stehen wir allein da als Weltmeister, der, im Vergleich zu den Gewinnern, eine absolut horrende Rate von Verlieren symbolisiert, grob geschätzt, 4.5 Milliarden zu eins!

Wir können nicht zu Konkurrenten werden, ohne dass uns das spaltet und gegen uns zurückschlägt. Das Konkurrenzspiel kann uns nicht locken, ohne dass wir unsere Aufmerksamkeit zuerst auf unsere Unzulänglichkeiten richten. Solange wir Angst vor unseren eigenen Mängeln haben, bleiben wir blind für Einladungen zum Spiel. Als Konkurrierende versuchen wir, die Liebe der anderen zu gewinnen – Eltern, Lehrer, Gleichaltrige, Publikum – in der Hoffnung, dass diese mit ihrer Wertschätzung die innere Gespaltenheit zu heilen vermögen, die uns erst zum „Wettkampf" verleitete. Als Konkurrierende drängen wir auch andere zur Anstrengung, weil wir ihnen und uns beweisen müssen, dass wir nicht die Versager sind, als die wir in den Augen der anderen dazustehen glauben. Aber durch Konkurrenzkämpfe gewinnen wir unseren Selbstwert nicht zurück; denn so erkämpft, stellt sich dieser auf Kosten anderer ein, und das wissen wir. Wir verlassen uns darauf, dass die Machenschaften des „Konkurrenzkampfs" unser tiefes Bedürfnis nach Zugehörigkeit erfüllen, was einfach nicht möglich ist.

Ein Geist/Herz, das konkurriert, spaltet und verurteilt auch. Jeder Konkurrenzkampf spaltet Geist/Herz noch weiter in eine wachsende Anzahl von Kategorien und Abteilungen. Aus dem Gefühl heraus, sich verteidigen zu müssen, beenden Herz/Geist den ängstlichen Wettstreit und konzentrieren sich zwangsläufig auf Unterschiede. Dementsprechend schreckhaft und rigide sind sie. Und je mehr Kategorien sie fabrizieren, desto inflexibler werden sie. Solch ein Geist verstrickt sich in seine eigenen Kategorien und wird unfähig, sich frei zu bewegen. So geeicht, müssen Herz/Geist ihre Grenzen verteidigen, die ständig enger werden. Jedesmal, wenn sie versuchen, sich zu verteidigen, provozieren sie neue Konkurrenz, die das Selbst noch weiter spaltet.

Unsere Sucht nach Konkurrenz geht darauf zurück, dass wir die Schöpfung als Quelle unseres Spielens mit der Welt durch Kultur ersetzt haben und letztere mit der ersten verwechseln. Diese alles durchdringende Konkurrenzsucht kann zu einem solchen Zerfall der Persönlichkeit führen, dass wir glauben, was wir als falsch erkennen würden, wenn unsere Angst uns nicht die Sicht verstellen würde. Je mehr wir in Angst leben, desto mehr Energie brauchen wir, um mit unseren Ängsten zurechtzukommen, und desto weniger innere Kraft bleibt uns für den Mut zu handeln. Und desto mehr werden wir zurückgeworfen auf Äußerlichkeiten, die wir überschätzen und die uns in anstrengenden Zeiten schützen sollen. So sind wir äußerlichen Symbolen für Status und Sicherheit gnadenlos ausgeliefert, ohne dass uns viel innere Kraft bleibt. Süchtig nach Konkurrenz, können wir uns mit der Welt nicht mehr austauschen, ohne dass sie für uns bedrohliche Züge annimmt. Wir präsentieren der Welt ein verzerrtes, von Konkurrenzdenken beherrschtes Selbst und nehmen sie als Angebot zum Konkurrieren wahr.

Auch wenn das Problem etwas philosophisch scheint und wir denken können, dass es mit unseren täglichen Erfahrungen des Spielens mit Kindern nicht so viel zu tun hat, hängt es doch eng zusammen mit dem Geben und Empfangen von Liebe und Freundlichkeit. Viele Dinge bewegen uns innerlich zu Urteil und Ablehnung.

Ich erinnere mich noch an die Begegnung mit einem 37-jährigen Mann nach einem Spielworkshop in Wisconsin. Er war sehr aufgeregt und wollte unbedingt mit mir reden. „Ich kann jetzt etwas, das ich bislang nie konnte." Er machte eine Pause. Ich weiß noch, wie ich dachte: 'Was mag das wohl sein?' Ich wusste nicht, was ich zu erwarten hatte. „Ich kann jetzt eine Frau bitten, mit mir auszugehen." Er strahlte mich an. Ich zögerte, etwas zu erwidern. Er fuhr fort, mir zu erläutern, dass er aufgrund seiner Gehirnlähmung immer Angst hatte, solche Einladungen auszusprechen, weil er ganz sicher befürchtete, eine Abfuhr zu bekommen. Beim Spielen an diesem Tag hatte er jedoch Akzeptanz erlebt. Seine Gehirnlähmung machte jetzt keinen Unterschied mehr.

Kinder mit emotionalen oder körperlichen Behinderungen, die laut und aggressiv sind oder nicht reagieren, werden möglicherweise vernachlässigt und dürfen sich hinlegen oder sitzen, festgeschnallt in ihren Stühlen. Die Erwachsenen stehen oder sitzen neben ihnen und haben Angst, ihnen zu nahe zu kommen.

Eines Tages wollte ich mein Spiel mit Andrea erweitern, aber ich zögerte, da ich nicht wusste, ob ich die Signale, die sie gab, richtig entschlüsseln konnte. Ich hatte die Therapeuten und Lehrer oft sagen hören, dass Andrea auf ihre Ansprache nicht reagiere und eine Abneigung gegen Berührungen habe. Ich ging ganz langsam vor. Christian, der ebenfalls eine Gehirnlähmung hat, half mir, mit Andrea spielen. Manchmal geben Menschen, die keine Unterschiede erkennen, denen, die sich immer zurückhalten, den entscheidenden Anstoß. Eines Tages hielt ich Christian in meinem Schoß, der ihn wie eine schützende Hülle umgab, während wir zusammen Rückwärtsrollen machten. Jedes Mal, wenn wir nach hinten rollten, quietschte er vor Vergnügen. Wenn wir uns wieder aufgerichtet hatten, fragte ich: „Noch mal?" Er spannte die Muskeln an und presste seinen Rücken gegen meinen, um zu signalisieren, dass er noch eine Rolle machen wolle. Nach mehreren Rollen ruhten wir uns neben Andrea aus, die in ihrem Stuhl saß. Mir fiel auf, dass um ihren Mund ein ganz leichtes Lächeln spielte. Ich brachte Christian näher an sie heran, so dass er sie berühren konnte. Sie schien seine Berührung ebenso zu mögen wie sein Lachen. Da wusste ich, dass sie nicht so wenig ansprechbar war, wie wir dachten. Christian bahnte mir den Weg zum Spielen mit Andrea.

Als Kinder fragten wir die Erwachsenen, ob wir hinausgehen und spielen dürfen. Jetzt sind wir erwachsen und stellen diese Frage immer noch. Wir kamen hier an als „ziehende Wolken voll himmlischen Glanzes" mit all unseren Gaben aus den fernsten, innersten Reichen des Universums. Die Erwachsenen wollten von uns und unseren Geschenken nichts wissen. Nachdem auch wir diese Gaben vernachlässigten, wollen wir sie von unseren Kindern nicht haben. Es ist, als durchschritten wir von der Jugendzeit bis zum Erwachsensein unser eigenes „Dunkles Zeitalter" und gäben zugunsten des leeren Gefunkels und der Belohnungen der Gesellschaft genau die Geschenke weg, die unser Leben erleuchten. Wenn das Herz aufhört zu schlagen, stirbt der Körper schnell. Und wenn wir aufhören, von Herzen zu spielen, stirbt der Geist langsam aber sicher.

Kapitel 5

Das Spiel der Herzogin: Pathogenes Spiel

Am Anfang allen Wettkampfs steht das Spiel.

Johan Huizinga

Der Zwiddeldum und der Zwiddeldei,
die rüsteten sich zur Schlacht;
Denn Zwiddeldum sagte zu Zwiddeldei:
„Du hast meine neue Klapper kaputtgemacht,
Meine schöne neue Klapper."

Lewis Carroll

Ich bin einmal so tief in Blut gestiegen,
Daß, wollt ich nun im Waten stillestehn
Rückkehr so schwierig war als durchzugehn.

William Shakespeare, Macbeth

Gab es jemals ein Zeitalter, das so klar wusste, was richtig handeln
heißt und das zugleich so beharrlich falsch gehandelt hat?

Laurens van der Post

Kürzlich nahm ich an der jährlichen Teambesprechung der Betreuerinnen und Betreuer von Dennis teil, dem fünfjährigen missbrauchten und vernachlässigten Kind, mit dem ich etwa neun Monate lang täglich gespielt hatte. Um den Tisch herum saßen 15 Erwachsene, die diesen Jungen in seiner Schule und seinem Wohnheim betreuten. Im Verlauf dieser Besprechung begann ich allmählich zu verstehen, warum ich solche Treffen normalerweise nicht besuche. Mir wurde immer unbehaglicher zumute. In der Person, die hier beschrieben wurde, erkannte ich Dennis überhaupt nicht wieder. Die Berichte der Anwesenden waren so distanziert, dass Dennis für mich darin gar nicht vorkam. Die Leiterin des Gesprächs bekam mein Unbehagen offenbar mit. Sie unterbrach die Diskussion kurz, um mir zu sagen, dass sie nicht den Anschein erwecken wollten, hart oder distanziert zu sein, dass eine solche Nähe zu den Kindern manchmal aber etwas Humor verlange, um sich emotional zu schützen.

Später in diesem Gespräch beschrieb eine der Betreuerinnen, wie sie für die Kinder in ihrer Gruppe ein Wettrennen organisiert hatte. Sie äußerte sich besorgt über Dennis, weil er sich „weigert, mit den anderen zu spielen". Mit einem spöttischen Lachen sagte sie: „Er wusste noch nicht mal, wie man um die Wette rennt." Lachend sei er in alle Richtungen gelaufen, nur nicht geradeaus. Dennis' Verhalten wurde auf seinem individuellen Behandlungsplan mit den Worten „weigert sich zu spielen" vermerkt.

Dennis wusste nicht, wie er sich in einer Konkurrenzsituation verhalten sollte; trotzdem war er ein Spielgefährte. Aber wie wir alle bekam auch Dennis schon in jungen Jahren die Lektionen erteilt, die den menschlichen Geist verkrüppeln. Er wurde von einer Erwachsenen, die es nicht besser wusste, ausgelacht, weil er nicht an einem Wettkampf teilnahm, den sie als Spiel bezeichnete. Dennis musste entdecken, dass es schwierig ist, in Anwesenheit von Erwachsenen ein Spielgefährte zu bleiben. Außerdem ist es extrem schwer, sich aufzulehnen gegen das, was alle anderen für wahr und richtig halten: Dass Spielen etwas Kindisches ist und wir damit aufhören müssen, um effektiv konkurrieren zu können bei dem, was ich das Spiel der Herzogin nenne. Wir halten zu früh nach dem Erwachsenen im Kind Ausschau, und wenn wir erst einmal einen Erwachsenen aus ihm gemacht haben, ist es sehr schwer, das Kind wieder hervorzulocken.

Das Spiel der Herzogin spielen

Je mehr mir gehört, desto weniger gehört dir.

Moral der Herzogin, Lewis Carroll

Das Spiel der Herzogin beruht auf einer Form von Sein und Tun, die dem Gesetz der Herzogin aus *Alice im Wunderland* folgt, das besagt: „Je mehr mir gehört, desto weniger gehört dir." Das Spiel der Herzogin ist eine feindliche Begegnung, bei der wir siegen, indem wir den Gegner schlagen. Etwas zynisch kann dieses Spiel auch anhand der drei Gesetze der Thermodynamik, die Dennis Overbye zitiert, beschrieben werden:

1. Du kannst nicht gewinnen.
2. Du kannst nicht quitt sein.
3. Du kannst aus dem Spiel nicht aussteigen.

Bei diesem Nullrundenspiel kann alles, auch das Leben selbst, gewonnen, verloren, besessen und belohnt werden. Es kann überall und jederzeit gespielt werden, mit Bällen, Gewehren, Worten, auf Sportplätzen, in den Sitzungssälen der Unternehmen, in der Politik, auf internationalen Kriegsschauplätzen, in Wohnzimmern, auf Autobahnen, in Klassenzimmern und auf Spielplätzen.

Das Spiel der Herzogin beruht auf dem Wertsystem von Menschen, die in einem symbolischen, äußerlich begründeten Wettbewerb ihren Selbstwert messen müssen und dafür eine Gesellschaft brauchen, die ihnen das ermöglicht und sie damit auf Schachfiguren reduziert. Das Spiel wird gestützt von sozio-ökonomischen, pädagogischen und politischen Theorien, organisierten Gruppen und dem Gesetzeskodex der Wettbewerbsmoral. Dieses feindliche System wird zum Teil allein deswegen akzeptiert, weil es schon lange integraler Bestandteil der Gesellschaft ist. Tatsächlich schon so lange, dass Menschen sich sowohl als Individuen als auch in Gruppen keine andere Form des Austauschs miteinander mehr vorstellen können. Im Verlauf unserer gesamten Geschichte haben wir eine Form des Wettbewerbs, wie zum Beispiel das Rechtssystem, benutzt, um die Mängel eines anderen Wettbewerbsystems, wie zum Beispiel die Wahlen, zu berichtigen. Wir gehen grundsätzlich davon aus, dass Wettbewerb das richtige Mittel ist, um soziale, ökonomische und pädagogische Probleme zu lösen. Aber eine Krebsart heilt die andere nicht; stattdessen hat der Patient jetzt zwei Arten von Krebs.

So wie Grammatik unsere Worte systematisiert, strukturieren soziale Übereinkünfte das alltägliche Leben in einer Gesellschaft und geben diesem einen Sinn. Auf dem Hintergrund der gesellschaftlichen Traditionen ist das Spiel der Herzogin nicht eine bloße Metapher; es wird von einzelnen Menschen als ein Vorgang im Nervensystem emotional und körperlich immer wieder neu realisiert. Da wir unsere Verbindung zur Quelle des Lebens gefährdet haben, empfinden die meisten von uns das Leben auf dieser Erde als bedrohlich. Das Spiel der Herzogin steht für unseren Selbstverteidigungsmechanismus. Wir suchen durch dieses Spiel Bedeutung zu gewinnen, indem wir unser Selbstgefühl auf dessen Täuschungen gründen, so dass uns unser Mangel an innerem Wert nicht beunruhigen muss.

Das „Spiel" verlangt den Teilnehmenden eine Menge ab: Dass sie sich loyal zeigen in einem Wettbewerb, der dazu dient, ein falsches Selbst zu begründen und zu erhalten, das vom Sein abgeschnitten und dazu verdammt ist, endlos zu konkurrieren. Wir haben so wenig Selbstgefühl, dass sich jedes Empfinden von innerer Stabilität aus äußeren Quellen speisen muss. Wie Ernest Becker sagt, müssen wir andere menschliche Wesen aussaugen, damit wir uns nicht unterlegen fühlen oder völlig auflösen.

Nachdem uns unsere Persönlichkeit genommen wurde, machen wir uns daran, sie anderen zu nehmen. Sie werden zu bloßen Attributen, Abstraktionen, Euphemismen und Feinden. In ihren Kriegsspielen nehmen nukleare Theoretiker dem menschlichen Tod mit dem Begriff „kollateraler Schaden" alles Menschliche. Beim Sport wird der Gegenspieler oft als Feind betrachtet. Der frühere kanadische Profifußballer John McMurtry schreibt: „Eine wirklich professionelle Haltung einnehmen heißt, im Gegner auf keinen Fall ein menschliches Wesen zu sehen – er ist eine 'Position'."

Bei R.D. Laing heißt es: „Wenn unsere Erfahrung zerstört ist, wird unser Verhalten zerstörerisch sein." Damit wir um jeden Preis gewinnen können, wird jeder als potentieller Gegner betrachtet. Mit dieser

Krankheit infiziert, kann der Kämpfende nur unter großen Einbußen an persönlicher Kraft und sozialer Unterstützung überleben. Aus Angst beschließen wir trotzdem, diesen Preis, der in epidemischer Gewalt besteht, zu zahlen, um dem Spiel der Herzogin in unzähligen Formen die Treue zu halten, statt uns für die Liebe zu entscheiden und damit das falsche Spiel als solches zu beenden.

Wettbewerber sind fiktive Ichs, Teile von Menschen, erfunden, um gesellschaftliche Spiele mitzuspielen. Wir setzen diese fiktionalen Ichs mit Rollen wie „Geldverdiener", Preisen wie „Bowling-Meister" und Titeln wie „Topmanager" gleich. Dieses Ich wird beschuldigt und belohnt, beschworen und bedroht. Unsere Anstrengungen, besser zu sein als andere, führen dazu, dass diese die Kontrolle über uns gewinnen. Wir stellen uns damit selbst eine Falle. Das ist der falsche Kern des Spiels der Herzogin, wie es Tschuang-tse schon vor Hunderten von Jahren beschrieben hat:

Wer anderes beherrschen will,
der wird im Nu von diesem anderen beherrscht,
und er verliert sein Ich:
Wer sich nicht im Blick behält,
der schätzt andere nicht richtig ein,
und am Ende steht er verlassen da
und hat nichts mehr.

Der Preis, den wir für dieses durch Wettbewerb erschaffene Selbst zahlen, besteht darin, dass wir es endlos gegen sämtliche Angriffe, reale und eingebildete, verteidigen müssen, damit es persönlich und beruflich nicht an Wertschätzung verliert. Das ist eine extrem gefährliche Position: Wir machen unser Wohlbefinden von der Willkür der Wettbewerbsregeln abhängig. Wie auch immer wir und andere handeln, wir haben etwas zu gewinnen und etwas zu verlieren. Unser Gleichgewicht ist außer Kontrolle geraten.

Das einzige Spiel in der Stadt

Warum spielen wir dieses Spiel? Weil es große Belohnungen mit sich bringt. Erstens die Mitgliedschaft in einer Gruppe, die uns die Angst nimmt, in einer gefährlichen Welt allein zu sein. Zweitens bekommen wir einen Feind, gegen den wir unseren Ärger und unsere Aggressionen richten können. Und schließlich können wir uns in der falschen Sicherheit wiegen, dass unser Handeln gerechtfertigt ist.

Das Spiel der Herzogin ist das einzige Spiel in der Stadt. Wir kennen keine andere Form des Austauschs mit anderen Menschen und wissen keinen anderen Weg, unser Leben und das Leben anderer Menschen oder unsere Umwelt wertzuschätzen. Vieles von dem, was als Kultur durchgeht, ist eine Form dieses Spiels. Das scheint es sehr lohnenswert zu machen, da jeder, dem wir begegnen, sich mit uns zusammen an diesem Spiel beteiligt. Das Spiel der Herzogin ist, wie Morris Berman nachdrücklich betont, im Westen seit 1600 anno Domini prägend für das „normale" Bewusstsein. Alexis de Tocqueville bemerkte in den 30er Jahren des 18. Jahrhunderts, dass über den Köpfen der Amerikaner immer eine dunkle Wolke hinge. Unsere Ruhelosigkeit und Traurigkeit wird verstärkt durch „den Wettbewerb aller mit allen". Dr. Rodrigo Carazo, Präsident des Rats der Friedensuniversität von Costa Rica, macht das ganz deutlich: „Unsere heutige Kultur entwickelte sich auf der Grundlage von Wettbewerb."

Der Mythos, der das Spiel der Herzogin stützt, lautet: Das Leben in dieser Welt ist ein Wettkampf, und wenn wir überleben wollen, müssen wir lernen mitzukämpfen. In Wirklichkeit sind das zwei Mythen. Erstens, Wettbewerb ist etwas natürlich Gegebenes; so funktioniert das Leben nun einmal. Deswegen, so die logische Schlussfolgerung, muss er auch unsere zweite Natur sein. Wollen wir dem Spiel nicht zum Opfer fallen, müssen wir lernen, es gut zu spielen.

Also lernen wir im normalen Verlauf der Ereignisse, Wettbewerber zu werden. Das ist so selbstverständlich, dass es kein Zwang, sondern frei gewählt zu sein scheint.

In der Fachliteratur wird Spiel als Methode präsentiert, Kindern mit Unterstützung der Erwachsenen etwas über das Leben beizubringen. Doch das ist die gesellschaftliche Sicht des Lebens. Spiel wird zur Strategie, und die Erwachsenen müssen Kindern helfen, sich diese anzueignen und die Fähigkeiten zu lernen, die für den Konkurrenzkampf später im Leben erforderlich sind.

Schon früh im Leben werden Kinder zum Spiel der Herzogin „einberufen". Es findet in Klassenzimmern und auf der Straße statt, wird mit Zensuren und Gewehren gespielt. Wenn Kinder, wie Dennis, Spielgefährten sein möchten, stellen sie fest, dass es dafür keine eindeutigen Vorbilder gibt. Das hat zur Folge, dass wir uns immer dann, wenn unser Verhalten nicht im Einklang mit der Wettbewerbsmoral steht, isoliert fühlen.

Eine Mutter teilte mir kürzlich mit, dass im Zeugnis ihrer zehnjährigen Tochter, die eine öffentliche Schule in Südkalifornien besucht, eine ungenügende Note mit dem Vermerk versehen war, die Schülerin sei nicht „wettbewerbsorientiert genug". Nach einigen Spielsitzungen in einer fünften Klasse an einer anderen südkalifornischen Schule sagte einer der Jungen zu seiner Lehrerin, er wolle am Sportunterricht nicht mehr teilnehmen, weil sie immer nur Wettkämpfe führten. Er wolle lieber spielen. Sie suchte mich auf und vertraute mir an, dass sie nicht wisse, was sie machen solle, weil sie keine Möglichkeit sah, in ihrer Schule auf ein Anliegen wie dieses einzugehen.

Nicht nur Kinder, die sich dem Wettbewerb entziehen, gelten als untüchtig, auch Erwachsene bleiben von diesem Urteil nicht verschont. Bruce Newman berichtete in *Sports Illustrated*, dass New York Jet running back Freeman McNeil in einem Spiel (American football, Anm.d.Ü.) gegen Indianapolis einen „schändlichen Akt des Mitgefühls (beging)", als er, nachdem er versehentlich den Colt linebacker O'Brien Alston verletzte, verzweifelt war. Verblüfft kommentierte sein Trainer: „So läuft das Spiel nun mal. Es war ganz offensichtlich keine gute Sache (dass seine Reue sich auf das Spiel auswirkte)." Durch seinen Trainer selbst verunsichert, sagte McNeil nach dem Spiel: „Ich habe meine Mannschaft im Stich gelassen." Und Myriam Miedzian erzählt uns, dass der frühere Hockeyspieler Paul Mulvey von 'Los Angeles Kings' aus der Mannschaft ausscheiden musste und sofort in kleinere Ligen beordert wurde, als er sich weigerte, an einem Kampf zwischen seiner Mannschaft und den Vancouver Canucks teilzunehmen. John Bowlby erläutert: „Konkurrieren, harte Schläge einstecken, richtig gewinnen, sich zum richtigen Zeitpunkt behaupten oder zurücknehmen – das alles lernen wir durch Spiel." Laut Richard D. Lavoie weist eine jüngste Untersuchung über Lehrer darauf hin, dass „wettbewerbsorientierte Aktivitäten den Großteil des Schulunterrichts ausmachen". Das ist von Erwachsenen diktierter Wettbewerb. Lehrer sagen dazu unter anderem: „Kinder lieben das." Und: „Was soll ich denn sonst machen?"

Manche Fachleute bezweifeln sogar, dass die Fähigkeit zu spielen Kindern angeboren ist. Die Kindern angeborene Kreativität ist laut Jerome Singer begrenzt, und „sie lernen nicht automatisch spielen". Deborah Rosenblatt stimmt dem zu, wenn sie schreibt: „Das Kleinkind weiß noch nicht intuitiv, wie es mit Dingen spielen kann. Erst durch Erfahrung entwickelt es ein gewisses Repertoire an Spielaktivitäten."

Frederick Franck, der die biologischen Kriterien für das Mensch-sein erläutert, schreibt: „Die Fähigkeit zum Spielen entwickelt sich parallel zur elterlichen Fürsorge." Andere Autoren wie David Carlson und Bernie Ginglend glauben, dass man „entwicklungsgestörten Kindern spielen beibringen muss." In einer weiteren Studie schreibt Paul Wehman, „bei schwer gestörten (Kindern) jedoch entwickelt sich das soziale Spiel nicht von selbst und muss einprogrammiert werden." Weiter heißt es hier: „Je höher die menschlichen Funktionen ausgebildet sind, desto differenzierter ist das Spielverhalten." Ein anderer Forscher, Schlein, stellt fest, dass Kinder mit Autismus „beim Spielen meistens keine angemessenen Fähigkeiten zeigen". Susan Golant schreibt, dass begabte Kinder „nicht unbedingt genauso spielen wie durchschnitt-lich intelligente Kinder". Diese Autorinnen und Autoren beschreiben Spiel als Aktivität, die Kinder erlernen, um das Spiel der Herzogin zu beherrschen.

Was könnten Erwachsene „unbegabten" Kindern und Kindern, die nicht spielen können, beibringen? Kultur! In der umfangreichen Literatur zu Erziehungsfragen, Therapie und Wissenschaft wird Spiel beschrieben als eine Aktivität, die: 1. dem Kind Gelegenheit gibt, ein starkes Ego zu entwickeln; 2. einen sicheren Rahmen für das Heraus-lassen von Aggressionen darstellt; 3. Kompetenzen fördert; 4. jungen Menschen die Möglichkeit gibt, sich auf den sozialen Wettbewerb vor-zubereiten. Wettbewerb fördert Disziplin und Loyalität, entwickelt den Charakter, macht Kinder mit Teamarbeit vertraut, betont die Wichtig-keit von Spitzenleistungen und weist somit all die Eigenschaften auf, die wir – besonders bei Jungen – belohnen. Janet Lever schreibt dazu:

Durch praktische Erfahrungen mit den komplizierten Regeln und Strategien des Mannschaftssports können Jungen die Wettbewerbsdynamik der Arbeitssituation und das Überleben in bürokratischen Organisationen einüben... Das Spiel der Mädchen bereitet diese auf zwischenmenschliche Beziehungen vor und fördert ihr Einfühlungsvermögen.

Die gesellschaftlichen Regeln des Spiels sind es, die Erwachsene Kindern beibringen. Unsere Gesellschaft bietet dem Kind, das sich im Wettbewerb erproben möchte, viele Möglichkeiten, sich hervorzutun.

Wir lernen dieses „Spiel" so früh und so gründlich, dass es zu unserer unbewussten, natürlichen moralischen Überzeugung wird und wir die Welt entsprechend wahrnehmen. Eine Prämisse dieses „Spiels" lautet zum Beispiel, dass Kreativität, Wahrheit und moralische Integrität durch Konflikte entstehen. Die logische Schlussfolgerung, dass wir uns bei diesem Gerangel weniger auf Kreativität, Wahrheit und moralische Integrität verpflichten als vielmehr auf Gewinnen aus sind, wird dabei eher verschwiegen. Diese Überzeugung ist so selbstverständlich, dass sie uns überhaupt nicht bewusst ist, und wir kommen noch nicht einmal auf die Idee, dass wir unsere Wirklichkeit auch anders zum Ausdruck bringen könnten. In der Begrifflichkeit der Wettbewerbsdynamik stehen wir als schwach, erfolglos und sogar unpatriotisch da, wenn wir diese nicht akzeptieren.

Uns Amerikanern wird zum Beispiel eingeimpft, dass wir, wenn unsere Kinder nicht lernen zu konkurrieren, unsere Vormachtstellung in der Welt nicht halten können. Unser Überleben hängt davon ab. Fußballtrainer Vince Lombardi formuliert das folgendermaßen:

Wir Amerikaner haben immer mit Inbrunst das Ziel verfolgt, in allem, was wir tun, die ersten zu sein, und das tun wir noch: wir wollen gewinnen, gewinnen, gewinnen.

Während der Rezession in den neunziger Jahren wurden wir wie Fünfjährige beim Rechtschreibtest und Fußballspieler auf dem College ermahnt, gute Leistungen zu zeigen, damit Amerika der scharfen Konkurrenz standhalten kann, mit der ausländische Unternehmen praktisch jeden Industriezweig konfrontieren. Man redet uns ein, dass Erziehung und Ausbildung unserem Land helfen, beim globalen Wettbewerb mitzuhalten.

Damit wir effektiv „mitspielen" können, brauchen wir einen Feind. Bislang war es die Sowjetunion. Durch die Neuordnung Osteuropas und der Sowjetunion haben die Amerikaner einen Feind verloren. Wir ersetzen das sowjetische Militär jetzt offensichtlich durch die japanische Wirtschaft. Es ist, als beruhe unser Selbstwert als Nation auf äußeren Feinden. Sowohl auf der individuellen als auch auf der nationalen Ebene gilt, dass uns das Leben ohne Feind sinnlos vorkommt und wir uns um etwas beraubt fühlen. Frieden macht uns nervös, und wir finden ihn langweilig.

Wettbewerb ist eine zentrifugale Kraft, die auf Menschen, deren Selbstwusstsein davon abhängt, andere als Außenseiter zu definieren, in Gruppen und als Individuen zersetzend wirkt und sie vereinzelt. Gruppen, die „das Spiel" spielen, bestätigen uns in unserer Identität. Familien, Clans, Stämme, Banden, Teams, Länder – die Liste von Gruppen, denen wir angehören können, ist endlos. Um nicht auf unsere eigenen dürftigen Hilfsquellen angewiesen zu sein, klammern wir uns verzweifelt an diejenigen, mit denen wir uns identifizieren. In einer Wettbewerbsgesellschaft müssen Menschen der Erfahrung, in ihrem Alltag Verlierer zu sein, etwas entgegensetzen können. Wer sich am allgemeinen Wettbewerb beteiligt, gilt als gesunde, gut angepasste Persönlichkeit. Thomas Merton weist in *Raids On The Unspeakable* darauf hin, dass Adolf Eichmann beispielhaft für eine solche Persönlichkeit ist, gut angepasst an die Erfordernisse und Diktate des sozialen Systems, denen sie mit entsprechender Nüchternheit nachkommt. Unseres Selbstwerts beraubt, können wir uns durch die Ehre, Anerkennung und Rache der Gruppe aufwerten.

Aber diese Mitgliedschaft fordert einen hohen Preis. Um als normales, pflichtbewusstes Mitglied zu gelten, müssen wir uns die Gruppendefinition von Mitgliedschaft zu eigen machen. Als Wettbewerber können wir „andere" nicht als spontane Lebensquelle bejahen, weil sie nicht wie wir dazugehören. Konkurrenten lassen sich willig als Schachfiguren benutzen. Wir sind zersplitterte Individuen, die man ersetzen kann und wird. Durch diese „Spiele" manipuliert und in die Enge gedrängt, manipulieren auch wir andere und treiben sie in die Enge.

Die Bindung an die Gruppe verlangt von uns, dass wir das Recht, mit jeder und jedem zu spielen, aufgeben. Unsere Mitgliedschaft diktiert uns, wie und wo wir mit wem zu spielen haben. Die Gruppe bestimmt, wer als Mitspieler und wer als Feind gilt.

Vor gar nicht langer Zeit machten mir zwei Erwachsene aus verschiedenen Teilen der Welt diese Situation bewusst. In Arizona beobachtete mich ein amerikanischer Ureinwohner beim Spielen mit Kindern seines Stammes. Anschließend erzählte er mir, dass er sich gern zu den Kindern auf den Boden begeben hätte, doch das machte ihm Probleme. Er zeigte auf einige der Kinder und sagte: „Wie kann ich denn mit denen spielen? Sie gehören nicht zu unserem Clan. Was soll ich machen?"

Das gleiche Thema kam bei einer Spielsitzung in Südafrika auf. Ein Zulu fragte mich, wie er denn mit einem Kind von einem anderen Stamm spielen könne. Er hatte Angst vor negativen Folgen. Nicht beim Spielen selbst, aber danach könnten Stammesangehörige sich ihn und das Kind, mit dem er gespielt hatte, vorknöpfen. In beiden Fällen war mir völlig bewusst, dass diese Männer sehr viel Mut aufbringen mussten, um meinen Anweisungen zu folgen: „Du musst lernen, für alle Kinder Spielgefährte zu sein. Beim Spielen gibst du die Bindung an deinen Clan oder Stamm auf." Das Schlüsselwort hier ist: beim Spielen gibst du deine Mitgliedschaften auf. Nach dem Spiel kannst du sie zurückhaben. Je häufiger wir spielen, desto mehr dieser Mitgliedschaften, die auf Angst beruhen, geben wir natürlich auf. Genau dadurch wird Spiel in einer unmenschlichen Welt zu einem Akt der Rebellion.

Vielleicht scheint das eine unmögliche Forderung zu sein in einer Zeit, wo so viele Menschen überall auf der Welt verzweifelt versuchen, ihre Identität und persönlichen Halt über die Zugehörigkeit zu einer Gruppe zu finden und zu festigen, um nicht von der Massengesellschaft vereinnahmt zu werden. Aber ursprüngliches Spiel wird weder bestimmt von einer Gesellschaft und ihren Spaltungen, noch beschränkt es sich auf diese. Spiel ist kein Antrag auf gesellschaftliche Gleichschaltung oder soziale Gleichheit und unterstützt uns auch nicht in Fraktionierungen. Beides sind nichts als weitere Strategien des Wettbewerbs. Spiel hat nichts damit zu tun, dass wir uns auf irgendeine Seite schlagen.

Im normalen Verlauf der Ereignisse lernen wir uns an Wettbewerbsbeziehungen anpassen, indem wir unser inneres Bedürfnis nach

Vertrauen in das Leben unterdrücken. Wir ersetzen Leben durch gesellschaftliche Spiegelungen, das heißt durch Widerspiegelungen unserer eigenen Person in anderen. Virginia Woolf schrieb dazu: „Was auch immer der Nutzen von Spiegeln in einer zivilisierten Gesellschaft sein mag, sie sind für alle gewalttätigen und heroischen Taten notwendig." Nur in ihrer Unterlegenheit können Menschen als Spiegel dienen, in denen der Gewinner sich zu doppelter Größe aufbläht. Wie der Zauberspiegel an der Wand der bösen Königin in Schneewittchen muss unser Spiegel weniger die Wahrheit zeigen als vielmehr das, was wir sehen wollen. Denn, wie es bei Virginia Woolf heißt, wenn die Wahrheit ausgesprochen wird, „ schrumpft die Gestalt in dem Spiegel, ... (ihre) Lebensfähigkeit wird verringert".

Wettbewerb wird für unser Verständnis der Wirklichkeit und unsere Erklärung von ökonomischen, politischen, sozialen und persönlichen Lebensaspekten zum vorherrschenden Prinzip. Alle Lebewesen, Tiere und Pflanzen eingeschlossen, werden zu Konkurrenten. Was zählt, ist nicht, ob wir freundlich sind oder andere vor Leid bewahren können, sondern nur, ob wir gewinnen.

Leid, Zerstörung und Aggression sind keine Skandale, sondern lediglich Graffiti an der Wand, Leichenzählungen, akademische Rechenspiele in Hochglanzmagazinen – Möglichkeiten, die Reichweite des Wettbewerbs zu messen. So kann man zum Beispiel Dennis Overbyes Geschichte von der wissenschaftlichen Suche nach den Geheimnissen des Universums als einen einzigen großen Konkurrenzkampf begreifen, bei dem Akademiker „gegeneinander" Texte veröffentlichen, Partei ergreifen, Karriere machen und beruflich scheitern. Es ist ganz offensichtlich, dass sich hinter den Behauptungen dieser Wissenschaftler, objektiv und auf der Grundlage von technischem Fachwissen zu forschen, das Bedürfnis verbirgt, einer Elite anzugehören und bei der Vernichtung der Welt dieselbe erregende Macht wie diese auszuüben. In der akademischen Welt werden Menschen ebenso unbekümmert verletzt wie in den Straßen oder auf anderen Kampfschauplätzen. Der Astronom John Huchra sagt dazu: „An diesem Spiel beteiligten sich nur eine Handvoll Leute, die sich alle gegenseitig hassen." Wissenschaftler kämpfen genauso um die Vorherrschaft wie Straßenbanden, amerikanische und japanische Automobilhersteller und zwei Kinder, die sich um ein Spielzeug zanken.

Es ist schwer, sich unsere Welt ohne Konkurrenzkämpfe vorzustellen. In einer Welt, die man grundsätzlich für feindlich hält, gilt das „einzige Spiel in der Stadt" als eine Form der psychologischen Rettung und Selbstverteidigung. Bei diesem „Spiel" geht es immer nur um Gewinnen – Positionen, Prestige, Titel, Pferderennen und materielle Dinge jeder Art. Wir kämpfen und zerstören um einer Stellung, der Zugehörigkeit zu einer Klasse oder einer Gang, eines Preises, Geldes und eines Landes wegen. Dabei kommt es zu endlosen Bestechungsversuchen. Die „Belohnungen" sind Köder, die clever vermarktet werden, damit die Grenzen zwischen den Kategorien Spiel und Wettbewerb verwischt bleiben. Durch die bindende Kraft der Stämme bleibt die Täuschung erhalten, dass Kinkerlitzchen die Seele nähren. Wie Eingeborene in der ganzen Welt, denen man glitzernden Schrott verkauft, haben wir unser Geburtsrecht für einen Scherbenhaufen weggeben.

Aus Spiel wird Ernst: Spiel als Verfolgung

Das Geschenk der Unreife ist es, das uns ermöglicht, uns in unseren besten, menschlichsten Momenten die Fähigkeit zum Spielen zu bewahren... Nur Menschen, die sich dieses Geschenk in ihrer Männlichkeit oder Weiblichkeit aus welchen Gründen auch immer nicht zu erhalten vermochten, werden zu den Gestalten in unseren Schauerromanen, zu unseren Gorillas und Monstern.

Joseph Campbell

Spiel gilt eindeutig als Überlebenstechnik: ein Selbstverteidigungsmechanismus, mit dem wir uns vor der Auslöschung unserer Persönlichkeit schützen. Das ist die gesellschaftliche Version der „Überlebens"-Theorie von Spiel, die Karl Groos zu Beginn des 19. Jahrhunderts entwickelte: „Spiel entsteht aus der natürlichen Auslese als eine Form der notwendigen Einübung des Kindes oder des unreifen Mechanismus, um Verhaltensweisen zu entwickeln, die für das spätere Überleben entscheidend sind."

In einem Artikel über Spieltherapie schreibt Dr. Haim Ginott: „Eines der wichtigen Ziele der Psychotherapie besteht darin, Kindern zu helfen, Sublimationen zu entwickeln, die mit den gesellschaftlichen Anforderungen und Sittenkodexen übereinstimmen."

Beim Konzipieren der Zeitschrift *Sports Illustrated for Kids* bemerkte John Papanek 1988: „Wir werden unseren Spielen kontinuierlich unsere Aufmerksamkeit widmen." Joseph Chilton Pearce schreibt in *Magische Welt des Kindes*: „Alle Untersuchungen zu diesem Gegenstand (d.h. dem Spiel von Mensch und Tier, Anm.d.Ü.) haben einen vielleicht unausgesprochenen, vielleicht sogar unerkannten Grundgedanken: Spiel dient dem Überleben."

Jede Generation treibt bereitwillig Propaganda für die Spielsysteme, an die sie gebunden ist. Und da alle mitspielen, ist niemand imstande zu durchschauen, was da vor sich geht. Auf Sportplätzen, in Unternehmen, auf der Straße oder in der ersten Klasse müssen wir uns, wenn wir überleben wollen, an die Regeln der vorgegebenen „Spiele" halten. Die ganz realen Narben traumatischer psychischer Schocks und Körperverletzungen sind schmerzlich und schwächend. Dazu kommen noch die üblichen Konkurrenzkämpfe in unserem Alltag, die ein zermürbendes Gefühl der Vergeblichkeit und Sinnlosigkeit nach sich ziehen. Wir machen die Erfahrung, dass wir uns in den normalen, sich ständig wiederholenden, fast unsichtbaren Konkurrenzkämpfen des Lebens behaupten müssen. Hier sind die Kräfte angesiedelt, die das Wettbewerbsdenken stützen und erhalten.

Als ich einmal mit ein paar Kindern spielte, beobachtete ich eine weitere Gruppe von Fünfjährigen, die sich mit uns auf dem Schulhof aufhielten. Die vier Jungen und ein Mädchen spielten etwa eine viertel Stunde, bevor sie auseinander rannten. Drei von den Jungen und das Mädchen liefen zu dem vierten Jungen, der in einem „Bus" saß, einem Spielhaus aus Blech und Holz. Während sie um den Bus rannten, schlugen und traten sie in die Luft. Der Junge im Bus schaute hoch und brummte wie ein Bär. Die anderen kamen zusammen, um sich zu besprechen. Sie feuerten sich gegenseitig an und sagten: „Lasst uns ihm ein paar Tritte verpassen." Als ich das hörte, rief ich sie zu mir und sagte ihnen, sie sollten mit dem Schlagen und Treten aufhören. Während die vier bei mir standen, wurde ihr Opfer von seiner Lehrerin hereingerufen. Als sie zum „Bus" zurückkehrten, war der Junge nicht mehr da.

Sie schauten sich kurz um, konnten ihn aber nicht finden. Da liefen sie in verschiedene Richtungen auseinander, um sich anderen Spielen zuzuwenden.

Was eine spielerische Begegnung von fünf Kindern zu sein schien, war in Wirklichkeit ein Kampf von vier Kindern gegen eines. Die Sprache, die diese vier untereinander benutzten, war „wir" gegen „ihn". Tatsächlich wurden die Vier durch dieses Verfolgungsspiel zusammengeschweißt. Sobald sie kein Opfer mehr hatten, bestand auch keine Notwendigkeit mehr für ihr Zusammensein. Solche Kämpfe werden von Erwachsenen oft ignoriert oder entschuldigt. „Es sind eben Jungen", heißt es dann, oder: „Das ist doch nicht der Rede wert." Dabei zucken die Erwachsen mit den Schultern und sagen: „So lernen Kinder eben, sich durchzusetzen".

Menschen, die in ihrem innersten Kern gespalten sind, wissen wahrscheinlich wirklich nicht, wie sie sich innerlich gut fühlen können, ohne nach außen Schläge zu verteilen oder andere zu beherrschen. Eliot Currie zitiert Blaster, 15 Jahre alt, der erzählt, wie er seinen Spaß hat: „Wir sind viel gesprungen, haben mit Gewehren auf Leute gezielt, weißt du, und Steine auf Polizeiwagen hagoln lassen. Alles, um unseren Spaß zu haben. Manchmal sind wir rumgelaufen und haben gegen Haustüren getreten, als wären wir von der Sicherheitspolizei! Das hat wirklich Spaß gemacht." Und Eric Brady erzählt: „Dem Fußballspieler Bruce Smith bereitet es ein inneres Vergnügen, einen Angriffsspieler richtig fertig zu machen." Paul Verhoeven, Direktor von 'Robocop', sagt: „Ich mag Gewalt." Und Dan Wieden, Leiter einer Anzeigenagentur in Portland, Oregon, fügt hinzu: „Ein guter Kampf macht mir Spaß." Anne Strick schreibt: „In unserem Rechtssystem geht es immer nur um 'Feinde'."

Um zwischen Kampf und wahrem Spiel zu unterscheiden, können wir uns die Frage stellen, ob es zu „Vergeltungsschlägen" kommt und Rache zu wachsenden Aggressionen führt, bis ein Spieler ausscheiden muss. Vergeltungsschläge sind Teil des Wettbewerbs, nicht aber von Spiel. Ich kann mich noch an eine ganze Reihe von sogenannten „Spielen" erinnern, die auf dem Prinzip von Angriff und Verteidigung beruhten. Wir boxten uns gegenseitig ins Kreuz oder feuchteten unsere Finger an und schlugen den anderen damit auf die Unterarme. Oder wir ergriffen mit beiden Händen die Unterarme unseres „Gegners" und rissen seine Arme schnell auseinander.

Oft sind diese aggressiven Angriffe so heftig, dass es nicht nur blaue Flecken, sondern Todesfälle gibt. 1989 wurde ein vierjähriger Junge bei einer Schießerei zwischen örtlichen Banden aus dem fahrenden Auto erschossen. Das war für alle ein Schock. „Bandenmitglieder haben nichts anderes verdient", sagte die Frau eines früheren Bandenmitglieds. „Aber wenn es unschuldige kleine Kinder trifft, die grundlos erschossen werden, ist das etwas anderes." Diese Schießerei führte dazu, dass die beiden sich bekriegenden Banden ihren Einsatz erhöhten. Wie würde der Vergeltungsschlag aussehen? „Was, wenn die Gang aus der 17ten Straße bei ihrem Rachefeldzug ein weiteres Kind tötet?" fragte die 19-jährige Tante des toten Jungen provokativ. „Ich hoffe, es trifft eines ihrer Kinder", sagte sie. Ein Kreislauf ohne Ende.

In einem Obdachlosenprojekt in Chicago wurde der Stiefvater eines zwölfjährigen Jungen von Teenagern mit Fäusten und Stöcken traktiert. Der Junge beschloss dort wohnen zu bleiben. „Wenn sie ihn (den Stiefvater) nicht zu fassen kriegen, werden sie versuchen, mich zu erwischen", sagt er. „Das muss anders werden. Wir können so nicht weiter leben." Erst einmal holte er zum Gegenschlag aus. In der Woche darauf schlugen er und sechs andere Jungen ein Mädchen zusammen.

Wie die Wettkämpfe der Erwachsenen beruhen auch Kinderspiele auf Angriff und Verteidigung. Beim Baseball zum Beispiel kann ein Pitcher (Werfer) seine eigenen Schlagmänner schützen, indem er den Ball „abstaubt" oder zu nahe an die gegnerischen Schlagmänner heranwirft, da Angriff die beste Verteidigung ist.

Autobahnen sind ein weiteres beliebtes „Spielfeld" für solche Kämpfe. Auf dem Weg zu einem Spielworkshop in Pasadena hörte ich im Radio eine Talkshow für Autofahrer mit Hörerbeteiligung. Ein Mann rief an, um sich über Lastwagenfahrer zu beklagen. Er fuhr auf der langsamen Spur einer Autobahn in Los Angeles. Nach zehn Stunden Fahrt war er müde. Plötzlich tauchte hinter ihm ein Lieferwagen auf und warnte ihn mit der Lichthupe. Er schaute in den Rückspiegel und trat leicht auf die Bremse. Der Wagen hinter ihm fuhr dichter auf und blendete ihn mit seinen Scheinwerfern. Also ging er auf etwa 20 Stundenkilometer herunter, indem er wiederholt auf die Bremse trat. Schließlich fuhr der Lieferwagen an ihm vorbei. Als er auf gleicher Höhe mit ihm war, spuckte der Beifahrer des Lieferwagens dem Mann auf die Windschutzscheibe. So eskalieren Vergeltungsschläge beim

„Spiel" der Herzogin. Diese Männer verhielten sich wie kleine Jungen im Sandkasten: Zuerst nimmt einer dem anderen das Auto weg, dann bewerfen sie sich mit Sand, und schließlich kommen die Fäuste zum Einsatz. Diese Männer konnten von Glück sagen, dass das „Spiel" an diesem Punkt ein Ende fand. Oft genug arten solche und ähnliche Vorfälle auf den Autobahnen von Los Angeles und anderswo in Schießereien und anderen Formen von Gewalt aus.

Dieser Vergeltungsmechanismus führt zu Eskalationen, bei denen die Spieler immer heftiger oder aggressiver Rache nehmen. In der Anfangsphase wird „nur" gekitzelt. Die Berührungen können sanft oder behutsam sein, wie um zu verbergen, dass es um einen Kampf geht. Aber ganz allmählich steigern sie sich bis zu einem Punkt, wo die Person, die das Opfer „spielt", genug hat. Vielleicht weint sie los, schlägt um sich, schreit oder versucht zu entkommen. Doch oft ist es sehr schwer, aus dieser Spirale sich gegenseitig hochschaukelnder Reaktionen auszusteigen.

In unserer Welt des Wettbewerbs kommt es ständig zu solch eskalierenden Begegnungen. Die meisten enden nicht mit sichtbarer Gewalt. Aber selbst wenn eine solche Begegnung nicht unmittelbar gewalttätig wird, gehen die Beteiligten mit gesteigerter Aggressionsbereitschaft daraus hervor, bereit, den Nächstbesten, der ihnen über den Weg läuft, anzugreifen und ihm eins zu verpassen.

In einer Gesellschaft, in der der Austausch zwischen Menschen so häufig als Wettbewerb definiert und entschuldigt wird, ist Gewalt „normaler" integraler Bestandteil der Beziehungen von Familienangehörigen, Teenagern, Geschäftsleuten und Sportlern.

Die Titelgeschichte einer Ausgabe der Zeitschrift *Newsweek* von 1988 handelte von dem Missbrauchsfall Steinberg/Nussbaum. Der Leitartikel wurde ergänzt durch zwei weitere Artikel über familiäre Gewalt. In derselben Ausgabe standen drei große Artikel über Wettbewerbsverhalten. Zwei beschrieben den ethnischen Konflikt zwischen schwarzen und spanischen „Habenichtsen" in den Vereinigten Staaten sowie zwischen Schwarzen und weißen Vandalen. Zwei waren Leitartikel im Wirtschaftsteil: Einer handelte vom Übernahmekampf der Firma R.J.R. und der von anderen Fastfoodketten, die versuchten, durch Einsatz von Spielzeug Kinder als Kunden zu gewinnen. Immer wieder war in diesen Artikeln von „Kampf" und „Krieg" die Rede. In dem „Fastfood-Krieg" versuchten Unternehmern, „mit allen möglichen Mitteln" Kunden anzulocken: „Spielzeug kann sowohl für Kinder als auch für Erwachsene zu einem ähnlichen Suchtmittel werden wie gesalzene Pommes frites." Die am „Übernahmekampf" von R. J. R. beteiligten Männer werden als „Gegner" in „der Welt der Wall Street" beschrieben, „die durchaus mit der der Bandenkriege zu vergleichen ist" und „offensichtlich durch reine Gier motiviert ist..."

Wir sehen diese Zusammenhänge offenbar nicht. Einerseits beklagen wir uns über Gewalt, um auf der anderen Seite genau den Wettbewerb zu fördern, der dazu führt. Wie heimtückische Fäden durchzieht Wettbewerb den Stoff, aus dem die Gesellschaft gewebt ist. Ob Väter und Mütter, die in familiäre Gewalt verwickelt sind, ob ethnische Gruppen in der Nachbarschaft oder Männer und Frauen, die diese Kämpfe in Konferenzsälen und Anwaltspraxen ausfechten, überall haben wir es mit menschlichen Wesen zu tun, die ohne das Umfeld von Wettbewerb offensichtlich nicht mehr richtig denken und handeln können. In unserer Gesellschaft lernen wir ständig und überall, menschliche Beziehungen zu missbrauchen.

Ob zwischen Vater und Sohn oder zwei Ländern, gewalttätige Reaktionen auf Aggressionen bauen diese nicht ab, sondern verstärken sie. Diese einfache Lektion ist offenbar sehr schwer. Nach dem jüngsten Golfkrieg schaute ich mir eine Nachrichtensendung über Kuwait an. Während der Nachrichtensprecher beschrieb, wie Palästinenser von kuweitischen Polizisten, Armeeangehörigen und Selbstschutzkommandos angegriffen wurden, zeigte der Bildschirm einige renommierte Opfer dieser Aggressionen. Dann schwenkte die Kamera zum amtierenden kuweitischen Premierminister, der diese „vereinzelten Vorfälle" bedauerte und erklärte, sie seien lediglich menschliche Impulse von Personen, die, nachdem sie ihr zerstörtes Land gesehen hatten, Vergeltung übten. Ich fragte mich, ob er die Grausamkeiten der Iraker gegen die Kuweiter auch als „menschliche Impulse" bezeichnen würde. Wir haben uns angewöhnt, solche Racheakte – ob auf dem Spielplatz, auf der Straße, auf Sportplätzen oder auf dem Schlachtfeld – als Ausdruck unserer menschlichen Natur zu betrachten. Das setzt den endlosen Zyklus von Gewalt fort, in dessen Schatten wir zu leben beschlossen haben.

„Wenn du ohne Mitgefühl zum Schlag gegen die Dunkelheit ausholst", sagt Gary Zukav, „betrittst du selbst die Dunkelheit."

Von Raubtieren, Terroristen und Vergewaltigern heißt es, sie „spielen mit ihren Opfern". In sehr vielen Büchern und populären Darstellungen wird gewalttätiges Handeln aus der Sicht des Aggressors als Spiel und Spaß beschrieben, ohne die Situation des Opfers zu berücksichtigen. Ob beim Sport, in der Musik, bei Kinderspielzeug, in Film und Fernsehen – Gewalt wird als Vergnügen dargestellt.

Das wird auch deutlich in einem Artikel in Newsweek mit der Überschrift: „Vampir-Agenten und ihr Spiel". Hier geht es um Literaturagenten, die, „um Profit zu machen und ihren Spaß zu haben", auf menschliche Tragödien aus sind. Wir glauben inzwischen, dass die Ekstase des Spiels die Ekstase der Gewalt ist. In Missouri töteten Studenten „einfach aus Spaß" einen Mitstudenten. Ich hörte, wie Männer aus Montana sich für das Schießen auf Autobahnschilder und Kojoten mit den Worten entschuldigten, das mache ihnen eben „einfach Spaß".

„Die Produzenten von 'Schlitzer'-Filmen versichern uns, ihre Filme seien nicht wirklich gewalttätig. Sie sind ironisch und humorvoll gemeint und machen viel Spaß." Wenn eine Katze eine Maus jagt und auf sie springt, sagen wir, sie spiele mit dem Tier wie mit einem Spielzeug. Der spanische Dichter José Ortega y Gasset schreibt über die Jagd, sie sei „die glückhafte Beschäftigung, die der normale Mensch am meisten geschätzt hat".

Es ist, als glaubten wir, ohne die Aufregungen des Wettbewerbs und der damit verbundenen Gewalt keine richtigen Männer zu sein. Die amerikanische Presse feierte Präsident Bushs Besetzung von Panama als gelungenen Einweihungsritus, der bewies, dass er bereit war, Blut zu vergießen. Auch Atsumori, der junge und unerfahrene Sohn eines japanischen Generals, war am Abend der Schlacht von Ichinotani 1184 heftig erregt. „Er hatte das Gefühl, auf diesen Augenblick hingelebt zu haben. Endlich war er ein Mann und spielte das aufregende Spiel, von dem die älteren Männer so oft gesprochen hatten." Atsumori wird am nächsten Tag von dem Kriegsveteranen Kumagai umgebracht, der, dem Druck seiner Truppe nachgebend, den 15-Jährigen tötet. Voller Gewissensbisse über diese feige Tat und den „sinnlosen" Tod von Atsumori, überführt Kumagai den Körper des Toten in Ehren zu dessen Eltern, schneidet sich das Haar ab und wird buddhistischer Priester.

Im Anschluss an eine Spielsitzung vertraute mir kürzlich ein zwölfjähriger Junge an, er habe große Angst, weil er der Bande in der

Nachbarschaft nicht beitreten wolle. Der Druck von Gleichaltrigen, Nachbarn und Verwandten, die selbst Mitglieder dieser Gang sind, ist gnadenlos. Er hat das Gefühl, keine Wahl zu haben.

Das Gewinnen ist Rechtfertigung genug. Nur Siegen löst eine derart freudige Aufregung aus. Nicht nur unter Sportlern heißt es: „Nichts geht über Siegen." Ob die Jagd, bei der die Beteiligten ihre Kräfte aneinander messen, oder die Eroberung selbst, alles fühlt sich gut an. Im Vergleich dazu ist alles andere langweilig. Eddie, ein 14-jähriges Bandenmitglied, will „einen Beruf, wo was los ist", sagt er. „Wahrscheinlich werde ich Bulle. Und wenn nicht Bulle, dann Feuerwehrmann. Und wenn nichts davon klappt, mache ich selbst Action – dann kaufe ich mir ein Gewehr und lege Leute um."

Israelische Jungen spielen in zahlreichen Varianten immer wieder das gleiche Spiel: Sie stellen sich einem heranbrausenden Auto entgegen, um zu testen, wie nahe sie es kommen lassen können, ohne gerammt zu werden. Wie ein Junge sagte: „Es ist ein Spiel auf Leben und Tod. Wenn ich Studenten frage, ob sie es mit mir spielen, sagen sie zuerst oft, das sei doch langweilig und dämlich."

Für das Kind, das eine Maus tötet, den Jäger, der ein Reh schießt, den Vergewaltiger, der über eine Frau herfällt, kann es so genussvoll sein, Macht über Leben und Tod zu haben, dass das, was für den Sieger Sinn macht, für das Opfer den Tod bedeutet. Töten ist für den Besitztrieb der höchste Sieg. Die Opfer werden zu Trophäen. Offenbar lernen Männer, dass Töten ihnen ein Hochgefühl beschert, während Frauen lernen, dass sie mit dem Leben dann am tiefsten verbunden sind, wenn sie neues Leben gebären.

Die Erregung beim Wettbewerb beruht darauf, dass wir uns offensichtlich nur dann als Teil der Natur erleben, wenn wir unsere Geschicklichkeit, Fähigkeiten oder Stärken mit anderen messen. Das Töten ist oft integraler Bestandteil dieser Befriedigung, denn solange der andere nicht tot ist, können wir nicht sicher sein, dass wir gewonnen haben. Bei einem echten Kampf muss es Gewinner und Verlierer geben. Und der andere „gibt" nur dann wirklich „zu", dass er verloren hat, wenn er tot ist.

Miedzian erläutert, wie wichtig für manche Amerikaner das erste Reh ist, das sie schießen. „Dein erstes Reh ist eine große Sache. Es steht dafür, dass du auf dem Weg zu deiner Männlichkeit etwas Bedeutungsvolles getan hast." Auch wenn ein Bandenmitglied zum ersten Mal einen Gegner erschießt, gilt das als eine Art von Initiationsritus.

Die gleiche Wichtigkeit misst Achilles dem Töten in der Rede bei, die er Hektor gegen Ende von Homers *Ilias* hält. Als sie sich schließlich von Angesicht zu Angesicht gegenüberstehen, appelliert Hektor an Achilles' Vernunft. Achilles entgegnet:

> „Hektor! Rede mir Verruchter nicht von Übereinkunft!
> Wie zwischen Löwen und Männern kein verläßlicher Eidschwur sein kann,
> Und auch nicht Wölfe und Lämmer einträchtigen Mutes sind,
> Sondern fort und fort einander Böses sinnen,
> So kann es für dich und mich keine Freundschaft geben und können
> Keine Schwüre uns sein, ehe nicht einer von uns gefallen..."

Für Achilles ist Hektor kein Mensch wie er selbst, sondern ein Opfer. Dieser Kampf findet in Wettbewerbsgesellschaften permanent statt. In einer Ausgabe der Zeitschrift *Sierra* werden die Leser um Antworten auf die Frage gebeten: "Sollen Umweltgruppen Spenden von Umweltverschmutzern und Geländeplanern annehmen?" Eine Antwort lautete: „Die moralische Frage, ob wir von einem Gegner Hilfe annehmen sollten, da das eventuell unsere Position schwächen könnte, geht von einem fairen Kampf aus. Aber hier geht es um einen Krieg. Nimm, was sie dir geben, und benutze es, um sie zu vernichten."

Kämpfen und sogar Töten gelten immer wieder als Spiel. So heißt es zum Beispiel bei James S. Hans: „Die Ekstase des Spiels und die Ekstase der Gewalt sind ein und dasselbe." Manchmal gilt Spiel als „positive" Aggression. Orlick verweist auf S.L. Washburn und C.S. Lancaster, die der Meinung sind, dass sich die Fähigkeit zu töten und die Freuden des Tötens normalerweise im Spiel entwickeln. Der Psychologe William Betcher schreibt: „Es ist in einer engen Freundschaft völlig normal, dass man dem Squashpartner buchstäblich die Beine unter dem Hintern wegreißen will. Sport ist, vor allem für Männer, eine hoch ritualisierte Möglichkeit, Aggression zu sublimieren und in einem 'sicheren' Rahmen Körperkontakt zu machen." Spiel wird oft umschrieben, als ginge es dabei ums bloße Überleben. „Jedes wirkliche Spiel lebt von der Spannung zwischen Dominanz und Unterwerfung", erklärt Betcher.

Und bei Ortega y Gasset heißt es, Jagen sei das freie Spiel einer unterlegenen Gattung, „um sich eines anderen zu bemächtigen, ... der der eigenen (Gattung) vital unterlegen ist". Für beide, sowohl Betcher als auch Ortega y Gasset, ist Spiel der Kern von Wettbewerb.

Es ist wichtig, dass der Angreifer bei seiner Eroberung mit dem lebendigen Geist seines Opfers nicht unmittelbar in Kontakt kommt. Denn sonst könnte er möglicherweise die Freundlichkeit seines Gegenübers wahrnehmen und keinen Drang mehr verspüren, das „Spiel" bis zum bitteren Ende auszufechten. Vielleicht würde uns dann bewusst, dass wir mit unserem „Spiel" die Welt um uns herum zerstören, und wir würden bestürzt innehalten. Dann wären wir Spielverderber. Genau das passierte Aldo Leopold an dem Tag, an dem er und seine Freunde einfach zu ihrem Vergnügen eine Wolfsfamilie erschossen. Als er sich der sterbenden Wölfin näherte, sah er in ihren Augen „das grüne Feuer sterben". Da erkannte er in ihrem Tod einen tieferen Sinn, die Freundlichkeit des Lebens.

Als kleiner Junge wohnte ich mit meinen Eltern in einem Apartment in Harper Woods, nördlich von Detroit, Michigan. Unsere Wohnanlage war umgeben von Feldern, kleinen Hügeln und Bäumen, zwischen denen Teiche lagen. Oft streifte ich dort umher. Es war der ideale Platz für meine Abenteuerspiele. Eines Tages sah ich eine lange Vipernatter, die sich an einem kleinen Wall entlangschlängelte. Ich stand oben auf dem nächsten Wall und zielte mit meinem Speer, einem langen Stück Rohr, das ich gefunden hatte, nach der Schlange. Ich verfehlte sie, und die Schlange kroch weg. Ich rannte hinunter, nahm meinen Speer wieder an mich und holte die Schlange zurück. Das tat ich so oft, bis ich die Schlange schließlich traf. Sofort war ich in Hochstimmung. Ich hatte gesiegt. Während ich zusah, wie mein Opfer sich in Todeskrämpfen wand, verging mir jedoch jedes Hochgefühl. Nachdem ich den Speer aus der Schlange gezogen hatte, ging ich nach Hause. Den ganzen restlichen Tag lang war ich traurig. Ich erzählte meinen Eltern nichts von diesem Erlebnis. Ich wusste, dass ihnen meine Tat nicht gefallen hätte. Ich schämte mich. Am nächsten Tag nach der Schule kehrte ich an den Ort zurück, entschuldigte mich und begrub die Schlange. Seitdem habe ich diesen Vorfall nicht mehr vergessen.

Ich hatte keinen Grund, die Schlange zu töten. Ich wusste, dass sie nicht gefährlich war. Bis zu dem Punkt, wo ich sie umbrachte, machte mir das Spiel einfach Spaß. Als ich die Schlange jedoch sterben sah, wurde in mir etwas ausgelöst, das meine Sicht des Lebens veränderte.

Jedes Mal, wenn wir gewinnen oder verlieren, spaltet uns das innerlich. Vielleicht liegt der nicht offen eingestandene Sinn des Spiels der Herzogin darin, die Wahrnehmung unserer Kinder so zu verzerren, dass sie glauben, andere Lebewesen könnten und sollten besiegt werden, da sie nicht wir und Verlierer weniger wert sind als Gewinner. So bereitet man Kinder auf das vor, was die Zivilisation in Form einer ganzen Reihe von komplexen Manipulationen eines Tages auch ihnen antun wird. Wurde ihr Geist erst einmal zerstört, sind Kinder bereit, sich den Erwachsenen, die ihr Leben am Spiel der Herzogin orientieren, anzuschließen.

Vieles in unserer Welt wird von Menschen zerstört, die gern ihren Spaß haben und einfach nur herumspielen!

Spiel: Ein berührendes Thema

„Travis, nicht hauen!" „Jamie, nicht beißen!" „Jason, hör auf zu treten!" „Mark, gib die schöne Hand!" Erwachsene erzählen Kindern ständig, wie sie andere berühren sollen. Aber es reicht nicht, ihnen das zu sagen. Wir müssen Kindern Vorbild für die Art von Berührung sein, die wir ihnen vermitteln wollen.

Ausführliche Untersuchungen sowohl mit Tieren als auch mit Menschen zeigen deutlich, dass Berührungen nicht nur wohltuend, sondern für die gesunde Entwicklung eines jungen Lebewesens absolut notwendig sind. Ashley Montagu erklärt in seinem Buch *Körperkontakt*: „Taktile Anregung ist für die gesunde Verhaltensentwicklung des Menschen anscheinend von grundlegender Bedeutung." In einer Untersuchung über die Ursprünge von Gewalt fand der Neuropsychologe James W. Prescott heraus, dass „der Mangel an Körperberührung und Bewegung ... Ursache für zahlreiche emotionale Störungen ist, darunter depressives und autistisches Verhalten, Hyperaktivität, sexuelle Störungen, Drogenmissbrauch, Gewalttätigkeit und Aggression".

Und doch wissen wir nicht, wie wir uns berühren sollen. Wir verwechseln nicht nur Spiel und Kampf, sondern auch Liebe und Gewalt. „Ich tue das nur aus Liebe", sagen wir, wenn wir Kinder schlagen. Ein Mädchen im Teenageralter vertraute mir einmal an: „Ich weiß, dass mein Vater mich liebt, wenn er mich schlägt." Manche sprechen der Gewalt von Erwachsenen gegen Kinder sogar die Heiligkeit der sogenannten salomonischen Weisheit zu: „Wer sparet mit seiner Rute, der hasset seinen Sohn; doch so er ihn liebet, züchtigt er ihn beizeiten." Und: „Torheit wohnt fest im Herzen des Kindes; doch die Rute korrigiert diese und treibt sie ihm aus."

Bei jüngsten Vorträgen in kleineren Gemeinden in Südkalifornien musste ich überrascht feststellen, dass viele Erwachsene sich nicht nur dafür aussprachen, Kinder mit der Hand zu schlagen, sondern auch mit Gegenständen wie Löffeln und Ruten. Sowohl Individuen als auch ganze Länder kaschieren mit ihren religiösen, psychologischen und familiären Traditionen, dass sie sich an ihren schwächsten Mitgliedern vergreifen. Aus Angst geben wir Gewalt statt Liebe weiter.

Den meisten Menschen ist nicht bewusst, dass sie nicht wissen, wie man andere berührt. Wenn Kinder älter werden, hören die Erwachsenen auf, sie am ganzen Körper einfühlsam und liebevoll zu berühren, beschränken sich beim Jugendlichen auf das rituelle Händeschütteln und flüchtige Umarmungen oder berühren ihr Kind gar nicht mehr. Irgendwie hangeln wir uns da durch, wie auch unsere Eltern sich da durchgehangelt haben, und vermitteln den Menschen, die wir lieben, dass wir, was Berührungen betrifft, verwirrt und innerlich zwiespältig sind. Dieselben Eltern, die mit ihrem zehn Monate alten Baby schmusen, zögern damit bei ihrem Zehnjährigen und halten sich beim 14-Jährigen ganz zurück. Das Kind, das mit einem Jahr Küsse verteilt, hält Küssen mit zehn für dumm, möchte mit 14 insgeheim geküsst werden und hält es mit 17 kaum aus, ungeküsst zu bleiben. Wir wissen, dass unser Berührungshunger mit zunehmendem Alter nicht abnimmt. Doch da wir nicht ehrlich mit Berührung umgehen, wird sie zu etwas Unpassendem und Destruktivem, das zu Missbrauch führen kann. Wenn wir liebevolle Berührungen lange entbehren müssen, werden wir kalt, steif und linkisch.

Mit dem Ende der Kleinkindzeit hören wir praktisch auf, Kinder zu berühren. Man stelle sich vor, wir würden mit den anderen Sinnesorganen ähnlich verfahren und Kinder anweisen, in der Schule Ohren und Augen zu verschließen. Das wäre völlig absurd. Und doch gehen wir so mit unserem primären und größten Sinnesorgan, der Haut, um. Die Folge ist, dass wir unter Berührungshunger leiden.

Wie große Schalentiere ziehen wir uns verklemmt in unseren Charakterpanzer zurück. Ashley Montagu sagt: „Die nicht geliebte Person jeden Alters ist wahrscheinlich ein völlig anderes biochemisches Wesen als die, die ausreichend geliebt wurde." Ohne Berührung werden wir unnahbar und aggressiv. Wir gehen mit Kindern um, als glaubten wir immer noch, was Dr. Broadus Watson 1928 schrieb: „Es gibt eine vernünftige Umgangsweise mit Kindern ... umarme und küsse sie niemals, lasse sie nie auf deinem Schoß sitzen. Sollte es sich nicht vermeiden lassen, küsse sie beim Gutenachtsagen auf die Stirn. Gib ihnen morgens die Hand. Tätschele ihnen kurz den Kopf, wenn sie eine schwierige Aufgabe vorzüglich gelöst haben."

Menschen, die man aus der menschlichen Gemeinschaft ausschließt, werden noch weniger berührt. Die Geschichte der Behandlung von Lepra und, in jüngster Zeit, von AIDS, sind dafür primäre Beispiele. Der Umgang mit Leprakranken, die man Hunderte, wenn nicht Tausende von Jahren weggesperrt hat, scheint sich in unserer Behandlung von AIDS-Opfern zu wiederholen.

Dass Menschen als „unberührbar" eingestuft werden, gilt jedoch nicht nur für diese beiden Krankheiten. Sandra K. Larson und Tiffany M. Field berichten, dass psychiatrische Patienten, sowohl Kinder als auch Erwachsene, selten berührt werden. Tatsächlich „wird Berührung im Behandlungsplan der meisten psychiatrischen Abteilungen ausgespart". Schulen achten immer strenger auf die Einhaltung der Anweisung „Lass Deine Hände da, wo sie hingehören". Erzieherinnen und Erzieher benutzen Berührung, um Kinder zu bestrafen oder zu belohnen – ein Klaps auf die Schulter im Vorbeigehen als Anerkennung für eine gute Note oder weil Kinder ruhig sitzen und nicht stören. Die meisten Berührungen von Lehrerinnen und Lehrern dienen dazu, die Schüler zu managen, zu bremsen, zu dirigieren und zu organisieren, und werden entsprechend eingesetzt.

Wie ein Bein, das „einschläft" und das wir nicht mehr spüren, sind wir von unseren Empfindungen abgeschnitten. Kein Wunder, dass es uns schwer fällt, andere zu berühren, weil wir kaum den Impuls dazu verspüren und empfangen. So wie die Erwachsenen mit ihren Autos, rempeln Kinder vom Kindergarten bis zur High School sich an, was sofort zu Abwehrmanövern und neuen Angriffen führt. Spielplätze und Nachbarschaften werden wie abgesteckte Reviere verteidigt und umkämpft. „Einschüchterungsmanöver", so stellte das Nationale Schulsicherheitszentrum 1989 fest, „sind das am meisten unterschätzte Problem an unseren heutigen Schulen". Die Wurzel dieses Problems könnte darin liegen, dass Kinder sich einfach keine andere Form von Berührung vorstellen können.

Dieser „Berührungshunger" wird nicht befriedigt durch Sex, Essen, Drogen, Arbeit, das Überangebot der Unterhaltungsindustrie oder all die anderen Spielarten von Flucht, als die wir die kulturellen Amüsements so oft betrachten. Nur wirklich sinnvolle und liebevolle Berührungen können dieses Bedürfnis stillen, das mit zunehmendem Alter keineswegs abnimmt. Nach einem Vortrag über Berührung und Spiel in der Gegend von Seattle vor einer High-School-Klasse für unverheiratete Mütter sprach eine Mutter im Teenageralter mich an und bat mich leise um ein Gespräch unter vier Augen. Als wir allein waren, begann sie zu schluchzen und sah mich an. Voller Verwirrung und Hoffnung, etwas ärgerlich und auch verzweifelt vertraute sie mir an, dass sie nicht wisse, wie sie ihren Sohn, der noch ein Säugling war, berühren solle. Sie sagte, sie wolle nicht, dass ihr Sohn so aufwüchse wie die Männer, die sie kannte. Er sollte anders werden und sowohl zärtlich als auch stark sein.

Berührung als Kampf

Berührung kann leicht zu Kampf ausarten. Das erleben wir häufig beim Sport, beim Kitzeln und bei spielerischen Kämpfen, wo unsere falschen Vorstellungen von Spiel Missbrauch und Aggression nach sich ziehen. Viele Erwachsene empfinden die Berührungen beim Auskitzeln und bei groben Raufereien als etwas sehr Zwiespältiges. Plötzlich und unvermittelt schlägt der „Spaß" um in Weinen, Rachegefühle, Demütigung und Schmerz. Da wir den Unterschied zwischen Spiel und Kampf nicht kennen, gehen wir in solchen Fällen davon aus, dass das Spiel „entgleist" und in Aggression „umschlägt". Aber wahres Spiel schlägt nicht in Kampf um, Liebe schlägt nicht um in Vergewaltigung, und Kitzeln schlägt nicht um in Folter. Kampf, Vergewaltigung und Folter fangen als das an, was sie sind. Uns ist diese Tatsache einfach nicht bewusst. Wir haben noch nicht erkannt, dass Berührungen für Menschen, die durch Berührung missbraucht wurden, heilsam sind. Alice Miller schreibt:

> Da sich das verletzte Kind in uns nur vermittels der körperlichen Empfindungen und der Gefühle bezüglich seiner Traumen äußern kann, muß die Therapie den Zugang zu diesen Gefühlen unbedingt sichern. Dieser Zugang bleibt indessen vollständig versperrt, wo man sich – ähnlich wie innerhalb der Psychoanalyse – mit intellektuellen Spekulationen zufriedengibt.

Das verbale Artikulieren von Verletzungen durch Berührungen befreit uns nicht von diesen, und wir lernen dadurch auch nicht, anders zu berühren und ein neues Verständnis für Berührung zu entwickeln.

Kitzeln

Als ich anfing, Spielworkshops zu geben, erwähnte ich das Kitzeln nicht. Sobald ich aber mitbekam, wie Erwachsene andere zu kitzeln versuchten, die daraufhin die Spielfläche verließen, begann ich darüber zu sprechen. Kitzeln, so sagte ich, sei bei unserem gemeinsamen Spiel nicht angemessen. Immer häufiger kamen Frauen nach der Sitzung zu mir, um mir dafür zu danken, dass ich das Kitzeln aus dem Spiel verbannt hatte. Manche erzählten mir die Geschichten, die sich hinter ihrer Angst, ausgekitzelt zu werden, verbargen. Frauen und in jüngster Zeit auch Männer haben mir geholfen zu begreifen, dass das Kitzeln eine sehr heftige und potentiell gefährliche Form von Berührung ist.

Kitzeln ist ein heikles Thema. Es scheint so viel Spaß zu machen. Doch nur zu oft verbergen sich unter dem Lachen Schmerz und Missbrauch. Während das Gelächter und die Berührungen außer Kontrolle geraten, kann Kitzeln plötzlich zur Verletzung werden. Schmerz wird zu Wut. Das Lachen des Opfers verleitet den Täter zum Weitermachen. Das ist „Kitzelfolter". Diese Form des Kitzelns ist eine Form von Missbrauch und kann verheerende Folgen haben.

Anfangs scheint das Kitzeln überhaupt nicht aggressiv zu sein und beiden Beteiligten Spaß zu machen. Aber das Kitzeln wird, wie auch Vergewaltigung, oft benutzt, um einen anderen Menschen zu beherrschen, die Kontrolle über seinen Körper zu gewinnen und ihn für die eigene Lust zu benutzen. Es ist durchaus verbreitet, dass Männer Frauen und Eltern sowie ältere Geschwister kleinere Kinder dabei am Boden festhalten und gnadenlos auskitzeln. Das wird für die Gekitzelten zur Qual. Die kitzelnde Person gleicht einem Verfolger, der sich an sein Opfer heranschleicht und es in die Ecke drängt. Das Lachen des Opfers stachelt den Kitzelnden an; er reagiert nur darauf und nicht auf die verbalen und körperlichen Botschaften aufzuhören. Was für den einen Spaß ist, ist für den anderen Schmerz. An einem gewissen Punkt kann der Schmerz in Wut umschlagen. Dann holt das Opfer, wenn es dazu in der Lage ist, zum Gegenschlag aus. Die kitzelnde Person versteht gar nicht, was sie da ausgelöst hat und wird nun erst recht aggressiv, um sich zu rächen. Sobald sie aufhört, schämt sie sich wahrscheinlich und fühlt sich durch die Anschuldigungen des Opfers verletzt. Schließlich hat der andere doch gerade noch gelacht. Wie soll man jemandem klar machen, dass man, obwohl man lacht, Schmerz und Wut empfindet?

Für manche Kinder sind diese Überfälle so bedrohlich, dass sie als Erwachsene beim kleinsten Anzeichen einer Kitzelei gewalttätig werden. Nach einem Gespräch mit einer College-Klasse in Washington kam ein junger Mann auf mich zu und bedankte sich bei mir dafür, dass ich das Kitzeln angesprochen hatte. „Ich weiß jetzt, was ich falsch gemacht habe", bekannte er. „Ich möchte nach Hause gehen und meiner Freundin sagen, dass es mir leid tut und ich jetzt weiß, warum sie ärgerlich war." Dann beschrieb er, was in der Nacht zuvor passiert war. Sie waren sich lange nicht mehr wirklich begegnet. Irgendwann im Lauf des Abends begann er sie zu kitzeln. Sie lachte, sagte aber, er solle aufhören. Er machte trotzdem weiter, weil er glaubte, das mache ihr Spaß. Er hörte nicht auf sie, er spürte ihren Schmerz nicht. Er selbst war nie ausgekitzelt worden. Sie wurde so wütend, dass es ihn überraschte. Er verstand sie nicht und war verletzt. Ärgerlich und frustriert gingen sie auseinander.

Berührung ist eine sehr tief greifende Form von Kommunikation. Was von uns als freundliche, tröstliche Berührung gemeint ist, können andere als Angriff empfinden. Als ich einmal in einem Spielkurs über das Kitzeln sprach, senkte ein Vater seinen Kopf auf den Tisch und begann zu schluchzen. Nach einigen Minuten war er bereit, uns mitzuteilen, was ihm solchen Kummer bereitete. Etwa vor einem Monat hatte er seine Tochter im Teenageralter so heftig gekitzelt, dass sie wütend wurde. Sie weinte und ließ seitdem nicht mehr zu, dass er sie überhaupt berührte. Er hatte nicht verstanden, was er getan hatte, und suchte jetzt verzweifelt einen Weg, mit seiner Tochter wieder in Kontakt zu kommen. Oft wird das Kitzeln im wahrsten Sinne des Wortes zum wunden Punkt im Leben eines Menschen.

Wir wissen meistens weder, welche Wunden wir mit uns herumtragen, noch was wir bei anderen auslösen. Die hier zitierten Männer und Frauen, die unter der Oberfläche sehr verletzlich sind, sind keine Einzelfälle, sondern machen deutlich, welche Folgen das „Spiel" der Herzogin haben kann.

Spielerische Kämpfe

„Spielerischer Kampf" ist ein Begriff, der kurz und knapp zum Ausdruck bringt, wie wenig wir wissen, was Spiel eigentlich ist. Nichts setzt die Bedeutung von Spiel mehr herab als die Vorstellung, es sei etwas, was man gewinnen könne. Aus der Perspektive von ursprünglichem Spiel ist spielerischer Kampf ein Oxymoron, die Gleichsetzung von Gegensätzen.

Die meisten unserer so genannten „Spiele", bei denen nach außen hin scheinbar niemand verletzt wird, gelten als „gesunder Wettbewerb". Maria Piers und Genevieve Landau schreiben: „Wenn die Aggressivität des kindlichen Verhaltens andere Kinder oder Menschen nicht verletzt und wenn das aggressive Spiel nicht die wichtigste und einzige Form ist, wie ein Kind spielt, ist es nicht bedenklich." Die Kriegsspiele von Kindern werden oft als gesundes Kräftemessen betrachtet. Brian Sutton-Smith ist zum Beispiel der Meinung: „Wenn man Kriegsspielzeug oder Kriegsspiele verbannt, nimmt man dem Kind die Möglichkeit einer gesunden Reaktion auf seine Umwelt." Bruno Bettelheim verteidigt die Kriegsspiele von Kindern aus psychoanalytischer Sicht. Bei ihm heißt es, dass sie notwendig sind, damit das Kind mit den Kämpfen zwischen sich und anderen und zwischen Gut und Böse umgehen lernt. Wenn Kinder dann heranwachsen, konzentrieren sie sich eher auf „das gute Gefühl der Kameradschaft, die als Bündnis gegen einen gemeinsamen Feind empfunden wird". Als könnten wir „Kameradschaft" nicht ohne einen Feind empfinden.

Für gesunden Wettbewerb argumentieren heißt genau die Situation bestätigen, die wir im Augenblick haben. Man muss sich die Frage stellen, „gesund" für wen? „Fair" für wen? Unser Glaube an gesunden „Wettbewerb" beruht auf unserer Vorstellung von „fairem Spiel". Diese Form von „Spiel" verspricht, dass ein Kampf nach seinen Regeln unsere Selbstachtung fördert. So wird „gute" Gewalt zivilisiert. Genau dieser Glaube ist erforderlich, um dieses „Spiel" am Leben zu erhalten. Aber gesunder Wettbewerb und faires Spiel sind Beschönigungen. Die Wahrheit ist, dass dieses Spiel als solches zerstörerisch ist.

Wenn ich als Junge mit Murmeln spielte, war es für mich sehr wichtig, vorher herauszufinden, ob das Spiel „ernst" sein würde. Dadurch wurde alles anders. „Ernsthaft spielen" hieß, ich durfte meine Lieblingsmurmeln nicht einsetzen, denn mit dem Spiel würde ich ja auch die Murmeln verlieren. Ernsthaft spielen heißt nichts anderes, als dass Spiel zum Kampf wird. Der Marinekommandant Alfred Gray junior soll während des Golfkrieges zu seinen Truppen in Saudi Arabien gesagt haben: „Wir werden hier ernsthaft spielen, wenn man das von uns fordert."

In unseren „ernsten Spielen" spiegeln sich unsere unermüdlichen Anstrengungen, die Welt auf unsere Bedürfnisse zuzuschneiden. Der Spieltheoretiker Roger Caillois schreibt: „Der Wettbewerb ist ein Gesetz des Alltagslebens." Woody Hayes, der frühere Fußballtrainer der Nationalmannschaft von Ohio, bringt das nachdrücklich auf den Punkt: „Ich würde lieber als Gewinner sterben, statt als Verlierer zu leben."

Erwachsene, die den Unterschied zwischen Berührung und Spiel nicht kennen, sprechen von „spielerischen Kämpfen". Eltern und Lehrer sind über diese spielerischen Kämpfe, die mit leichten Raufereien beginnen und mit Boxen, Schmerz und Tränen enden, oft sehr frustriert. Da sie nicht wissen, ob da gespielt oder gekämpft wird, ob das gut oder schlecht ist, neigen Erwachsene dazu, solche Raufereien zu beenden, bevor sie außer Kontrolle geraten. Dann sehen die Kinder Sportwettkämpfe im Fernsehen und fragen: „Spielen die?" So übertragen wir unsere Krankheit auf unsere Kinder. Ihre erste Lektion in diesem Umschlagen von Spiel in Kampf bekommen Kinder meistens bei „spielerischen Kämpfen" und „wilden Raufereien". In meinem Spiel mit kleinen Kindern stelle ich oft fest, dass die meisten Vierjährigen diese „Spiele" bereits gelernt haben. Sie kämpfen und nennen das spielen.

Mütter nehmen diese spielerischen Kämpfe möglicherweise anders wahr als Väter. Bei unseren Treffen erzählen Väter mir oft, dass sie mit ihren Kindern sehr viel spielen. Nachdem sie sich vor mir damit gebrüstet haben, wieviel Spaß ihnen das macht, schütteln ihre Frauen oft traurig den Kopf. „Er denkt, er spielt, aber unser Sohn holt sich dabei jedesmal Verletzungen."

Im Folgenden beschreibe ich die Spielerfahrung einer Familie. Ähnliche Situationen sind mir von vielen Eltern und Kindern geschildert worden.

Vater kommt gegen 18 Uhr müde nach Hause und hat Schuldgefühle, weil er mit seinem zehnjährigen Sohn am letzten Wochenende nicht genug Zeit verbracht hat. Eigentlich will er gar nicht spielen, fühlt sich dazu aber verpflichtet. Schon bevor sein Vater sich umgezogen hat, läuft der Sohn aufgeregt aus dem Haus, weil er draußen spielen will. Er hat zwiespältige Gefühle. Einerseits möchte er gern mit seinem Vater zusammen sein, hat aber Angst, weil er immer verletzt wird, wenn sie zusammen spielen. Ein paar Minuten später treffen sie sich im Hof.

Anfangs werfen sie sich gegenseitig den Fußball zu, dann rennen sie herum und spielen Fangen. Schon bald geht es um Angriff und Verteidigung. Während sie sich auf der Wiese herumrollen und sich boxen und festhalten, scheint der Ball für ihren Kontakt zweitrangig zu sein. Das geht immer so weiter, bis der Vater, der auf dem Jungen liegt, ihn mit seinem Körpergewicht zu Boden drückt und nicht wieder hochkommen lässt. Der Junge krümmt und windet sich nach Kräften, kann sich aber trotzdem nicht befreien. Frustriert schlägt er seinen Vater auf den Arm. Der Vater, überrascht, weil er sich nicht bewusst ist, solche Aggressionen ausgelöst zu haben, drückt den Jungen noch fester zu Boden, und der fängt an zu schreien. Ärgerlich und frustriert steht der Vater auf und brüllt seinen Sohn an: „Du Heulsuse, du musst lernen zu spielen wie ein Mann!" Dann stürmt er an seiner Frau vorbei und gibt ihr mit einem Blick zu verstehen: „Fang jetzt bloß nicht an, ihn zu bemuttern!" Die Mutter steht wie festgenagelt da, weil sie nicht weiß, ob sie ihren Sohn trösten oder ihren Mann unterstützen soll. Der Junge möchte bei seiner Mutter Trost suchen, will aber keine Heulsuse sein. Hier haben wir drei ärgerliche Menschen, befangen in der Tragödie eines „konstruktiven" spielerischen Kampfes.

Wir haben es hier mit einer ganzen Reihe von Missverständnissen und fehlgeschlagenen Kommunikationsversuchen zu tun. Das „Spiel" von Vater und Sohn war an erster Stelle ein Kampf. Es ging also um Gewinnen. Weder Vater noch Sohn wollten eigentlich spielen. Sie tun es aber trotzdem, weil sie sich verpflichtet fühlen und Angst haben, sich ihre wahren Gefühle mitzuteilen. Beide müssen also versuchen, zu tun als ob. All das ist schon passiert, bevor sie auch nur anfangen sich anzufassen.

Wenn dann die eigentliche Rauferei beginnt, ist keiner der beiden mehr entspannt. Beide sind aufgrund ihrer früheren schlechten Erfahrungen mit ähnlichen Situationen und ihrer augenblicklichen Widersprüchlichkeit innerlich und äußerlich angespannt. Keiner der beiden kennt den Unterschied zwischen Kampf und spielerischer Berührung. Anfangs berühren sie sich offensichtlich freundlich, aber schon bald eskalieren die Berührungen zu Rache- und Vergeltungsschlägen. Das findet seinen Höhepunkt in dem Moment, wo der Vater den Sohn zu Boden drückt. Der Vater ignoriert die kinästhetischen und verbalen Äußerungen seines Sohnes, er solle aufhören. Voller Ärger holt auch der Sohn zum Schlag aus – Auge um Auge, Zahn um Zahn. Die Situation eskaliert weiter, und der Vater drückt seinen Sohn noch fester auf den Boden. Er spielt, um zu gewinnen, und wertet sein Opfer ab, indem er es beschimpft. Er stellt den Jungen als inkompetent hin, weil der auf die Botschaften des Vaters nicht angemessen reagiert. Er findet seinen Sohn unverschämt und unmännlich, weil der sich verzweifelt wehrt und weint.

Alle Entscheidungen, die Vater und Sohn bei dieser Begegnung treffen, scheinen vernünftig zu sein. Doch anschließend müssen sie feststellen, dass sie mit ihren richtigen Schritten im Unrecht sind. Schließlich wird die Mutter mit in den Kampf hineingezogen. Das Vater-Sohn-Spiel entwickelt sich zunehmend zu einer ungewollten Konkurrenzbegegnung, einer schmerzlichen Erfahrung, die von Selbstverneinung geprägt ist. Diese Erlebnisse sind in unserer Gesellschaft weit verbreitet.

Die Unfähigkeit von Erwachsenen, seien sie Lehrer oder Wissenschaftler, richtige Schlussfolgerungen aus diesen spielerischen Kämpfen zu ziehen, zeigt sich nicht nur an unserer doppeldeutigen Sprache. Noch offensichtlicher ist sie da, wo es um „spielerische Kämpfe" oder „wilde Raufereien" in den Wohnzimmern von Familien und auf Schulhöfen geht. Vielleicht können Erwachsene ohne weiteres zwischen bloßen Raufereien und bewusst aggressiven Handlungen unterscheiden. Doch niemand weiß, wie Catherine Garvey erläutert, wann und wie das eine in das andere umschlägt und wie sich der spielerische Kampf entwickelt. Das gilt besonders dort, wo Kinder Fernsehfilmen und Werbung voller Gewalt ausgesetzt sind. Sie imitieren, was sie zu sehen glauben, und treten und schlagen um sich wie die Wilden.

Peter K. Smith bezweifelt den Wert von spielerischen Raufereien, weil er glaubt, dass Kinder dabei kämpfen und dominieren lernen. David W. Shantz sagt, „wachsendes Forschungsmaterial legt nahe, dass aggressives Verhalten und ein geringer Status unter Gleichaltrigen in der Kindheit im späteren Leben zu schweren Fehlanpassungen führen". Dr. Marilyn Segal hingegen geht davon aus, dass Kinder beim aggressiven Spiel lernen, mit entsprechenden Gefühlen umzugehen. „Kämpferische Spiele nehmen einen wichtigen Platz ein. Sie können nützlich sein, da Kinder hier etwas über Gewinnen und Verlieren lernen", sagt auch der Kinderpsychiater Dr. Charles F. Rich junior. Anthony Pellegrini und Jane Perlmutter fügen hinzu, dass sich vor allem Jungen „bei spielerischen Raufereien weiterentwickeln und die sozialen Fähigkeiten erlernen, die für soziale Kompetenz notwendig sind". Soll heißen, für sozial kompetentes Wettbewerbsverhalten.

Diese Meinungen illustrieren unsere Verwirrung als Erwachsene. Wir möchten, dass unsere Kinder sich im allgemeinen Wettbewerb behaupten, doch sollen sie niemanden verletzen. Wenn wir Kindern einreden, Erfolg fordere keine Opfer, enthalten wir ihnen einen wichtigen Teil der Wahrheit vor. Ständig werde ich von Erwachsenen gefragt, wann spielerisches Kämpfen in realen Kampf umschlägt. Sie begreifen nicht, dass authentisches Spiel nicht in Kampf „umschlagen" kann. Es gibt im Spiel keinen Mechanismus, der umschlagen könnte. Wenn es „umschlägt", ist es in erster Linie Kampf, der in dem Maße eskaliert, wie die beteiligten Spieler Rache nehmen. In unsere eigenen Kämpfe verwickelt, wissen wir Erwachsenen nicht, was wir Kindern sagen sollen. Vorschullehrerinnen und -lehrer werden oft angewiesen, dafür zu sorgen, dass die Kinder nicht ständig körperlich kämpfen. Also greifen sie beharrlich ein und versuchen schon kleinen Kindern beizubringen, sich mitzuteilen. Doch älteren Kindern erlauben Erwachsene mehr Wettkämpfe und ermutigen sie dazu. Nicht Fairness, sondern der Drang zu gewinnen beherrscht diese Auseinandersetzungen. Kinder bekommen zu hören, dass es „dämlich" ist, sich mitzuteilen. Das gilt als „Kinderkram". In ihrer Untersuchung über Kinder in einer Vorortgrundschule stellte Raphaela Best fest, dass Jungen in der zweiten Klasse bereit sein müssen zu kämpfen. Von älteren Kindern erwartet man, dass sie versuchen zu gewinnen, jedoch noch nicht um jeden Preis. Außerdem sollen sie lernen, gute Verlierer zu sein und nicht zu betrügen. Später ändert sich das alles.

Der eingebaute Kampf

Ein barbarisches Gesetz, das sich über sämtliche Zeitalter hinweg behauptet hat, besagt, dass der, der gewinnt, im Recht ist.

Daisaku Ikeda

Als wir ursprüngliches Spiel aufgaben, verlor das Leben seinen Sinn, und wir entdeckten den Zweck. Mit Beginn der Moral spielten wir fair – und wollten um jeden Preis gewinnen. Als Freundlichkeit verschwand, wurde aus unserem Spiel Ernst.

Fred Donaldsen

Unsere ganze Gesellschaft ist so stark von Wettbewerb geprägt, dass wir uns gegenseitig gar nicht verletzen wollen müssen. Es reicht, wenn wir uns von anderen distanzieren und davon ausgehen, dass ihnen nicht die gleichen Rechte zustehen wie uns. Da diese gegnerische Haltung Teil unserer Erziehung ist, müssen wir uns nicht besonders anstrengen, um von anderen abzurücken. Auf diesem Hintergrund scheint es ganz normal zu sein, wenn wir uns mit aggressiven Mitteln holen, was wir haben wollen, und andere dabei verletzen. Solche Taten brauchen keine Rechtfertigungen. In dem aufrichtigen Wunsch, unser Ziel zu erreichen, können wir die Tatsache, dass andere dabei zu Opfern werden, ignorieren. Sie wird – und das ist ein riesiger Schritt – beiseite geschoben und damit auch der Fakt, dass unser Verhalten Menschen, die nicht anders sind als wir, verletzt.

Es ist keine geringe Ironie, dass die Angst vor Unterschieden, die der spielende Geist nicht kennt, für den kämpferischen Geist unumstößliche Voraussetzung ist. Nur wenn wir innerlich gespalten sind, haben wir Anlass, „spielerisch" zu kämpfen, denn darin manifestiert sich lediglich, dass wir den anderen grundsätzlich als ein von uns getrenntes Wesen sehen. Nichts und niemand greift uns von außen an. Doch aus dem Blickwinkel des gespaltenen, ängstlichen Selbst ist alles und jeder ein potenzieller Gegner. Die Angst beherrscht das Denken so vollkommen, dass der Einzelne die Welt so gespalten sieht, wie die Gesellschaft es vorgibt. Eine ganze Industrie von Helden und Heldenanbetern, Kinkerlitzchen, Trophäen und Eintrittskarten produziert immer weitere Wettkämpfer. Als Kämpfer sind die Spielenden käuflich. Die Tragödie besteht darin, dass wir uns nur sicher fühlen, wenn wir der Angst glauben.

Kämpfende definieren Menschen anhand bestimmter Kategorien. Wer das „Spiel" mitspielt, kann gegen die anderen Spieler Verhaltensweisen zeigen, die ansonsten undenkbar wären. Was mit „denen" passiert, ist nicht wichtig. Die Person wird dem Fortgang des Spiels geopfert. Im Kampf treffen sich gespaltene Individuen, die reale menschliche Begegnungen zwanghaft vermeiden, nicht weil sie moralisch verhärtet sind, sondern weil sie kein Gefühl für sinnvolle Begegnungen haben.

Selten gibt es in der menschlichen Geschichte Kämpfe, die nicht durch Mythen gerechtfertigt werden. Unsere *Raketen* dienen zur Verteidigung; die *der anderen* dem Angriff. *Ihr* Angriff ist völlig ungerechtfertigt; *unser Angriff* gilt der Verteidigung rechtmäßiger Privilegien und von Eigentum. Die moralischen Rechtfertigungen für Wettkampf – er stärke den Charakter, lehre uns Teamarbeit sowie Disziplin, Loyalität, Anständigkeit, Freundschaft, Ehre und „faires Spiel" – werden in sämtlichen Lebensbereichen laut. Wir kultivieren sie eifrig und setzen sie mit Begeisterung in die Tat um. Fast alle Erwachsenen haben das Gefühl, dass dieses „Spiel" das Beste aus ihnen hervorlockt und sie ohne es nicht glänzen könnten. Ob Erziehung, Sport, Politik oder Geschäftsleben, all unsere Einrichtungen beruhen auf der Idee, Wettbewerb sei unsere primäre Motivation für Erfolg und Leistung.

Das Chamäleon-Prinzip

Das erste, was der Wettbewerber lernen muss, ist wahrscheinlich das „Chamäleon-Prinzip", das besagt, dass Wettkämpfe nicht das sind, was sie scheinen. Die Spieler müssen spielen, als ob das Spielen um Gewinn das gleiche wäre wie faires Spiel. Dabei müssen sie vergessen, dass das ein moralisches Problem und dieser Form des „Spiels" inhärent ist. Dieser erste Schritt in Richtung auf den sogenannten gesunden Wettbewerbsgeist ist zugleich der Anfang von Entfremdung. Die Kämpfenden müssen lernen, sich von anderen abzusetzen. Sie müssen glauben, dass sie etwas Logisches und Sinnvolles tun und dabei authentisch sind. Diese Verkleidung sollte perfekt sein; das Letzte, was man tun darf, ist sich eingestehen, dass das eigene Leben in falschen Bahnen verläuft und sinnlos ist.

Abgeschnitten von der Weisheit der Freundlichkeit und unfähig, in unserem eigenen Leben die diesem zugrunde liegende Realität wahrzunehmen, können wir nicht ernsthaft die Möglichkeit ins Auge fassen, ein freundliches Leben zu führen. Wir wissen gar nicht, wie solch ein Leben aussähe, und ziehen daraus den Schluss, dass Freundlichkeit ein sentimentales Märchen ist. So folgen wir der Mahnung, „fair zu spielen", das heißt, wir entscheiden uns für das, was man uns als wahr und gerecht beigebracht hat.

Wir schätzen Fairness, weil wir so an einer Illusion festhalten können. Bei unserem beharrlichen Bemühen zu gewinnen sind wir leicht verführt, uns eine Welt voller Gerechtigkeit zu phantasieren, so dass wir den Schmerz der anderen nicht wahrnehmen müssen. Das ist ein Teufelskreis: Die Vorstellung von Fairness beruht darauf, dass wir nicht freundlich sein können. Und da wir nicht freundlich sein können, richten wir uns mit Fairness ein. Da wir Fairness für Freundlichkeit halten, praktizieren wir sie auch und behindern damit unsere Versuche, freundlich zu sein. Denn Fairness ermutigt uns genau zu der Egozentrik, die für die persönlichen und sozio-kulturellen Spiele der Wettbewerbsgesellschaft so typisch ist.

Um jeden Preis

Wenn wir nach diesen Regeln spielen, können wir uns in der Illusion wiegen, dass sich faire Spiele und Gewinnspiele die Balance halten. Für den gesellschaftlichen Spieler ist die ganze Welt ein Spielfeld. Der Drang nach immer mehr Spielzeug, Kontrolle, Macht, Geld, Land, Prestige und Nervenkitzel geht einher mit glatten, scheinbar selbstverständlichen und wohlmeinenden Absichten, die wiederum begleitet sind von einem völligen Mangel an Verantwortung für Schmerz oder Zerstörung. Ökonomische und politische Unterdrückung, Gruppenaggression und persönliche Gewalt, Zerstörung und Verfolgung werden als notwendige und unvermeidliche Begleiterscheinungen, Zufälle und angemessene Formen von Verteidigung oder Rache wegdiskutiert. Kleine Kinder, Sportler, Gangmitglieder, verurteilte Mörder, Politiker, Geschäftsleute und Soldaten entschuldigen sich damit, dass wir in dieser Welt des Wettbewerbs mit ganzem Einsatz um das kämpfen müssen, was wir haben wollen oder was uns verloren zu gehen droht. Beim Spiel der Herzogin läuft der gleiche Prozess ab wie bei politischen, ökonomischen und medizinischen Betrügereien, die unter anderem zur Ausrottung von Wölfen und Regenwäldern und dem Missbrauch von Kindern führen. Wie Alfie Kohn so treffend formuliert: „Was Wettbewerb betrifft, so liegt die Wurzel für Missbrauch in der Struktur des Wettbewerbs selbst."

Wenn faires Spiel gegenüber „Gewinn"spiel an die zweite Stelle rückt, wird das Verhalten nicht an Fairness, sondern an Gewinn gemessen. Faires Spiel wird beim Gewinnspiel und bei Spiel als Ernst als Geisel genommen. Das zeigt sich deutlich bei politischen Kampagnen, Scheidungen, der nationalen Verteidigung und selbst bei Familienspielen. Ich erinnere mich noch, wie ein Mann beim Bilderlotto zu seiner Frau, die gerade der gemeinsamen Tochter helfen wollte, sagte: „Nein, hilf ihr nicht, das hier ist ein Spiel." Die Rolle als Wettbewerbsteilnehmer ist stärker als Familienbande.

„Unfair spielen" oder betrügen gehört mit zu diesem „Spiel". In ihrer Untersuchung über Flipperspieler stellten Conn und Marquez fest, dass es „unter den regulären Spielern eigentlich keine Betrüger gibt. Betrügen gehört dazu. Es kommt ständig vor." In einer Erhebung von 1991 über die wichtigsten amerikanischen Fußballtrainer hatten 62% der Befragten das Gefühl, dass manche ihrer Mitspieler bewusst betrügen. Wie andere typische Aspekte des Wettbewerbs auch entschuldigt und bewundert man Betrügereien. Der Spieler versucht ständig, mit etwas durchzukommen oder das System zu unterwandern. Beim Flippern spielt die „eingeschossene" Flipperkugel Schiedsrichter. Und von diesem erwarten die Spieler, dass er (das heißt die Maschine) „nachgibt". Wird jeder Verstoß ausgerufen, reagieren Spieler und Zuschauer mit Ärger. Fairness ist ein moralisches System, bei dem die Schwachen existieren, um die Starken in ihre Grenzen zu verweisen. Für Michael Novak ist klar, dass „man im Sport nahezu freiwillig die Psyche darin übt, dass sie betrügt, sich ihren Vorteil sichert, rücksichtslos, grausam, betrügerisch, rachsüchtig und aggressiv ist". Das ist nicht nur im Sport der Fall. Wenn Anne Strick über unser Rechtssystem schreibt, heißt es: „Wo das Denken durch Polarität geprägt ist und Gewinnen für das orthodoxe Denken steht, dem Menschen sich primär verschreiben, ist Betrug absolut gerechtfertigt."

Betrug findet nicht außerhalb des „Spiels" statt. Was auch immer nötig ist, um im alltäglichen Leben beim Sport, in der Geschäftswelt oder in der Politik zu gewinnen, passt in den Rahmen des Spiels. Normalerweise gehen wir davon aus, dass Betrug gegen die Regeln verstößt. Wir täuschen uns. Betrug gehört in Wirklichkeit zum „Spiel". Bei Huizinga heißt es: „Der „Falschspieler stellt sich so, als spielte er das Spiel, und erkennt dem Scheine nach den Zauberkreis des Spiels immer noch an". Auch Caillois geht davon aus, dass Lügen und Betrügen dem Spiel keinen Abbruch tun. Der Betrüger bricht und verletzt die Regeln, aber das gehört mit zum Spiel. Die Rechtfertigung des Betrugs hängt mit der Wertehierarchie innerhalb des Spiels zusammen. Alfie Kohn berichtet, dass „sich Sportler mit zunehmender Erfahrung in Wettkämpfen immer mehr am Gewinnen um jeden Preis und immer weniger an Werten wie Fairness und Gerechtigkeit orientieren".

Die Aufgabe von Erwachsenen, vor allem in ihrer Rolle als Eltern und Lehrer, besteht darin, Kinder ursprünglichem Spiel zu entführen und ihren Glauben an das gesellschaftliche Spiel zu fördern. Was die Erwachsenen als Spiel beschreiben, erleben die Kinder allmählich auch als Spiel und wenn auch nur, weil man ihnen sagt: „So sind die Dinge wirklich." Dabei muss das Verhalten der Erwachsenen als gut und logisch dastehen. „Wenn wir einem kleinen Kind beibringen, sich zu behaupten, bereiten wir es lediglich auf die Welt vor, in der es leben muss", sagen Eltern und Lehrer, wenn ich sie darauf hinweise, dass in öffentlichen Schulen Spiel durch Wettbewerb ersetzt wird. Wir kennen keinen anderen Weg, uns aufeinander zu beziehen. Ernest Becker schreibt dazu: „Wenn jeder in den gleichen Lebensbereichen die gleichen Lügen lebt, gibt es niemanden, der ihn einen Lügner nennen könnte: gemeinsam legen die Lügenden fest, was als gesund gilt, und bezeichnen sich als normal." Da wir diesen Widerspruch nicht sehen können, geben wir unsere eigene Verwirrung an die nächste Generation weiter, denn wir kennen nur dieses eine „Spiel".

Die unzähligen Wettkämpfe, aus denen das Spiel der Herzogin besteht, sind nichts als vergebliche Versuche, die Spaltung und Zersplitterung des Selbst zu kitten. Individuelle Wettkämpfe sind Pseudo-Ereignisse, in die wir uns mit dem falschen Bewusstsein fügen, das wir uns angeeignet haben, um diese Ereignisse als Spiel zu erleben. Die primäre Frage „Wer bin ich?" wird von der Frage „Wer gewinnt?" verdrängt und beantwortet. Wettkämpfe sind nichts als individuelle Versuche, eine allgemeine tragische Grunderfahrung zu heilen – das wie vom Schwert eines Meistersamurai gespaltene Selbst. Wir wurden entzaubert und unserem Körper entfremdet und können mit all unseren Kämpfen diese Gespaltenheit nicht heilen. Wir leben in der Illusion, dass Medaillen, Trophäen und Positionen uns wieder ganz machen können. Doch wenn wir gegen uns selbst ankämpfen, verlieren wir immer – selbst da, wo wir gewinnen.

Mit den besten Absichten

Alle Dinge hängen miteinander zusammen. Was immer die Erde trifft, trifft auch die Kinder dieser Erde.

Häuptling Sealth

Wir saßen auf einem verschlissenen Sofa mit einer Mutter, die vom Leben ebenso verschlissen schien. „Wenn ich den ganzen Tag lang gearbeitet habe und herumdirigiert worden bin, möchte ich nach Hause kommen und selbst jemanden herumdirigieren", wünschte sie sich laut. Sie seufzte, während sie mit einem Seitenblick ihre beiden Söhne verfolgte. Tom, fünf Jahre alt und autistisch, klettert gerade auf die Spüle. Sie führt uns durch das Haus und zeigt uns, was Tom bei seinen Tobereien alles kaputt gemacht hat. Überall hat sie Vorhängeschlösser angebracht, um ihn und die wenigen familiären Wertgegenstände zu schützen. Sie ist müde. Tom ist ebenfalls müde, glaube ich. Auch er leidet unter dem, was seiner Mutter die Kräfte raubt. Den ganzen Tag lang prasseln Befehle und Verbote auf ihn ein. Der Vater ist sehr viel unterwegs. Ich spiele mit Tom in der Schule. Er lächelt und kommt ab und zu vorbei, um sich von mir berühren zu lassen. Ich wollte der Mutter bestimmte Dinge sagen, doch wie nützlich sie mir auch schienen, jetzt finde ich sie nicht mehr angemessen. Jetzt geht es darum, Toms Mutter zuzuhören. Es scheint ihr ein Anliegen zu sein, sich mitzuteilen und mir zu sagen, wie es ihr zu Hause geht. Die meiste Zeit, tagaus, tagein, muss sie mit ihren beiden Söhnen allein zurechtkommen. Sie gibt sich alle Mühe. Ich frage mich, ob ich das auch so gut könnte wie sie. Und sie braucht eindeutig Hilfe. Das gilt für viele von uns.

Es ist nicht einfach zu diagnostizieren, welche Krankheit hier vorliegt, auch wenn viele sich darum bemühen. Die Vereinten Nationen hatten kürzlich ein Gipfeltreffen zum Thema Kinder. Und das *Time Magazine* fragte erst neulich auf dem Titelblatt: „Liegen uns unsere Kinder wirklich am Herzen?" Der Lehrer des Jahres in New York City, John Catto, erzählte uns, dass „unsere Kinder in unseren Schulen sterben". Senator John D. Rockefeller, IV., Vorsitzender der Nationalen Kommission für Kinder, schreibt: „Uns als Gesellschaft fehlt die notwendige Vision und der erforderliche politische Wille, um uns diesen Problemen direkt zuzuwenden."

Nicht durch fehlende Fakten werden Kinder getötet und auch nicht durch die dürftigen Hilfsquellen, die man für sie zur Verfügung stellt. Der Mangel an Beziehung ist es, der sie umbringt, und das in einer Gesellschaft, in der Erwachsene behaupten, dass sie Kinder lieben. Wir sind mit unseren Kindern einfach nicht verbunden. Überall auf der Welt erleben Kinder einen langsamen, zermürbenden Prozess der Schwächung. Was wir in den Statistiken an Schreckensmeldungen über Kinder lesen, die von Erwachsenen zugrunde gerichtet werden, ist unglaublich. Es ist herzzerreißend, mit Mutter und Sohn zusammenzusitzen und deren Schmerz und Verzweiflung zu spüren. Herzzereißend ist auch, dass Erzieherinnen Tag für Tag dasitzen, miteinander schwätzen und die Kinder, die ihrer Obhut übergeben wurden, ignorieren. Dass Kinder abgewertet und vernachlässigt werden, ist nichts Neues. Zu Beginn des letzten Jahrhunderts forderte die Arbeiterbewegung „eine Kindheit für jedes Kind". Diese Forderung ist noch immer nicht erfüllt.

Dass Kinder überall auf der Welt in Bedrängnis und Not sind, ist schwer zu verstehen. Es scheint unwichtig, dass wir alle einst Kinder waren. Es scheint auch keine Rolle zu spielen, dass Kinder unsere einzige wirkliche Versicherung für die Zukunft sind. Es reicht nicht, Berichte zu schreiben und Konferenzen abzuhalten, und es reicht auch nicht, Gelder zu verteilen. Wir müssen uns gründlich fragen: Wie ist es möglich, dass bei all unserem heutigen Wissen Erwachsene überall auf der Welt lieber für Waffen zahlen, mit denen Kinder getötet werden, als sich dafür einzusetzen, dass Kindern geholfen wird? Die kontinuierliche Vernichtung von so viel Schönheit, Phantasie und kreativer Kraft ist nicht nur phantasielos, sonder zeugt von vorsätzlicher Grausamkeit. Noch bestürzender, subtiler und tiefer ist das Gefühl, dass die Kindheit in gewisser Weise eher an natürlichen Umständen stirbt als aufgrund unseres willkürlichen Handelns.

Unser Wettbewerbsdenken schließt Weisheit und ein ökologisches Bewusstsein aus, denn es verhindert, dass wir mit uns selbst, anderen Lebensformen und der Quelle allen Lebens in Berührung sind. Als Wettbewerber überprüfen wir ständig, ob wir uns verteidigen oder angreifen müssen. Mit dieser Haltung sind wir nicht imstande, mit uns, unseren Mitmenschen und unserem Planeten liebevoll umzugehen. Am allgemeinen Wettkampf teilnehmen heißt unser Leben opfern für ein Leben, das keines ist.

Die drastische, gefährliche Annahme, die unberechenbare Folgen haben kann, lautet, dass Gewinner und Verlierer getrennte Wesen sind und wir Gewinnen und Verlieren gedanklich trennen können. In unserem ständigen Bestreben, uns gegenseitig und die Erde zu erobern, begreifen wir Folgendes nicht: Je mehr „wir" gewinnen, desto mehr verlieren „wir". Wir müssen allmählich einsehen, dass bei unseren „Gewinnspielen" jeder Sieg ein Begräbnis ist.

Wir setzen überlebte Lebensformen fort, die in unserer Vergangenheit wurzeln und die unsere Zukunft nicht zwangsläufig bestimmen müssten. „Wenn wir als Spezies überleben wollen", schreibt Morris Berman, „muss irgendeine Art von ganzheitlichem oder partizipierendem Bewusstsein zutage treten und eine entsprechende soziale und politische Ordnung." Wendell Berry drückt das noch konkreter aus: „Liebt einander oder ihr sterbt, individuell und als Spezies." Wie der Süchtige, der seine „absolute Talsohle" erreichen muss, bevor er genesen kann, haben wir hoffentlich individuell und kollektiv „ausgespielt", so dass wir anfangen können, unsere innere Gespaltenheit zu heilen. Um gesunden zu können, müssen wir der Wahrheit ins Auge sehen, dass Wettbewerb eine Erfindung von Menschen ist, die Angst haben zu lieben.

Spiel birgt eine Form von Sein, der die Welt immer wieder den Rücken zugekehrt hat, so dass ihr der Schlüssel dafür verloren ging. Wir scheinen alle die schreckliche Angst mit uns herumzutragen, dass wir, um all das zu werden, was wir werden sollen, zuerst alles aufgeben müssen, was wir gewesen sind. Aber wir müssen über diese Angst hinausblicken. Meine Spielgefährtinnen und Spielgefährten haben mit mir die Vision eines menschlichen Potenzials gelebt, die, wie Cort (der Sohn seines Studienfreundes, das erste Kind, zu dem er sich auf den Boden begab, siehe Einleitung, Anm.d.Ü.), an mein innerstes Wesen anklopft. Unser Spiel ist erfüllt von dem Geist, der in jedem von uns danach trachtet, ans Licht zu kommen. Immer wieder regt sich das in uns, dem die Geburt verwehrt wurde. Wie die Monster, die sich unter unseren Kindheitsbetten versteckten und darauf warteten, uns die Decke wegzuziehen, macht es sich in der Dunkelheit bemerkbar. Wir können vor der Liebe weglaufen, die im Spiel lebendig wird, und uns vor ihr verstecken und verkleiden. Doch am Ende erweist sich unser vermeintliches Monster als die Liebe der Schöpfung und damit als wir selbst.

Wie können wir uns und unsere Kinder heilen? Wie können wir uns befreien vom sinnlosen Gewinnen und Verlieren?

Teil III

Den Herzschlag
des Universums spüren

Ich kann Ihnen nicht sagen, was Gott ist... Ich kann Ihnen nur sagen, daß meine Arbeit als Naturwissenschaftler empirisch nachgewiesen hat, daß das Muster, das der Mensch Gott nennt, in jedem Menschen existiert und dass dieses Muster die großartigsten transformativen Lebensenergien bereithält.

C.G. Jung

Blake führte den Maler Samuel Palmer einmal an sein Fenster, zeigte hinaus auf eine Gruppe spielender Kinder und sagte: „Das ist das Paradies."

Stephen Mitchell

Die Jungen und Mädchen, die sich in den Straßen tummelten und spielten, waren lebendige Juwelen.

Thomas Traherne

Still, oh Bruder! Lass Lernen und Kultur beiseite:
Solange Dein Name nicht Kultur ist, kenne ich keine Kultur
als Dich.

Divani Shamsi Tabriz

Es wäre traurig und könnte fatal werden, wenn wir zulassen,
dass die Klarheit kindlicher Wahrnehmung weiterhin so ver-
nebelt wird. Denn bevor wir mit der Hausordnung bekannt
gemacht werden, scheint es Augenblicke zu geben, wo wir
durch die Risse der kosmischen Eierschale schauen und die
Wahrheit fast berühren können.

Lyall Watson

Kapitel 6

Spielverderber:
Wie aus Wettbewerb wieder Spiel wird

Der Spielverderber zertrümmert die Spielwelt selbst.

Johan Huizinga

Das Spiel, das „Ich" heißt, ist aus. Ich spiele nicht länger gegen euch, Mitwesen.

Frederick Franck

Stacy und ich rollten uns auf dem Rasen herum. Sie drehte mich auf den Rücken und setzte sich auf meinen Brustkorb, ihre Beine baumelten neben meinem Hals. Mit hochkonzentriertem Blick beugte sie sich vor, nahm mein Gesicht in beide Hände, zog es hoch und küsste mich. Dann legte sie meinen Kopf behutsam zurück ins Gras. Stacy und ich erlebten gerade gemeinsam eine Epiphanie, einen Augenblick, in dem sich uns plötzlich Wesen und Sinn des Lebens offenbarten. Ich hielt inne, und das nicht nur, um mich meine Tränen spüren zu lassen. Mein Leben ist so stark durch mein Erwachsensein geprägt, dass ich bei diesen seltenen Gelegenheiten, wo ich empfangen und mich hingeben durfte, durchdrungen bin von der Präsenz des anderen, in der sich meine durchkategorisierte Welt vorübergehend auflöst.

143

Nirgendwo sonst ist so viel Leben auf so kleinem Raum versammelt. Freundlichkeit, so zeigte mir Stacy, ist keine Sentimentalität. Sie ist ein grundlegendes Gesetz des menschlichen Geistes, ein eindeutiges Manifest des Lebens. Wer Freundlichkeit verwirklicht und erlebt, ist vom Leben selbst erfüllt, so dass er weder für Ausflüchte noch für Aggressionen Entschuldigungen hat.

Manche Menschen wachsen heran, ohne jemals ihr spielerisches Bewusstsein zu verlieren, und machen niemals die Erfahrung, was es wirklich heißt, ein verwirrter Erwachsener zu sein, der im allgemeinen Wettbewerb aufgeht. Es gibt auch einige wenige echte Spielgefährtinnen und Spielgefährten, bei denen die gesellschaftliche Konditionierung nicht greift. Und außerdem gibt es Menschen, welche die Gesellschaft erst gar nicht zu konditionieren beschließt. Darunter Kinder, die aufgrund körperlicher oder geistiger Andersartigkeit von der normalen gesellschaftlichen Konditionierung ausgeschlossen werden.

Schon unsere Vorstellung von Spiel ist verzerrt, da sie auf der Illusion des Wettbewerbs beruht. Wie bösartige Tumore haben wir unserem Tun und Denken eine Sieger-Verlierer-Polarität eingepflanzt, bei der jede Seite von der anderen schmarotzt. Auf groteske Weise in die Irre geleitet, gehen wir davon aus, dass Wettbewerb die Grundlage des Lebens ist, sowohl für seine moralische Ordnung und seinen Zusammenhalt als auch für seine Vitalität und kreative Kraft. Um neue Formen von Beziehungen zu finden, müssen wir aufhören zu handeln und zu denken, als ob 1. die Welt ein Ort der Gegnerschaften wäre; 2. wir Gewalt mit Aggression verhindern können; 3. Wettbewerb einen Ausweg aus Wettbewerb bietet; 4. Gewinner und Verlierer getrennte Wesen sind und 5. Konflikt die Grundlage von Kreativität ist.

Unser Suchen nach Beziehungen, das in dem trockenen, fruchtlosen Boden von Wettbewerb wurzelt, ist eine Art gesellschaftlicher Schizophrenie, bei der wir uns von anderen und von unserem eigenen tieferen Wesenskern effektiv abspalten. Wir müssen trotz dieser kollektiven Pathologie den Mut aufbringen uns zu fragen, ob diese Spaltung überhaupt sinnvoll ist.

Wir empfinden Spiel als kindisch, zügellos, egoistisch, frivol und bezeichnen es sogar als böswilligen „Kinderkram". Wir weisen Kinder an, nicht mit ihrem Essen und nicht auf dem Rasen zu spielen. Teenager sollten am besten gar nicht mehr spielen. In den Hinterhöfen von

Amerika versetzen Kinder sich gezielte Tritte und zielen mit ihren Plastikgewehren aufeinander. Die Erwachsenen lächeln dazu und zucken mit den Schulter: „Sie spielen doch bloß. Das haben wir schließlich auch getan, und mit uns ist nichts verkehrt." Im Libanon werden Kinder fotografiert, die mit einer zurückgelassenen AK-47 spielen. Die *Los Angeles Times* berichtet, dass Jungen in Belfast, Nordirland, mit einer Bombe, die vermutlich von der IRA stammt und die sie für einen Puppenkopf halten, Fußball spielen.

Nach einem Fußballsieg in einer kleinen Stadt in Texas schlagen Teenager Fensterscheiben ein und es heißt: „Sie wollen einfach nur ein bisschen Spaß haben." Junge Männer feuern in Montana auf der Autobahn im Fahren mit ihren Magnums und Winchesters auf ein Haltesignal, bis es aussieht wie ein Stück roter Schweizer Käse.

Es ist 23.30 Uhr. Ein Auto ohne Licht braust in einer ruhigen Straße im Osten von Los Angeles um die Ecke. Schüsse aus Maschinenpistolen löchern ein Haus. Ein zweijähriges Mädchen ist tot. Unser „Spiel" ist völlig ziellos, unverantwortlich, unzulässig und illegal. Aber „wir haben unseren Spaß". Uns ist es „ernst" mit dem Spiel, mit dem wir unseren Spaß haben wollen. Wir ertrinken in den Botschaften der Wettbewerbsgesellschaft, die Menschen spaltet, während sie Teams, Gruppen und Ländern die Illusion von Verbundenheit suggeriert.

Befangen in der willkürlichen Alternative von Gewinnen und Verlieren, sind wir unfähig, die Freundlichkeit wahrzunehmen oder zu entwickeln, die notwendig wäre, um unser Leben neu zu leben. Und dabei vergeuden wir sowohl unser eigenes Leben als auch das unserer Kinder.

Im Allgemeinen ist ein Spielverderber für uns jemand, der das Spiel stört. Aber der Spielverderber als authentischer Spielgefährte spielt außerhalb der Grenzen gesellschaftlicher Spiele. Er ist wie das Kind im Märchen, das den Mut hat, dem Kaiser zu sagen, dass er nackt ist. Ein Spielgefährte versucht nicht, gesellschaftliche Spiele kaputt zu machen. Denn für ihn zählen weder deren Regeln noch die Spiele selbst, sondern lediglich die Spielgefährten. Wer so spielt, muss das Spiel der Herzogin zwangsläufig verderben.

Wer die Wahrheit sagt, zerstört die Illusionen, auf denen Wettbewerb beruht, und gefährdet die Existenz des Spiels der Herzogin.

Deswegen muss der Spielverderber denunziert und verbannt werden. Huizinga schreibt, aus der Sicht des Wettbewerbers ist „er (der Spielverderber) ein Feigling und muß vernichtet werden".

Doch all dem liegt die Wahrheit von Spiel zugrunde, die nicht verstanden wird. Der Punkt ist, sich nicht am Wettbewerb zu beteiligen oder diesen durch andere Formen des Kampfes zu ersetzen. Der Spielgefährte bringt keine Idole zu Fall, sondern erkennt, dass uns das Leben in den Strukturen dieser falschen Spiele verloren geht. Sein Ziel besteht nicht darin, diese Spiele zu zerstören; das wäre Zeit- und Energieverschwendung. Er möchte vielmehr Liebe schenken – genau das, was die Gesellschaftsspieler ständig suchen und was die Angst auflöst, auf der das falsche Spiel der Herzogin beruht.

Wenn wir unsere Zeit damit verbringen, die gesellschaftlichen Spiele anzugreifen, sind wir von diesen ebenso abhängig wie die daran Beteiligten. Wir verstricken uns in einen weiteren Wettbewerb. Wenn wir andere lächerlich machen und angreifen, kann das leicht zum Selbstzweck werden und als Rechtfertigung für genau das Verhalten missbraucht werden, das wir abstellen wollen. Oft können wir zwischen Unabhängigkeit und oberflächlicher Verachtung oder blinder Ignoranz nicht klar unterscheiden. Spielgefährten erkennen das falsche Spiel als das, was es ist. Sie wenden sich einfach davon ab und sehen keine Notwendigkeit, es anzugreifen.

I-Tuan, ein Schüler des Zen-Meisters Nan-ch'uan, drückte das mit den simplen Worten aus: „Reden ist Blasphemie, Stille ist eine Lüge. Jenseits von Reden und Stille liegt ein Ausweg." Über dieses Thema zu schreiben ist leichter, als die formulierten Erkenntnisse praktisch umzusetzen. Ich habe lange gebraucht, um zu erkennen, dass es wichtiger ist, ein Vorbild für Spiel zu sein, als Wettbewerb anzugreifen. Wenn wir ständig Attacken gegen die Wettbewerbsgesellschaft reiten, haben wir das grundlegende Prinzip von Spiel nicht verstanden.

Durch Spielgefährten macht das Leben selbst die falschen gesellschaftlichen Spiele überflüssig. Gesellschaftliches Spiel beruht auf etablierten Regeln und Unterscheidungen, die scheinbar einen Unterschied machen. Menschliche Unterschiede werden aufgebläht und mit Preisen ausgezeichnet. Durch Liebe bringt der Spielgefährte diese Beziehungen wieder ins Gleichgewicht. All die Unterschiede, die beim gesellschaftlichen Spiel einen so wichtigen Stellenwert haben, sind bedeutungslos.

Stellen Sie sich ein Hockey- oder Basketballspiel vor, bei dem es keine Punkte zu erzielen gäbe und alle Spieler die gleichen Uniformen ohne Namen oder Zahlen trügen. Dann lösten sich Kategorien wie „wir" und „die anderen" auf. Die Spieler würden zu Spielgefährten, und mit dem Wettkampf wäre es aus.

R.G. H. Siu beschreibt, wie chinesischer Baseball „gespielt" wird:

> Chinesischer Baseball wird fast genauso gespielt wie amerikanischer Baseball – das Spielfeld, die Spieler, Schläger, Bälle, Punktsystem und so weiter, alles ist gleich. Der Schlagmann steht wie üblich in der Schlagbox. Der Werfer steht wie üblich auf dem Hügel. Er holt wie üblich aus und lässt den Ball durch die Bahn schwirren. Es gibt nur einen Unterschied und der besteht darin: Nachdem der Ball die Hand des Werfers verlassen hat und solange er sich in der Luft befindet, kann *jeder jede* der Male (amerikan.: Bases) *überallhin* bewegen.

Der Spielgefährte geht mit Beziehungen um wie der chinesische Baseball mit amerikanischem Baseball. Das heißt, wir befreien uns von unserer Basis.

Der Spielverderber gilt wahrscheinlich als dumm oder verrückt. Wenn er sich spielend auf die Welt einlässt, kann er erschrecken über die heftigen Reaktionen, die diese neue Umgangsweise bei anderen Gesellschaftsmitgliedern auslöst, die so vertieft sind in ihre eigenen falschen Spiele. Simone Weil weist darauf hin, dass dieser Gegensatz zwischen loyalem Wettkämpfer und Spielgefährten in dem griechischen Stück *Antigone* in der Begegnung zwischen Kreon und Antigone thematisiert wird. Kreon versucht Antigone klar zu machen, dass sie einen ihrer Brüder tief verletzt hat. Sie hatte beiden Brüdern die gleiche Ehre erwiesen, sowohl dem, der sein eigenes Land vernichten wollte, als auch dem Bruder, der bei der Verteidigung seines Landes starb.

Antigone erwidert darauf: „Dennoch hat solch Gesetz die Totenwelt gern." Kreons vernünftiger Einwand lautet: „Doch Guten gleich sind Schlimme nicht zu nehmen." Woraufhin ihr nur die absurde Antwort einfällt: „Wer weiß, da kann doch drunt' ein andrer Brauch sein."

Kreons Kommentar ist verständlich: „Nie ist der Feind, auch wenn er tot ist, Freund." Antigone entgegnet: „Aber gewiß, zum Hasse nicht, zur Liebe bin ich."

1944 teilte J. Glenn Gray, damals Unterleutnant beim Spionageab-
wehrdienst der USA in Europa, einem Freund brieflich eine verblüffend ähnliche Erkenntnis über das Leben und die Liebe mit: „Oh, du
müsstest viele Dinge sehen und erleben, Fred, um zu begreifen, warum
ich eine so simple Wahrheit lernte, nämlich die, dass ich zum Tod nur
eine Alternative habe, und die besteht darin zu lieben, Anteil zu nehmen an Menschen, die ich als Mann natürlich besiegen will."

Antigone, J. Glenn Gray und Dennis, der nicht wusste, wie man um
die Wette rennt, spielen außerhalb des gesellschaftlich markierten Spielfelds. Spieler wie Kreon und die Erzieherin, die sich in dessen Grenzen
bewegen, können solche Menschen nicht verstehen. Antigone, Glenn
Gray und Dennis machen deutlich, dass es keine intellektuelle Übung
bleiben muss, menschliche Fraktionierungen durch die Verbundenheit mit allem Leben zu ersetzen. Das ist vielmehr ein sehr sachliches,
praktisches Thema mit enormen Konsequenzen. Denn wenn wir uns
so verhalten wie diese „Spielverderber", heißt das konkret, dass wir
unser Bündnis mit genau den Gruppen, von denen wir glauben, dass
sie unseren Status in der Welt definieren, aufkündigen nicht nur müssen, sondern auch können. Unserer Illusionen beraubt zu werden, ist
oft schmerzlich und auch gefährlich, weil wir glauben, dass das unsere
Sicherheit bedroht. Kein Wunder, dass wir uns fast immer wehren,
wenn man uns unsere Maske als Wettbewerber nehmen will. Wir reagieren darauf oft, indem wir unsere Abwehr verstärken und uns innerlich noch mehr verhärten. Sobald man uns eine Maske abgerungen hat,
haben wir Ersatz dafür parat.

Die Forderung, gesellschaftliche Bündnisse aufzugeben, verlangt
sehr viel von einem menschlichen Wesen, das befürchtet, dadurch in
einer feindlichen Welt allein und orientierungslos zurückzubleiben.
Solch ein Sprung verlangt Vertrauen, ohne vorher den Beweis dafür
zu haben, dass es tatsächlich ein Auffangnetz gibt. Wenn wir loslassen,
entdecken wir einen viel prächtigeren Spielplatz, auf dem wir viel mehr
Unterstützung finden. Hier landen wir, wie Larry Dossey es formuliert,
„direkt in Gottes Schoß..." Nur dann können wir erleben, dass „Gott
mit uns spielt". Das ist es, was Spiel heilig macht.

Spielen bewirkt genau das, was wir zu vermeiden suchten, indem
wir in einem schmerzlichen Prozess im Laufe vieler Jahre einen
Charakter entwickelt haben: Es macht routiniertes, konkurrierendes

Verhalten unmöglich. Es macht ein unfreundliches Leben in der Welt unmöglich. Das Selbst, mit dem Spielgefährten sich identifizieren, schließt das ganze Universum ein. Das gibt ihnen ein Gefühl von Sinn, das jenseits aller Fragen und Formulierungen angesiedelt ist. Solche Menschen überwinden die Angst. Freundlichkeit ist ihr Antrieb, und mit der Zeit werden sie so verletzlich, dass sie gar nichts anders können, als sich von der Welt berühren zu lassen. Diese innere Stärke des spielenden Selbst ist genau das, was wir immer schon suchten, ohne es in der Wettbewerbsgesellschaft jemals zu finden. In der *Bhagavad Gita* heißt es: „Ihn verwunden nicht Schwerter, ihn brennt nicht das Feuer, ihn netzen nicht die Wasser, ihn trocknet nicht der Wind. Unverwundbar ist er und unverbrennbar, nicht benetzbar und nicht zu trocknen, ewig ist er und allgegenwärtig, beständig, unbeweglich und immerwährend." Freundlichkeit als ein Aspekt von Spiel ist kein moralisches Gebot. Es geht hier nicht um Sollvorstellungen und Anstrengung, Schuldgefühle und Selbstgerechtigkeit. Jesus formulierte das kurz und bündig: „Wer sein Leben um meinetwillen hingibt, der wird es finden."

Nichts Besonderes sein:
Ein bunter Haufen von Spielgefährten

Beherrscht von unzähligen Ängsten, befürchten wir wie Alice, wir könnten verschwinden. Aber unsere Angst, zu schrumpfen, bis nichts mehr von uns übrig bleibt, kann besänftigt werden durch Worte, wie Julian von Norwich sie äußerte, als sie in ihrer Hand etwas Winziges fand: „Ich betrachtete es mit dem Blick, der verstand, und dachte: Was kann das sein? Erstaunt nahm ich wahr, dass es anhielt, denn ich dachte, es würde sich aufgrund seiner Winzigkeit plötzlich in Nichts auflösen. Und dem in mir, das verstand, wurde eine Antwort zuteil: Es dauert und wird immer sein, weil Gott es liebt; und so ist alles durch die Liebe Gottes."

Russel Schweickart, der erste Astronaut, der frei im Raum schwebte, empfand das gleiche Staunen, als er die Erde als „kleinen Punkt" sah.

Wie bei Julian enthielt das kleine Ding „alles, was von Bedeutung für mich war – 'die ganze Geschichte, Musik, Kunst, Tod, Geburt und Liebe, Tränen, Freude...' Und in dieser Stille gab es keine Strukturen... keine Grenzen." Genau das bedeuten auch die berühmten Zeilen aus William Blakes *Weissagungen der Unschuld*:

Die Welt sehn in einem Körnchen Sand,
den Himmel in einem Blütenrund,
die Unendlichkeit halten in der Hand,
die Ewigkeit in einer Stund.

Die wichtige Botschaft dieser Visionen lautet, dass wir in unserem offensichtlichen Kleinsein bedeutend sind, nicht unbedeutend. Wenn wir dieses Kleinsein begreifen, kann sich uns das Verständnis für eine umfassendere Liebe erschließen, einer Liebe, die das ganze Leben umarmt. In dieser Liebe spüren wir die Sicherheit dessen, der weiß, wer er in der Verbundenheit mit allem Leben ist. Wenn wir uns geliebt fühlen und anderen Freundlichkeit schenken, verhalten wir uns nicht länger wie isolierte Wesen in einer gefährlichen Welt. Stephen Mitchell schreibt: „Schließlich empfinden wir genug Vertrauen, um zu verschwinden." Das ist die wahre Bedeutung von „sacrifice" (opfern): *sacer facere*, heilig machen – „sich mit einer einzigen Bewegung aus einer profanen Welt voller Gier und Angst in die heitere, stille Dimension des Heiligen erheben und das eigene Leben in einem einzigen Augenblick umfassend wandeln", wie es bei Piero Ferrucci heißt. Und das immer wieder neu mitten in unserem gewöhnlichen Alltagsleben. Dann sind wir Spielgefährtinnen und Spielgefährten. Das ist das Mysterium grenzenloser Zugehörigkeit. Die Quelle bleibt uns verborgen, aber ihr Sprudeln ist Wirklichkeit, eine Lebendigkeit in uns und um uns herum, die nichts und niemand zerstören kann.

In Wirklichkeit sind wir auf der Suche nach einer neuen Form von Beziehungen, in denen der Wille zum Spiel den Willen zur Macht ersetzt. Nur wenn wir Freundlichkeit üben, die Kraft, die über Aggression hinausgeht und die im authentischen Geist des Lebens wurzelt, versorgen wir unser verbrauchtes Selbst und unsere verschlissene Gesellschaft mit der notwendigen transformativen Energie, die eine wirkliche Versöhnung einleitet.

Vielleicht ist das der Grund dafür, dass Meister Eckhart diese Freundlichkeit in einem Mädchen sah, das zum Predigerkloster kam und nach dem Meister fragte. Der Pförtner fragte daraufhin:

„Wen soll ich ihm melden?"

Sie sprach: „Ich weiß es nicht."

Er sagte: „Warum wißt Ihr das nicht?"

Sie sprach: „Weil ich weder ein Mädchen bin, noch ein Weib, noch ein Mann, noch eine Witwe, noch eine Jungfrau, noch ein Herr, noch eine Magd, noch ein Knecht."

Der Pförtner ging zu Meister Eckhart (und sprach): „Kommt heraus zu der wunderlichsten Kreatur, von der ich je hörte, und laßt mich mit Euch gehen und steckt Euren Kopf hinaus und sprecht: 'Wer verlangt nach mir?'"

Er tat so. Sie sprach zu ihm wie sie zum Pförtner gesprochen hatte. Er sprach: „Liebes Kind, deine Worte sind wahr und schlagfertig: erkläre mir genauer, wie du es meinst."

Sie sprach: „Wäre ich ein Mädchen, so stände ich (noch) in meiner ersten Unschuld; wäre ich ein Weib, so würde ich das ewige Wort ohne Unterlaß in meiner Seele gebären; wäre ich ein Mann, so böte ich allen Sünden kräftig Widerstand; wäre ich eine Frau, so hielte ich meinem lieben, einzigen Gemahl die Treue; wäre ich eine Witwe, so hätte ich ein ständiges Sehnen nach meinem einzigen Geliebten; wäre ich eine Jungfrau, so stände ich in ehrfürchtigem Dienst; wäre ich eine Magd, so hielte ich mich Gott und allen Kreaturen demütig unterworfen; und wäre ich ein Knecht, so stände ich in schwerem Wirken und diente meinem Herren mit meinem ganzen Willen ohne Widerrede. Von alledem miteinander bin ich keines und bin ein Ding wie ein ander Ding und laufe so dahin."

Der Meister ging hin und sagte zu seinen Brüdern: „Ich habe den allerlautersten Menschen vernommen, den ich je gefunden habe, wie mir dünkt.

Manche entkommen der gesellschaftlichen Maskerade, wenn auch meistens nur für Augenblicke. Dann schmilzt die harte Schale der Maske des Erwachsenen durch einen Bewusstseinswandel. Dabei fällt mir Pablo Picassos wunderbare Bemerkung ein: „Macht mir keine Vorwürfe wegen der phantastischen Preise und all dem Besitz. Ich spiele einfach nur herum." Und Zen-Meister Sengai sagt: „Dieses mein Spiel mit Pinsel und Tusche ist weder Kalligrafie noch Zeichnen. Doch für Menschen mit einem gewöhnlichen Geist scheint es nichts als Kalligrafie und Zeichnen zu sein." Es ist sehr schwer, einen Weg einzuschlagen, der über die eigene Gesellschaft hinausführt, selbst wenn uns die Kultur dieser Gesellschaft mit diesem Weg bekannt macht.

Pu-tai und der Heilige Franz von Assisi zum Beispiel wandelten sich in der gewöhnlichen Welt zu Spielgefährten. Natürlich hatten sie ihrer Vorläufer wie Jesus und Buddha. Pu-tai und der Heilige Franz von Assisi stehen uns jedoch näher.

Pu-tai

Es könnte sein, dass Sie, ohne es zu wissen, zu Hause irgendwo in einem Regal die Statue eines berühmten asiatischen heiligen Narren stehen haben, der Sie anlächelt. Diese Gestalt mit dem Schmerbauch finden wir auch auf chinesischen Gemälden und als Statue in China-Restaurants und Andenkenläden überall auf der Welt. Das ist Pu-tai, oder, japanisch, Hotai. Der historische Pu-tai war ein chinesischer Wanderpriester namens Keishi oder Cho Tai-shi, der im Jahre 916 starb. Laut Überlieferung weigerte sich Pu-tai, dessen Name „Leinensack" bedeutet, sich zum Zen-Meister ernennen zu lassen, und zog stattdessen mit seinem Sack über der Schulter durch die Lande, um Kindern Geschenke zu bringen. Er galt als eine Erscheinung des Zukünftigen Buddha des kommenden Zeitalters, Maitreya, der inkognito auf Wanderschaft war. Sein religiöses Leben bestand darin, mit Dorfkindern zu spielen und ihnen Geschenke zu machen, als „habe das Leben jetzt einen vollkommenen Kreis beschrieben, als sei das Ende in gewisser Weise eine Rückkehr zum Anfang und als wüssten sogar Kinder und Narren, was Priester und Mönche nicht wissen", schreibt Conrad Hyers.

Pu-tais ausgelassene Narretei verkörpert „den ganzen Kreis der Existenz und die vollkommen erfüllte Vision des Lebens". Ähnlich wie Jesus, der am Weg Halt machte, um mit Kindern zu spielen, ist er der

Meister, der auf die Straße zurückkehrt. Er ist der gewöhnliche heilige Spielgefährte, dessen Liebe alles einschließt, wie es in einem buddhistischen Gesang zum Ausdruck kommt: „Mit seinem Sack aus Stoff ist er so groß und leer wie das ganze Universum." Der Idee vom Spielgefährten entsprechend, ist Pu-tai kein frivoler Mensch, der loszieht, um seinen Spaß zu haben. Er opponiert nicht gegen Disziplin und Ordnung. Sein Spiel entsteht aus der Harmonie von Spontaneität und Disziplin.

Der Heilige Franz von Assisi

Zu Beginn des 13. Jahrhunderts zog ein weiterer Mann in einer braunen Kutte aus grobem Stoff durch europäische Lande. Franz von Assisi konnte dem Ruf auf die Straße nicht widerstehen. Wir erinnern ihn aufgrund seines sanften Wesens und seiner Freundlichkeit, besonders gegenüber Tieren.

Es war schwer für Franziskus, seine Vision zu leben. „Ihm wurde nie erlaubt, die Dinge so zu tun, wie er sie tun wollte", schreibt Julien Green. Seine Vision war ständig bedroht durch die Mächtigen seines Landes sowohl innerhalb als auch außerhalb der Kirche.

Wichtiger noch als seine umfassende Freundlichkeit war vielleicht, dass Franz menschlich blieb und offensichtlich seine blinden Flecke hatte. Er breitete seine Arme aus, um viele in sein Herz zu schließen. Der schreckliche Wolf von Gubbio wurde bekehrt und lebte für den Rest seines Lebens in glücklichem Einklang mit dem Dorf. Und die Moslems. Nachdem er 1219 zusammen mit Malik al-Kamil den Palast des Sultans besucht hatte und von den Rittern des Fünften Kreuzzugs umzingelt worden war, musste Franziskus seine Vorstellung vom Islam korrigieren. Er sah, dass der wirkliche Glaube an Gott außerhalb des Christentums gelebt wurde. Und respektierte das. Er konnte Leprakranke in die Arme schließen. Da, wo er an seine Grenzen zu stoßen schien, wurden sie außer Kraft gesetzt.

Eines Tages wies Franz einen besonders widerwärtigen Leprakranken ab, wurde jedoch von John dem Einfachen in dessen Haus aufgenommen. Beschämt wies Franz dem Leprakranken einen Ehrenplatz am Tisch zu, gab ihm zu essen und zu trinken und trank selbst aus dem

Becher des Mannes, den dieser mit seinen aussätzigen Lippen berührt hatte. Doch offensichtlich war er nicht imstande, Frauen in sein Herz zu schließen, mit Ausnahme von Klara und Jacqueline.

Seine Erziehung, die immer lauter werdende Stimme der Intellektuellen, die politischen Kämpfe in Europa und die Kirche bereiteten Franz bei der Verkündung und Verwirklichung seiner Vision enorme Schwierigkeiten, mit denen er sich auseinandersetzen musste. Sein Beispiel sowie das der anderen in diesem Buch vorgestellten Spielgefährtinnen und Spielgefährten soll deutlich machen, dass es auch für Sie und mich möglich ist, in der uns bekannten Welt den Weg des Spielgefährten einzuschlagen, wie schwierig das auch sein mag. Das Wissen, dass es andere gibt und gab, die diese Vision nicht nur verbreitet, sondern in die Tat umgesetzt haben, ist dabei eine Hilfe.

Für gerade flügge gewordene Vögel mag die Vorstellung, am Himmel zu fliegen, unglaublich scheinen. Einleuchtend mag die Vernunft ihnen sagen, dass ihre Möglichkeiten auf die Grenzen ihres Nestes beschränkt sind. Doch mit der Zeit finden sie heraus, dass ihre Nahrung nicht im Nest wächst. Sie kommt über das grenzenlose Blau des Himmels zu ihnen. Und eine stille Stimme sagt ihnen, sie seien mehr als das, was sie zu sein scheinen, und sollen nicht lachen über die Botschaft von Flügeln, die sich emporschwingen, und den Glücksgesang der Freiheit.

Rabindranath Tagore

Es ist, als seien wir illegale Erwachsene, die sich ungeliebt und wertlos fühlen. Das ist die uns vererbte Hinterlassenschaft, die wir an unsere Kinder weitergeben. Wie moderne Landwirte, die nicht mehr auf dem eigenen Land leben, kein Auge für das Wetter haben und es beim Wetterbericht abfragen müssen, sind auch Erwachsene unfähig, das Spiel der Kinder direkt vor ihrer Nase zu verstehen. Stattdessen lesen sie Bücher darüber, wie man spielt. Das reicht nicht. Und auch Beobachten und Erinnern reicht nicht. Kinder und unser eigenes inneres Kind brauchen, um zu spielen, mehr von uns – dass wir uns mit ganzem Herzen am Freudenfest des Spiels beteiligen.

In gewisser Weise gleicht ein Spielgefährte einem Archäologen, der unter den vielen Schichten der sich über viele Jahre hinweg angehäuften

Trümmer des Erwachsenendaseins die Kindlichkeit freilegt. Indem er das Verborgene ans Licht holt, vertreibt der Spielgefährte die Angst. So sorgt er dafür, dass alle Spaltungen unnötig oder bedeutungslos werden, und erfüllt die große Sehnsucht nach dem anderen, der kommt und, wie Stephen Mitchell, sagt: „Ja, du gehörst zur menschlichen Gemeinschaft. Du bist, wie jedes menschliche Wesen, unendlich kostbar. Du bist mein geliebtes Kind." Diese Idee ist uralt und verweist, wie es bei Chang heißt, auf „die ursprüngliche, unmittelbare Quelle der Liebe, die geheime Wurzel aller Liebe und allen Mitgefühls".

Kapitel 7

Rauskommen und mit der Welt spielen

Jemand sagte zu Jesus: „Wer hat dich gelehrt?" Er sagte: „Niemand hat mich gelehrt. Ich sah, dass die Unwissenheit des Unwissenden ein Mangel ist, und so vermied ich diesen."

James Robson

Er handelt immer in Übereinstimmung mit seiner inneren Natur. Seine Arbeit ist Spiel.

Hui-neng

Kürzlich reiste ich aus den Vereinigten Staaten nach Kanada ein. Ein kanadischer Zollbeamte forderte mich auf, meine Tätigkeit nachzuweisen, und ich entgegnete ihm: „Ich bin Spielspezialist." „Was machen Sie?" fragte er. „Ich spiele mit Kindern und bringe Erwachsenen bei, mit Kindern zu spielen." Er sah mich verblüfft an und begann in einem großen schwarzen Notizbuch zu blättern. Da er die Berufsbezeichnung „Spielspezialist" dort nicht fand, fragte er mich, ob ich Psychologe, Krankengymnast oder Verhaltenstherapeut sei. Als ich verneinte, holte er seinen Vorgesetzten. Wir gingen die ganze Geschichte noch einmal zu dritt durch. Doch auch der Vorgesetzte konnte in dem schwarzen Notizbuch keine Berufsbezeichnung für mich finden. Er winkte mich durch die Sperre und empfahl mir, nächstes Mal ein Bestätigungsschreiben der U.S.-Regierung für meinen Beruf mitzubringen. Ich grinste insgeheim. Ich vermute mal, dass auch die U.S.-Behörden keine Berufsbezeichnung für mich parat haben.

Berufungstest

Spielerisch zu sein, wenn man kein Kind mehr ist, erfordert Intelligenz!

Elizabeth Gawain

Die meisten Menschen geben sich mit Jobs und Berufen zufrieden, in denen sie sich verstecken können und Bestätigung, aber keinen Sinn finden. Vielleicht denken sie über den Sinn des Lebens nach, aber das spiegelt sich in ihrem Alltag nicht wider. Obwohl ich mich damals gar nicht mit solchen Fragen beschäftigte, verlief meine Karriere als Universitätsdozent ähnlich. Rückblickend kann ich sehen, dass ziemlich viele Jahre vergehen mussten, bevor ich erkannte, dass das Spiel, in das ich initiiert wurde, ziemlich anders aussah als meine Karriere als Universitätsdozent. Spiel ist Berufung, kein Beruf. Ich bin mir keinesfalls sicher, wie man berufen wird. Mit Anstrengung kommt man hier nicht viel weiter, am besten sind Sie einfach offen dafür, dass es so etwas wie Berufung gibt. Nur im Rückblick und als mich Kinder meinem Erwachsenendasein allmählich entführten, erkannte ich, dass mich meine Berufung erreicht hatte.

Eines Tages las ich eine Definition von Berufung, in der es hieß, sie sei „das, wozu die Götter dich aufrufen". Plötzlich erkannte ich, dass ich weder einen Job noch eine Karriere hatte; ich hatte eine Berufung. Da ich nicht wusste, wie sich Berufung und Karriere unterscheiden, beschloss ich, einen weiteren Universitätsabschluss zu machen. Also zog ich Erkundigungen ein, welche Universität für meine Zwecke am besten geeignet wäre. Schon bald stellte ich fest, dass keine der existierenden Hochschulen so auf Spiel spezialisiert war, wie es sich mir zu erschließen begann. Also blieben mir nur die beiden Universitäten, an denen ich die beste Ausbildung zu bekommen glaubte.

Ich besuchte eine davon, eine große Universität im Mittelwesten. Einen Tag lang schlenderte ich über das Universitätsgelände, studierte das Vorlesungsverzeichnis und sprach mit Mitgliedern des Fachbereichs. Gegen Ende des Tages traf ich mich mit der Dekanin der Hochschule. Nachdem sie sich meine Erfahrungen, Pläne und Bedürfnisse angehört hatte, sagte sie zu mir: „Sie brauchen uns nicht. Natürlich können Sie sehr gern zu uns kommen. Aber Sie wissen bereits, was Sie wissen wollen. Wir können Ihnen gar nicht weiterhelfen. Mit den Seminaren, die wir Ihnen empfehlen werden, erfüllen Sie unsere Anforderungen, ohne dass Sie selbst brauchen, was dort vermittelt wird."

Als ich an jenem Abend nach Hause fuhr, war ich enttäuscht, getröstet und verängstigt zugleich. Ich hatte geglaubt, man könne mir dort weiterhelfen. Ich hatte noch nicht begriffen, dass eine Berufung keiner Stellenanforderung entspricht. Ich bin unabhängig von all diesen Kästchen und Vorschriften, und diese Unabhängigkeit macht mich frei, tiefere Vorschriften zu befolgen und mich tieferen Aufgaben hinzugeben, die in der Gesellschaft keinen Ausdruck finden.

Suchen

Solch eine Suche ist etwas ganz Persönliches. Sie ist keine kollektive Erfahrung. Es gibt dafür keine offizielle Ausbildung und auch keine Stellenausschreibung. Als Suche spricht eine Berufung uns als Einzelwesen an, denn nur als solche haben wir – wie wir früher oder später erfahren müssen – die innere Kraft, die höchsten Möglichkeiten, die der menschlichen Natur offen stehen, zu entdecken. Das heißt, jede und jeder von uns ist aufgerufen, die Verantwortung, die wir an Führer, Lehrer und Systeme abgegeben haben, wieder selbst zu übernehmen.

Martin Buber sagte: „Das ist die Tätigkeit des ganz gewordenen Menschen..., wo der ganze, in seine Ganzheit geschloßne, in seiner Ganzheit ruhende Mensch wirkt." Es ist aufregend und beängstigend zugleich herauszufinden, dass meine Zukunft auf meiner Suche nach mir selbst beruht.

Diese Suche ist die intensivste und weitreichendste Form von Ausbildung. Sie geht bis in eine Tiefe, wo das Selbst sich auflöst, und reicht bis dorthin, wo es mit der Welt verschmilzt. In diesen Oktaven von Sinn erfüllen sich die eigentlichen Anliegen des Universums und nicht die künstlichen, engstirnigen Interessen des Selbst und der Gesellschaft. Wir haben ein großes Bedürfnis, uns dieser Zugehörigkeit zu und Verbundenheit mit der größeren Welt bewusst zu werden und zu spüren, wie wir an dieser mitwirken. Und dieses Mitwirken kann mit innerer Anmut mitten in unserem alltäglichen Leben geschehen. Dazu brauchen wir intellektuelle Demut, Furchtlosigkeit und ein unmittelbares Herzenswissen. Das ist es, was das Leben von uns erwartet, nicht mehr und nicht weniger.

Wir könnten diese Suche charakterisieren als ein Leben, das voll gelebt wird, wahrhaftig gegenüber der Liebe, die der unerschöpfliche Quell ist, aus dem wir unsere Lebendigkeit beziehen. Ihre Früchte sind eine leidenschaftliche Liebe zum Leben und Mitgefühl für alles Lebendige. Diese Suche baut uns wieder auf und bezieht dabei ihre Kräfte aus einem epischen Erinnerungsvermögen, einem Gefühl der Verwandtschaft von Geist und Herz, die im Einklang sind mit Hand und Seele. Diese außergewöhnlichen Kräfte birgt die Suche deshalb, weil sie eine Verbindung herstellt zwischen den flüchtigsten Augenblicken unmittelbaren Erlebens, den höchsten Abstraktionen der Wissenschaft und dem großen Reichtum menschlicher Erfahrung, wie er in poetischen und spirituellen Einsichten zum Ausdruck kommt.

Das Paradox von Pu dem Bären

Wäre Spiel kein Paradox, wäre es auch nicht „spielerisch".

William F. Fry

Pu der Bär wusste, dass wir Menschen, wenn wir besser wären als die Tiere, mit dem Leben auf dieser Erde achtsamer umgingen. Wir haben unseren Weg aus den Augen verloren. Doch nach welchem Weg halten wir Ausschau? Wie finden und woran erkennen wir ihn?

Spiel ist kein sentimentaler Erinnerungstrip auf einem Dachboden voll verstaubter, kaputter Spielsachen, zu denen niemand mehr eine lebendige Beziehung hat. Spiel ist vielmehr ein Flug der Phantasie und eine Prise Weisheit. Sowohl die psychische als auch die körperliche Distanz zwischen uns und Spiel muss verschwinden. Erst wenn wir unsere Richtung ändern, so heißt es in einem alten chinesischen Sprichwort, können wir ankommen, wohin wir aufbrachen. Im Spiel tut Mitgefühl sich zusammen mit Weisheit, und dadurch öffnet sich die Tür – nicht nur zu einer anderen Form des Verstehens, sondern auch zu einer völlig anderen Ebene der Beteiligung.

In der Erinnerung an unser kosmisches Kindheitsspiel stoßen wir auf den Kernentwurf eines Spielgefährten, der im Zentrum der menschlichen Psyche empfänglich bleibt für jede Öffnung, durch die er zum Vorschein kommen kann. Das ist Leela, das göttliche Spiel aus der hinduistischen Mythologie, eine kreative Energie, vergleichbar der Hitze, die in Feuerholz potenziell vorhanden ist und die in der Lebensgeschichte jedes Erwachsenen herumwandert und rumort.

Trotz seiner Spannungen und Widersprüche heißen Spielgefährten das Leben willkommen und spielen mit ihm, wie immer es zu ihnen kommt. Dieses Spiel mit Leben ist keine gesellschaftliche Aktivität und auch keine moralische Verpflichtung. Es unterliegt nicht unserem Willen, sondern geht über oberflächliche Anweisungen und künstliche Freiräume sowie über den Widerspruch von Pflicht und Wunsch hinaus. „Das spirituelle Ziel besteht nicht darin, uns mit riesigen Schritten zurück in unsere persönliche oder eine ursprüngliche Kindheit zu begeben, sondern unsere eigene ursprüngliche Natur zu erneuern", schreibt Conrad Hyers. Es geht um das, was wir einfach sind.

Wu-wei, eine Idee aus der frühen chinesischen Philosophie, die von den Taoisten aufgegriffen wurde, beruht auf ähnlichen Überlegungen. Es gibt für den Begriff Wu-wei viele verschiedene Übersetzungen, darunter „nicht anmaßendes Handeln", „Nicht-Tun", „selbstloses Eingehen auf das Leben". Tschuang-tse beschreibt es folgendermaßen:

Freude tut alles bedenkenlos;
denn Leere, Stille, Ruhe, Abwesenheit von Geschmack,
Schweigen und Nicht-Tun
sind die Wurzel aller Dinge.

Die Spontaneität und offensichtliche Mühelosigkeit harmonischen Tuns im Wu-wei ist weder naiv noch gleichgültig, und sie ist auch nicht vom Willen zur Selbstbehauptung oder von Abwehr geprägt. In den japanischen Kampfsportarten Judo und Aikido sehen wir diese Philosophie in Aktion. George Leonards Beschreibung der Zeremonie, in der Richard Heckler den Schwarzen Gürtel erwarb, macht deutlich, wie das Gewöhnliche und das Ungewöhnliche auf einem Spielplatz zusammenfließen. Auf dem Hintergrund eigener Eindrücke und der von anderen zeichnet George ein großartiges Bild, das bei mir den Wunsch weckt, ich wäre dabei gewesen, um mich an Richards Gabe zu erfreuen. George beschreibt dieses Ereignis als „... etwas schmerzlich Schönes und Unausweichliches, eine Darstellung in Raum und Zeit, die zeigt, wie das Universum funktioniert, wie die Dinge sind". An einem Punkt war es, „als ob Richards Hände über die vier Wände des *Dojo* hinaus bis zu einem Punkt reichten, wo der Kosmos im Gleichgewicht ist". Und weiter heißt es: „Richard bekam allmählich das Gefühl, dass er überhaupt nichts ʻtatʼ, dass die Bewegungen seines Körpers ohne Gedanke oder Anstrengung ʻeinfach geschahenʼ." Hier zeigt sich ein Ausdruck von innerer Stabilität, die es einem Mensch ermöglicht, auf natürliche Weise im Einklang zu sein mit allem, was ist. Wu-wei ist kein Rückzug aus der Welt, sondern heißt, dass wir uns am Leben, so wie es ist, voll beteiligen. Nur so bereiten wir den Boden, auf dem Freundlichkeit gedeihen kann.

Vielleicht kann Pu der Bär uns auf Umwegen helfen, unseren Weg zu finden. Stellen wir uns für einen Augenblick einmal Beziehungen als eine „Grube" und eine neue Ordnung als „Zuhause" vor. Dann könnten wir uns der Führung Pus anvertrauen, der vorschlägt, dass wir, da wir nicht nach Hause finden, nach etwas anderem wie zum Beispiel einer Grube Ausschau halten können, und wenn wir diese nicht entdecken, wäre das auch in Ordnung. Denn dann würden wir sicher etwas anderes finden, das wir gar nicht suchen. Und das wiederum könnte genau das sein, was wir eigentlich die ganze Zeit finden wollten.

Die Gesellschaft bringt ihren Mitgliedern Spiel nicht bei, sie kann es ihnen nur erlauben. Bei ursprünglichem Spiel ist es, als würden Sie durchströmt von einer Präsenz, so dass Sie wissen, Sie sind nicht nur körperlich und historisch, sondern auf mystische Weise ganz. Hier wird eine angeborene, unbewusste Intelligenz des gesamten Organismus spürbar. Spiel verstehen heißt es intuitiv erfassen. Es geht nicht darum, dass wir uns bestimmte Fähigkeiten aneignen. Wir lernen nicht spielen, indem wir Bücher lesen oder Kinder beobachten, sondern indem wir spielen. Im Spiel haben wir das Gefühl, etwas anzugehören, das über die menschliche Gemeinschaft hinausgeht und so umfassend ist, dass es keine Außenseiter gibt.

Don Quichotte und Doktor D.T. Suzuki, Werner Heisenberg und Alice wussten, dass es Wirklichkeiten gibt, die sich der sprachlichen Beschreibung oder theoretischen Erläuterung entziehen. Der unsinnige Wortlaut eines Zen-Koans, die duale Natur elektromagnetischer Strahlung, die Wirklichkeit des Wunderlands und das disziplinierte Chaos von Spiel sind mit logischer Vernunft nicht zu begreifen. Diese Prozesse sollen vielmehr das Denken zum Stillstand bringen. Sie müssen mit einem anderen Bewusstsein erfasst werden. Dabei besteht der wichtigste Schritt darin, offen zu bleiben für das Mögliche. Nicht eine bestimmte Möglichkeit, sondern jede.

Was die Mystiker immer wussten und einige Physiker gerade entdecken, ist für die meisten von uns immer noch sehr schwer zu begreifen: die Vorstellung, dass Überraschung und Paradox unserem täglichen Leben ebenso innewohnen wie der Atomphysik und dem Zen.

Wie sollen wir ursprüngliches Spiel neu entdecken? Wir können es nicht versuchen und wir können auch nicht versuchen, es nicht zu versuchen! Beide Bemühungen sind unproduktiv, da sie eine Situation schaffen, in der das angestrebte Resultat nicht eintreten kann.

Matthew Fox schreibt dazu: „Das ist die Frage, welche die Weisen der großen religiösen Welttraditionen vom Islam bis zum Buddhismus, von Hinduismus bis zum Christentum sowie der jüdischen, afrikanischen und indianischen Stammesreligionen sich stellten und die zu lösen sie bewusste Methoden und Techniken entwickelt haben." Wir haben es hier mit einem Paradox zu tun. Wie benutzen wir gesellschaftliche Techniken, um über die Gesellschaft hinauszugehen?

Beim Spiel erleben wir das gleiche Paradox wie bei unserer Geburt: Das Leben ist beides, sowohl berauschend als auch furchterregend. Der Übergang vom Mutterleib – unserer ersten Matrix der Möglichkeiten – durch den kurzen Geburtskanal hinaus in die Welt ist, wie Ashley Montagu versichert, die gefährlichste Reise, die ein menschliches Wesen jemals unternimmt. Und auch die kreativste. Joseph Chilton Pearce beschreibt dieses Paradox als Schwelle zur Wahrheit, einen Durchgang, der von einer Art des Denkens zu einer anderen führt. Die simple und zugleich schwierige Wahrheit des Paradoxes von Spiel besteht darin, dass es sich auflöst, wenn wir unseren Blickwinkel verändern. Wenn wir das erst einmal erfahren haben, können wir lächeln und die scheinbar unumstößliche Realität unserer logischen Äußerungen und unserer unwiderlegbaren, ausgefeilten Vernunft mit einem Fragezeichen versehen.

Das für diese Suche notwendige Lernen passiert nicht einfach nolens volens, indem wir dasitzen und darauf warten. Andrerseits ist es auch nicht ein Ergebnis unseres Bemühens. Diese Suche ist paradox: Um zu finden, wonach wir suchen, müssen wir zuerst unsere Bemühungen aufgeben. Das ist, als würden wir versuchen, am Abendhimmel einen schwach leuchtenden Stern zu finden. Sobald Sie versuchen, sich auf den Stern zu konzentrieren, verschwindet er. Wenn Sie sich jedoch nicht mehr angestrengt bemühen, ihn zu sehen, nehmen Sie ihn peripher wahr und wissen, er ist immer da gewesen.

Um einen Job oder unseren beruflichen Aufstieg mögen wir kämpfen, aber Berufung ist etwas anderes. Wir können sie nicht erkämpfen. Sie ist keine begrenzte Ware. Da ist niemand, auf den wir Eindruck machen könnten, weder Chefs noch Angestellte. Nach Berufung streben heißt die Möglichkeit ausschließen, sie könnte Sie schon ereilt haben. Und wenn Ihre Berufung Sie schon ereilt hat, besteht keine Notwendigkeit, danach zu suchen wie nach etwas Fremdem, „als wäre sie sonstwo, statt sie sich einzugestehen, sie zu nutzen und sie zu sein. Deswegen muss der Akt des Suchens und Strebens selbst in einen Nicht-Akt des Nicht-Suchens und Nicht-Strebens umgewandelt werden.“ Doch müssen wir aufpassen, dass wir diesen Gedanken nicht als Faulheit, Passivität oder vorsätzliche Laune fehlinterpretieren. Das ginge völlig an der Sache vorbei.

Dieses Paradox wird ganz deutlich beim Spiel mit Wölfen. Habe ich die Kontrolle erst einmal aufgegeben, stelle ich fest, dass sie gar nicht nötig war. Sobald ich ein Gehege betrete, um mit sieben wild umherspringenden dreijährigen Wölfen zu spielen, ist es keine Frage mehr, wer da drinnen die Kontrolle hat. Sie sind viel schneller und stärker als ich. Also ließ ich die Angst los, die mir einredete, dass ich das Ruder in der Hand behalten müsse. Ich ging hinein und fühlte mich wohl. Da ich stand, hielten die Wölfe etwas Abstand zu mir. Ich beschloss, mich hinzusetzen und sie näher an mich heranzulassen. Alle sieben empfingen meine Botschaft wachsam. Ich war der einzige, der nicht bereit war für das Spiel, das gleich darauf losging. Alle sieben Wölfe versammelten sich auf mir. Ich spürte, wie sich unter diesem Haufen von Fell, Pfoten und Kiefern meine Schultern verspannten. Mit dieser spielfeindlichen Botschaft widersprach ich der Spielbotschaft, die ich vermittelte, als ich mich auf den Boden setzte. Hambone, der Leitwolf, nahm meine Anspannung wahr und legte sein Kinn auf meinen Kopf. Er schob die unteren Eckzähne in eines meiner Ohren, die oberen in das andere. Dann schloss er die Kiefer gerade so weit, dass er meinen Kopf fest aber behutsam hielt und ihn ebenso behutsam auf dem Boden ablegte. Ich weiß noch, wie ich, während mein Kopf nach unten wanderte, dachte, Rotkäppchen hatte Recht, Wölfe haben wirklich große Zähne. Er war sehr vorsichtig. Ich war nicht verletzt und wir fuhren fort zu spielen.

Wenn ich mein Bedürfnis nach Kontrolle erst einmal aufgebe, stelle ich fest, dass es von innen kam. Es geht nicht darum, den Mut aufzubringen, mit Wölfen zusammen zu sein, das wäre nur eine weitere Form des Kampfes zwischen Mensch und Tier. Dann würde ich wieder versuchen, entweder meine Angst oder den Wolf zu beherrschen. Beim Spiel gibt es keinen Kampf, keine Kontrolle. Das Vertrauen im Spiel ist für mich immer wieder ein Ausdruck für heilsame Beziehungen und zugleich ein wunderbares Mysterium.

Ich erzählte diese Geschichte im Anschluss an eine Spielsitzung einer Gruppe von Jungen an der Junior-Hochschule. Später erfuhr ich von einem Berater, dass sich einer der Jungen in der Woche nach unserem Spiel aggressiv mit einem Lehrer zankte, der ihn aus der Klasse schickte. Beide waren zu Recht ärgerlich. Der Junge suchte erneut seinen Berater auf, der ihn noch einmal erinnerte, wie wichtig es sei, zentriert zu bleiben und in Konfliktsituationen nicht einfach zurückzuschlagen, wie er es von Fred gehört habe, als dieser seine Wolfsgeschichte erzählte. Der Junge hörte aufmerksam zu, kehrte in die Klasse zurück und konnte sich gut verständlich machen, wo er zuvor versagt hatte.

Der Weg des Spielens: Zulassen, dass dich die Welt am Herzen kitzelt

Spiel ist eine Berufung und eine Suche, die Vertrauen, Furchtlosigkeit und Handeln verlangt. Spielen heißt wachsam und behutsam sein, wobei man nach außen hin scheinbar nicht viel tut. Dieses Zusammenfließen von Geist und Praxis zu konkretem, effektiven Handeln bezeichnen östliche Traditionen als „Weg".

Ein „Weg" beruht auf Grundsatz und Praxis. Mit der Vervollkommnung der Form durch endlose Wiederholung nähert sich der oder die Praktizierende der Formlosigkeit des Grundsatzes. Indem wir beides kombinieren, gelangen wir zum Weg des Spielens. Auf diesem Weg erleben wir immer wieder Durchbrüche zu unserer wahren Natur, bei denen wir die Verkleidungen unseres Egos ablegen, so dass wir unsere weltlichen Rollen wirklich spielen können.

Ich hörte einmal folgenden Leitsatz, der Miyamoto Musashi, dem japanischen Schwertfechter und Kampfsportkünstler, zugeschrieben wird: „Am Ende sind alle Wege eins." Ebenso wahr ist, dass alle Wege am Anfang eins sind. Spiel ist die Grundlage allen Lebens und damit des Universums. Sich Spiel überlassen heißt, dass wir uns von dieser uralten kindlichen Weisheit formen, nähren und mit allem Leben verbinden lassen, angeschlossen an ein Mitgefühl, eine Zärtlichkeit und Anmut, die allem Leben potenziell innewohnt. Dieses Potenzial verwirklichen heißt laut Mencius, im großen Haus der Welt zu wohnen. Als ältester von allen Wegen hat Spiel unseren Körper und unseren Geist schon geschult, bevor man diese in gesellschaftliche Bahnen lenkt.

Eine köstliche Geschichte, die T.P. Kasulis erzählt, illustriert die Beziehung von Form und Geist, Grundsatz und Praxis:

Als wir in Japan einem Pfad in den Bergen folgen, stoßen wir auf die Überreste einer Einsiedelei mit einer großen Tempelglocke, die in einer einfachen hölzernen Pagode hängt. Anders als westliche Kirchenglocken haben japanische Glocken keinen Klöppel und werden ähnlich wie ein Gong von außen angeschlagen (in diesem Falle mit einem schmalen Holzscheit, der an zwei Seilen von der Pagode hing). Während wir noch die kunstvollen und offensichtlich sehr alten Gravierungen auf der gusseisernen Glocke bewundern, hören wir Schritte. Der Priester des Tempels kommt auf uns zu und wir drehen uns um und fragen ihn: „Wie alt ist diese außergewöhnliche Glocke?" Er berührt das massive Gusseisen mit der Hand und antwortet: „Das ist etwa 500 Jahre alt, doch", er nimmt seine Hand von der Glocke und zeigt auf die schwarze Leere in ihrem Inneren, „die Leere hier drinnen – die ist ewig." Dann beginnt er, das Holz zum Anschlagen der Glocke vor und zurück zu schaukeln, während er es behutsam aber fest in beiden Händen hält. Mit einer unmerklichen Bewegung lässt er es los, damit es frei schwingt und gegen das Metall der Glocke schlägt. Der gleichmäßige Ton erfüllt die ganze Gegend, von den entfernten Bergen jenseits des Tals bis jenseits der Wipfel der Zedern und wieder zurück zum Fundament der Einsiedelei selbst. Es ist, als läute die Glocke sich selbst und als hörten sogar die Blätter in den Bäumen auf zu rauschen, um ihrer Musik zu lauschen. Lächelnd schaut der Priester uns an und fragt: „Und jetzt beantworten Sie mir bitte meine Frage. Woher kam der Ton – von der gusseisernen Hülle oder aus der Leere im Inneren der Glocke?" Seine Frage verblüfft uns und wir stehen ratlos da. Immer noch lächelnd, dreht der Mönch sich um und geht zurück zu seiner Einsiedelei.

Um die Analogie weiterzuführen: Stellen Sie sich das Gusseisen der Glocke als Form oder Praxis vor und die hohle Mitte als Grundsatz. Das Läuten der Glocke, ihre einzigartige Tonqualität (Spiel) wohnt weder in der gusseisernen Hülle (Form) noch in deren Leere (Grundsatz). Ohne die leere Mitte (Grundsatz) wäre die Glocke (Spiel) ein Stück Metall, das vielleicht klingen (sich bewegen), aber mit Sicherheit keine Musik hervorbringen würde. Andrerseits würde der hohle Raum (Grundsatz) ohne das Metall (Form/Praxis) nur das Echo der Stille widerhallen lassen. Für den Klang der Glocke (Spiel) sind sowohl Sein (Form/Praxis) als auch Nichtsein (Grundsatz) der Glocke (Spiel) notwendig.

Vielleicht haben wir das Holz in die Hand genommen, es losgelassen und die Glocke angeschlagen. Unsere Antwort auf die Frage des Mönchs ist die gleiche wie in Bezug auf Spiel. Denken Sie nicht nach. Spielen Sie einfach. Zu vorsichtig spielen heißt, Angst vor dem Anderen haben. Wenn wir zu heftig spielen, haben wir jedoch ebenfalls Angst vor dem Anderen. Damit die Glocke klingt und Spiel geschieht, muss beides harmonisch zusammenfließen. Aber es ist viel leichter, darüber zu theoretisieren, dass wir das Leben ohne unsere Einmischung geschehen lassen sollten, als das zu verwirklichen.

Die Suche ist universell, wo und wie immer sie auch verläuft. Eine Zeit lang sind wir sicherlich Teil der Gesellschaft. Dann unternehmen wir ein Abenteuer, das den gesellschaftlichen Rahmen sprengt. Bei unserer persönlichen Suche lassen wir zu, dass die Quelle aller Ordnung immer mehr Einfluss auf unser Leben gewinnt.

Ganz gleich, in welchem gesellschaftlichen Rahmen die Suche stattfindet, die Vorbereitung darauf und die dafür erforderliche Disziplin besteht immer aus dreierlei: 1. Offenheit für das Mysterium des Lebens, 2. die Fähigkeit, dem Unbekannten furchtlos zu begegnen und 3. die Bereitschaft, kontinuierlich zu praktizieren. Durch Furchtlosigkeit wird das Eine zu allem. Durch Offenheit wird alles eins. Ohne Offenheit fehlt das grundlegende Potenzial, das den Boden für Furchtlosigkeit bildet. Ohne Furchtlosigkeit kann uns die aktuelle Wirklichkeit das Mysterium nicht erschließen. Durch Praxis werden Offenheit und Furchtlosigkeit zu Freundlichkeit. Auf diesem Weg versuchen wir ständig, uns nach innen zu wenden und über uns hinaus zu wachsen. Durch diese Suche in der Begrenztheit unseres endlichen Wirkens überwinden wir unsere irdische Natur und erfüllen das Versprechen unserer Sehnsucht. Dann sind wir Suchenden ganz gewöhnliche Menschen, die durch Verbindlichkeit und Herzenswärme, Furchtlosigkeit und Demut ein außergewöhnliches Leben leben.

Um den Kode neu zu entdecken, müssen wir uns ins Spiel vertiefen. Es muss zur echten Erfahrung werden. Dann dringt der Geist, der darüber nachdenkt, zu immer subtileren Ebenen der Freundlichkeit vor, die Spiel innewohnt. Nur dann können wir das Kind befreien, das rauskommen und mit der Welt wirklich rückhaltlos spielen will. Verschenken Sie sich. Von Ihnen wird nichts verlangt, wozu Sie nicht auch imstande sind.

Seien Sie einfach präsent und spielen Sie, genau in diesem Augenblick. Wenn Sie mit der aufreibenden, chaotischen und langweiligen Realität, in der Sie sich von Augenblick zu Augenblick bewegen, spielen können – schmutzige Windeln, verkleckertes Essen, Anrufe, Konfrontationen, immer wieder versagen, das akzeptieren und wieder von vorn anfangen –, dann könnte dieser absolut gewöhnliche Tag zum außergewöhnlichen Erlebnis werden. Dann wird Spiel zum Heiligtum. Wenn das passiert, ist Spiel für Sie nicht einfach restliche Zeit, sondern für Ihre Beziehung zum Leben unentbehrlich.

„Auf den Boden kommen und sich schmutzig machen": Spielplätze als göttliches Territorium

Wirkliche Orte finden wir nicht auf Landkarten.

Herman Melville

Da draußen, jenseits der Vorstellung von falsch und richtig, gibt es einen Ort. Dort begegne ich dir.

Rumi

Oh, welch ein Platz, ihn zu erklimmen,
Oh, welch ein Platz für Spiel,
In süßer, dünner, staub'ger Luft,
Glückliche Haufen voller Heu,
gefüllt mit dessen Duft.

Robert Louis Stevenson

Spielplätze sind künstliche geografische Produkte des gesellschaftlichen Spiels. Flächen aus Gras und Schmutz, kleine Höfe aus Holz, Asphalt und Beton werden mit Linien aus Farbe und Kreide markiert. Auf Sandflächen stehen Spielgeräte aus Plastik, Stahl und Beton, von Planern entworfen. Solche Spielplätze machen oft auf wunderliche Art deutlich, wie die Gesellschaft das Spiel von Kindern bewertet.

Während meines Studiums reichte ich beim Seattle-Programm für Modellstädte einen Vorschlag für kleine Spielplätze in Wohngebieten ein, bei deren Einrichtung und Anlage ortsansässige Kinder helfen sollten. Der Vorschlag wanderte nach Washington D.C., wo er abgelehnt wurde, weil seine Umsetzung zu teuer gewesen wäre. Ich fragte einen Planer, wie sie beim Anlegen der Spielplätze für Modellstädte vorgingen. Er sagte, sie würden durch die Straßen fahren, und wenn sie Grundstücke fanden, die billig genug waren und wo nichts anderes geplant war, würden sie einen Spielplatz daraus machen. Als ich ihm sagte, dass genau diese Form des Planens zu der augenblicklichen unhaltbaren Situation geführt habe, zuckte er nur mit den Schultern. Er wusste das so gut wie ich. Im Denken von Erwachsenen sind Kinder und Spiel lediglich Randerscheinungen.

Unsere üblichen Spielplätze bringen uns hier nicht weiter. Wir müssen sämtliche gesellschaftlichen Kriterien außer Acht lassen. Ein ursprünglicher Spielplatz ist kein geografischer Ort. Ein ursprünglicher Spielplatz hat mit Geografie und Planung nichts zu tun und wird auch nicht nach diesen Gesichtspunkten gebaut. Einen ursprünglichen Spielplatz lokalisieren wollen gleicht dem Versuch, die Vorstellung der amerikanischen Ureinwohner, dass diese Erde unsere Mutter ist, mit dem europäischen System geografischer Landvermessung erfassen zu wollen. Ursprüngliches Spiel hat seine eigenen Reiche, in denen ein Stück Erde zum festen Muttergestein wird, welches das Leben selbst zu tragen vermag. Diese Reiche sind heiliges Territorium, so weitläufig, dass wir sie auf ewig erforschen können, ohne ihre Dimensionen kartografisch vermessen zu können.

Der Weg des Spielens ist nirgendwo und überall. Die Spielplätze des Lebens stehen uns überall auf der Erde zur Verfügung, Orte und Zeiten der Zuflucht vor Aufregung, Stress und Verfolgern. Orte, die eine innere Resonanz auslösen, welche auf realen Erfahrungen beruht, sind Heiligtümer.

Diese einladenden Spielplätze sind leicht zu erkennen. Wir alle haben dort schon Zeit verbracht – auf Dachböden, Speichern, an Teichen, unter Bäumen, auf Feldern und an Flüssen. Im Grunde geht es um ein tiefes Gefühl von Zugehörigkeit. Ein dicker Polstersessel, ausgestattet mit einem Teddybären, einer Flickendecke und einem Traum, kann die ganze Ewigkeit in sich bergen.

Die Spielplätze ursprünglichen Spiels verlangen uns weniger ab und geben uns mehr. Hochschlagende Wellen, der Duft der Heuhaufen, die sich vor der Scheune reihen, goldgelb glänzende Espenblätter – all das scheint weit weg zu sein von den gesellschaftlich zugeteilten Plätzen für spielende Kinder. Die sinnlichen Eindrücke von Spielplätzen der Kindheit sind Chiffren für Willkommensein, für Zugehörigkeit und Wohlbefinden, Einladungen zum Verweilen. Spiel kombiniert äußere und innere „Landschaften". Äußere Landschaften sind jene Formen, Oberflächenstrukturen und Bewegungen außerhalb des Selbst. Innere Landschaften sind Auflösungen dieser äußeren Grenzen, bei denen der eigene Horizont mit dem des Anderen verschmilzt. Durch diesen Prozess gelangen wir von der äußeren Natur der Dinge zum inneren Geist des Lebens.

Einen Spielplatz finden

Ein Spielplatz ist ein geografisches Zusammentreffen von Lebensformen, ein Gewebe von Sein und Umgebung. Tatsächlich finden wir Spielplätze überall. So ist diese Erde beschaffen.

Jeder Spielplatz hat Qualitäten, die sich uns nur erschließen, wenn wir uns dort aufhalten. Manche Plätze fühlen sich besser an als andere, manche verführen uns, andere bieten eine gewisse Intimität, wieder andere stärken unsere persönliche Identität. Ein Platz mag wie geschaffen sein für Visionen, ein anderer eignet sich zum Ausruhen. Ich kann Ihnen nicht sagen, wo Sie solche Plätze finden. Sobald Sie sich für diese Möglichkeiten öffnen, wissen Sie es selbst.

Hier ein paar Tips:

1. Es braucht Zeit, einen Spielplatz zu finden. Hetzen Sie sich nicht, streifen Sie einfach umher. Beobachten Sie einmal einen Hund oder eine Katze, die sich einen Platz für ein Schläfchen suchen. Tiere wissen, dass nicht jeder Platz dafür geeignet ist. Setzen Sie sich auf den Boden wie ein Kind und seien Sie bereit, sämtliche vorgefassten Ideen loszulassen. Wenn Sie alles vergessen, wird alles zu Ihrem Lehrmeister. Spielplätze verzaubern, lehren und verblüffen uns. Folgen Sie demütig, sonst lernen Sie nichts.

2. Die Wahl eines Spielplatzes beruht auf Gegenseitigkeit. So wie Sie ihn aussuchen, wählt der Ort auch Sie. Suchen Sie sich einen Platz, wo Sie sich wohl fühlen, nichts Riesiges wie einen Berg oder einen See, sondern einen Baum vielleicht, einen Felsen oder einen Haufen Blätter – einen Platz, wo Sie hinpassen.

3. Haben wir einen Spielplatz erst einmal akzeptiert und uns hier eingerichtet, ist er nicht mehr bloß Landschaft. Er wird zu einem Gefilde von Herz und Geist. Hier können Sie schwierige Fragen stellen, solche, auf deren Antwort wir eine Weile warten müssen. Hören Sie zu. Die Weisheit dieses Ortes ist älter als Sie. Seien Sie geduldig. Für so ein wichtiges Erlebnis müssen Sie sich Zeit nehmen.

4. Behandeln Sie Ihren Spielplatz wie eine alte Freundin oder einen alten Freund.

5. Spielplätze sind kein Besitz. Sagen Sie nie: „Das ist mein Platz und ich mache damit, was ich will." Sie sind verantwortlich für die Spuren, die Sie hinterlassen.

6. Und Sie lassen tatsächlich etwas von sich zurück. Wenn Sie aufmerksam sind, werden Sie entdecken, dass Ihr Spielplatz Geschenke für Sie bereithält – eine Feder, einen kleinen Stein, ein ganz bestimmtes Gefühl. Und Sie fragen sich vielleicht wie Kosahn, einer der Ältesten der Kiowa: Werde ich in meinem Traum „zu dem Alten, dem, der die heilige Erde versorgte, die uralte Erde, die sich das Gefühl von Spiel bewahrte?"

Spielgefährten als Wegweiser

Die Kinder, die da draußen auf der Straße spielen, könnten mein größtes Problem lösen. Sie haben ein Wissen, das mir vor langer Zeit verloren ging.

Robert Oppenheimer

Was wir Tieren (und uns gegenseitig) im Augenblick des Gebens geben, ist die Tatsache unserer Beziehung. Wenn wir sie respektvoll behandeln und ihnen wirklich aufmerksam begegnen, erleben sie uns auch so, und über diese Brücke reisen wir aufeinander zu.

Joan McIntyre

Wie der Koloss eines verrosteten Wagens, der am Straßenrand abgestellt wurde, befindet sich die Kindheit in einem allgemeinen Zustand der Verwahrlosung. Bei meinen jüngsten Reisen nach Südafrika und in die Reservate der Cheyenne und Navaho beklagten sich die Ältesten der Zulu, Navaho und Cheyenne bei mir darüber, dass die Kinder ihres Stammes nicht mehr von dem sprechen, was ihrem Volk das Erste und Älteste ist. Stattdessen reden sie nur noch von modernen Dingen. Mit der Welt spielen heißt, so Laurens van der Post, das Leben beschleunigen, so dass das, was im Geist des Menschen das Erste und Älteste ist, jung und unmittelbar wird. Und damit findet genau die Versöhnung zwischen Individuum und Leben statt, die wir aufgegeben haben.

Wissen Sie noch, wie es war, als Sie Ihre Zehen, ein Blatt, Wasser oder einen Stern entdeckten und zum ersten Mal damit spielten?

Wissen Sie noch, wie Sie zum Spielen hinausgerufen wurden? Ich erinnere mich an den Stimmenchor meiner Freunde, die vor dem Haus meinen Namen riefen, das Licht der Morgensonne, das in einem Spiegel an der Küchenwand aufblitzte, und Pferde wieherten im Scheunenhof.

Und wissen Sie noch, wie es war, vom Spielen nach Hause in die Welt der Erwachsenen zurückzukommen?

Erwachsener: „Wo warst du?"

Kind: „Nirgends."

Erwachsener: „Was hast du gemacht?"

Kind: „Nix."

Erwachsener: „Mit wem warst du zusammen?"

Kind: „Mit niemand."

Kinder ziehen oft los, um nirgendwo zu spielen und mit niemanden nichts zu machen. Bäume, Wolken und Steine tun das gleiche. Tatsächlich gleicht das Sein und Tun des Kindes dem des ganzen Kosmos. Nicht dass es absichtlich lügt oder sich verweigert. Aber das Kind weiß, dass es unmöglich ist, Menschen, die solche Abenteuer nie unternommen oder sie vergessen haben, zu vermitteln, was es erlebt hat.

Der Spielgefährte und der Erwachsene haben meistens nicht die gleichen Vorstellungen von Spiel. Erwachsene nähern sich Spiel mit Angst und der Autorität derjenigen, die *wissen*. Kindern hingegen ist Spiel ins Herz geschrieben. Deswegen können sie authentisch spielen.

Der Zen-Meister Huang-po, der im neunten Jahrhundert lebte, beschrieb diesen Unterschied mit folgenden Worten:

Dieser reine Geist, Quelle aller Dinge, erstrahlt auf ewig im Licht seiner eigenen Vollkommenheit. Aber die meisten Menschen nehmen ihn nicht wahr und denken, der Geist sei einfach die Fähigkeit, zu sehen, zu hören, zu fühlen und zu wissen. Durch diese ihre eigene Sicht erblindet, hören, fühlen und wissen sie, ohne das Leuchten der Quelle wahrzunehmen.

Denn der Erwachsene, der rauskommt, um mit der Welt zu spielen, gleicht Alice, die in Lewis Carrolls *Alice hinter den Spiegeln* dem Einhorn begegnet:

„Ich dachte immer, das seien Fabelwesen!" sagte das Einhorn. „Lebt es noch?"

„Es kann noch sprechen", sagte Hasa ernst.

Das Einhorn sah Alice träumerisch an und sagte: „Sprich, Kind!"

Da mußte Alice nun doch unwillkürlich lächeln, und sie sagte: „Also weißt du, ich dachte immer, Einhörner seien Fabelwesen! Ich habe noch nie eins lebendig gesehen."

„Na, jedenfalls haben wir uns jetzt gesehen", sagte das Einhorn, „und wenn du an mich glaubst, glaub ich auch an dich. Einverstanden?"

„Ja, wenn du meinst", sagte Alice.

Ein Kind wird geboren, indem der Schoß aufreißt. Ein Spielgefährte wird geboren, indem die dingliche Welt aufreißt. In jedem von uns gibt es einen Wegweiser, einen inneren Spielgefährten, einen Pu, eine Alice, einen Peter Pan, einen Odysseus, begierig, die Reise anzutreten und neue Welten ans Licht zu bringen. Wieder spielen heißt, die Wahrheit im ursprünglichen, vorsokratischen Sinn von *atathia* erfahren, der Dunkelheit entrissen und in den Schoß des Universums hinein geboren. Ein Spielgefährte werden heißt teilnehmen am ursprünglichen Spiel, das schon existierte, bevor wir zwischen uns selbst und anderen, heilig und weltlich, Kosmos und Chaos unterschieden haben und um Schuld und Scham wussten.

Der damit verbundene Schrecken ist kein geringer – der Schrecken, der den Gegenpol zum Staunen bildet. Zu spielen anfangen heißt, dass ich als Erwachsener die Gewohnheit aufgebe, zu unterscheiden und Unterschiede zu machen. Wir sind wieder Anfänger angesichts des unendlichen Mysteriums des Lebens, wiedergeboren in eine Welt, die wir nicht erschaffen haben und nicht verstehen. Wir müssen das Unbekannte selbst zum Spielgefährten machen.

Im Spiel lasse ich eine Welt hinter mir, in der alles gefangen ist im Käfig der Begriffe. So fragen mich Erwachsene zum Beispiel ständig, ob das Spiel mit amerikanischen Kindern anders ist als mit südafrikanischen oder ungarischen Kindern. Oder wie ich mit Kindern spiele, die autistisch sind oder an Gehirnlähmung leiden. Die Antwort lautet, dass ich nicht mit den Kulturen, den Krankheiten oder „speziellen Anforderungen" dieser Kinder spiele. Ich spiele mit einer Essenz jenseits jeder Kultur und jeder Krankheit. Die Beziehung von Spielgefährten geht nicht einher mit Verpflichtungen, Aufgaben, Rangordnungen oder Regeln wie die gesellschaftlichen Beziehungen von Eltern und Kind, Lehrer und Schüler, Therapeut und Klient, Beobachter und beobachteter Person, Gewinner und Verlierer. Nur dann kann Spiel uns lehren, erstaunen und verzaubern und ganz unbefangen Ähnlichkeiten und Beziehungen offenbaren. Die Türen stehen offen. Der Reichtum des Lebens quillt hervor. Alles ist fantastisch, beunruhigend und wunderbar. Und beängstigend! Die Öffnung meines Geistes ist ein kontinuierlicher Prozess, der ebenso subtil wie schmerzhaft ist. Da nichts vorhersehbar ist, wird jede Wahrnehmung zur Entdeckung, und frei von allem, was ich glaube und weiß, finde ich Freundlichkeit.

So wie die Farbe Grün in einem Gemälde die Farbe Rot zum „Singen" bringt, schenkt ein Spielgefährte einem Erwachsenen Anmut. Der französische Roman *Renee Mauperin* schildert das an einer Stelle. In Renee Mauperins Garten bringt ein erfahrener Gärtner die Rosenbüsche dazu, am Stamm einer Fichte hochzuwachsen, so dass der alte Baum „Rosen in seinen grünen Armen wiegen kann". Wie dieser Gärtner, der die Freundlichkeit besaß, einem alten Baum Rosen in die Arme zu legen, pflanzt der Spielgefährte, wenn wir es ihm erlauben, dem Körper des Erwachsenen die Anmut eines Kindes ein.

Wenn Sie spielen lernen möchten, dann sollten Sie sich mit Kindern zusammentun und von ganzem Herzen mit ihnen spielen. Es ist offenbar kein Zufall, dass es kleine Kinder waren, die im ganz konkreten Sinne des Wortes an mir „zogen", bis ich mich ihnen anschloss. Weise Menschen aus vielen Welttraditionen, einschließlich Jesus, Laotse, Black Elk, der heilige Mann der Dakota, Zen-Meister Takuan, der buddhistische Heilige und Weise Saraha und Sri Ramakrishna machen uns immer wieder darauf aufmerksam, dass wir, um zu der Weisheit und Liebe zurückzufinden, nach der wir uns sehnen, wieder wie Kinder werden müssen.

Es ist wichtig, sich klar zu machen, was damit gemeint ist. Erich Fromm schreibt dazu:

> Grundsätzlich kann es nur zwei Wege geben. Der eine besteht darin, unsere Getrenntheit zu überwinden und Einssein zu finden durch Regression in den Zustand jenes Einsseins, das noch vor jedem Erwachen des Bewusstseins existierte, das heißt, bevor der Mensch geboren wurde. Der andere Weg ist, ganz geboren zu werden, das eigene Bewusstsein, Vernunft und Liebesfähigkeit so weit zu entwickeln, dass man seine egozentrischen Verstrickungen transzendiert und zu einer neuen Harmonie gelangt, einem neuen Einssein mit der Welt.

Es geht nicht um die Rückkehr zu einer zweiten Kindheit, sondern um die Gesundung zum Weisen, der Qualitäten lebt, die typisch für die Kindheit sind: Einfachheit, Einssein, Unschuld, Direktheit, Spontaneität, Natürlichkeit. Der Geist kleiner Kinder ist ohne Anhaftung, weil sie den Geist noch nicht bewusst erfahren haben. Der Spielgefährte hingegen kennt das Leben mit all seinen Erfolgen und Niederlagen und beschließt, die Welt trotzdem zu lieben – so wie sie ist.

Einen Spielgefährten finden

Es kann schwierig sein, einen Spielgefährten zu finden, vor allem wenn Sie darin wenig Übung haben. Ich kann es Ihnen nicht beibringen, kann jedoch ein paar Hinweise an Sie weitergeben, die ich von meinen Spielgefährtinnen und Spielgefährten bekommen habe.

1. Erstens müssen Sie glauben, dass es, so wie es Liebe und Vertrauen, den Weihnachtsmann und Quarks gibt, auch Spielgefährten gibt. Alles, jede und jeder kann ein Spielgefährte sein, ganz gleich ob real oder phantasiert.

2. Spielgefährten können zu Ihnen kommen, wenn Sie es am wenigsten erwarten. Wenn Sie aufmerksam und mit dem Herzen lauschen, werden Sie inmitten der Hetze und des Lärms Ihres Alltagslebens hören, wie sich ein Spielgefährte leise und behutsam regt. Wenn Sie innerlich ganz still werden und Ihre Selbstgespräche einstellen, Ihre Augen schließen und wirklich sehen, können Sie einem Spielgefährten begegnen. Dabei sollten sich weder Ihre Augen noch Ihr Geist auf etwas Bestimmtes konzentrieren.

3. Lassen Sie nicht zu, dass jemand anderes einen Spielgefährten für Sie auswählt oder Ihnen sagt, wen Sie wählen sollen. Sie brauchen niemanden, der Ihnen etwas über Ihren Spielgefährten erzählt.

4. Um einen Spielgefährten zu finden, brauchen Sie Zeit. Strengen Sie sich nicht zu sehr an. Mit Anstrengung kommen Sie hier nicht weiter. Sie werden wissen, wann Sie einen Spielgefährten gefunden haben. Lesen Sie nichts über Spielgefährten. Sie werden den Spielgefährten, dem Sie von Angesicht zu Angesicht begegnen, nicht in einem Buch, einem Aktenordner oder sonstigen Schriften finden. Seien Sie einfach in Demut präsent, ohne etwas zu wissen.

5. Verbringen Sie mit Ihrem Spielgefährten Zeit nur zu zweit. Sie müssen ganz aufmerksam sein, um ihn oder sie kennen zu lernen. Sollte Ihnen das schwer fallen, können Ihnen Bäume, Felsen, junge Katzen und kleine Kinder dabei helfen. Niemand sollte Ihr Zusammensein stören oder Sie ablenken. Spiel ist keine Massenveranstaltung; es findet zwischen Individuen statt.

6. Ihr Spielgefährte ist nicht Ihr Eigentum. Wie Schmetterlinge und Delphine, Sommerwinde und Bergbäche stehen auch Spielgefährten niemals still, und wir können sie nicht festhalten.

7. Wenn wir mit einem „exotischen" Tier gespielt haben, bleibt anschließend immer ein Rest von Faszination. Das konnte uns verleiten zu denken, ein Grizzlybär sei aufregender als ein Kind oder Delphine verspielter als andere Lebensformen. Denken Sie immer daran, dass Spielgefährten in ihrer Besonderheit nichts Besonderes sind. Alles Leben ist eins.

Wir stehen alle vor der gleichen Entscheidung: das Mysterium des Lebens zu erforschen. Der Entschluss, sich als Spielgefährte auf den Weg zu machen, ist von entscheidender Bedeutung. Das Leben wird zum Spielplatz und bietet uns Möglichkeiten, Freundlichkeit zu erleben, die unsere Vorstellungen übertreffen. Wenn wir die kosmische Einladung „Komm raus und spiele" annehmen, ist das nur der Anfang. So ist auch das letzte Hexagramm im *I Ging,* Buch des Wandels, das Symbol des noch nicht Vollkommenen und verweist auf den Frühling, der aus der Winterstarre in die fruchtbare Sommerzeit überleitet. Tschuang-tse lässt Laotse einem Schüler, der fragt, was es heißt, ein kleines Kind zu sein, zur Antwort geben:

Der Schüler fragte: „Ist das schon die Vollkommenheit?"
Lao antwortete: „Keineswegs.
Das ist erst der Anfang.
Er schmilzt das Eis,
versetzt dich in die Lage,
dein sogenanntes Wissen zu vergessen,
damit Tao dich führen kann,
werde ein Kind des Tao."

Kapitel 8

Wiederverzauberung:
Der Geist von Spiel

Die Leere ist es, die alle Formen von Spiel ermöglicht.

Michael Adam

Man träumt nicht nach erlernten Ideen.

Gaston Bachelard

Wenn du über die Felder wanderst und dein Geist rein und heilig ist, dann steigt aus allen Steinen, allen Pflanzen und allen Tieren der Funke ihrer Seele und hängt sich an dich. So werden sie gereinigt und wandeln sich in dir zum heiligen Feuer.

Von einem alten hassidischen Meister

Die Samen des Mysteriums

„Vor langer, langer Zeit, als das Wünschen noch geholfen hat und etwas bewirkte..." Dieses „Etwas" – dieses Nomen oder diese regenerative Lebenskraft –, für das wir bei unserer Geburt ein Gefühl mitbringen, existiert unser ganzes Leben lang um uns herum. Auch wenn es uns scheinbar verloren geht, müssen wir es neu erfahren, wenn wir über den Wettbewerb als einzigen Maßstab für unser Überleben hier auf dieser Erde hinausgelangen wollen.

Es ist schwierig, über dieses „Etwas" zu schreiben. Am besten, ich gebe zu, dass ich Teil eines Mysteriums bin, über das ich anscheinend Jahr für Jahr immer weniger weiß. Am besten, ich erinnere mich daran, dass das Mysterium sich denen offenbart, deren „Herz lange jung bleibt", wie Maurois sagt. Die Welt wird nicht durch einen Taschenspielertrick oder eine Täuschung transformiert, sondern vielmehr durch Nichtwissen. Albert Einstein wusste das: „Die wunderbarste Erfahrung, die wir machen können, ist die mysteriöse. Diese grundlegende Emotion steht an der Wiege jeder wahren Kunst und jeder wahren Wissenschaft. Wer das nicht weiß und sich nicht länger wundern, nicht länger staunen kann, ist so gut wie tot und seine Augen sind trübe."

Wir wurden getauft mit diesem Gefühl von Wunder. Wann immer wir mit der Welt spielen, ist dieses Wunder auf natürliche Weise präsent. Dabei fällt mir ein Spiel ein, das David mir beibrachte. Wir legten uns mit dem Rücken auf einen kleinen Hügel und bogen den Kopf so weit nach hinten, dass wir den Horizont verkehrt herum sahen. David sagte mir, wenn ich verkehrt herum sähe, könne ich sehen, dass die Erde rund ist. Ich versuchte es noch einmal. Das Gefühl, mich nicht mehr auf einer geraden Fläche zu befinden, machte mich schwindelig. Ich bog meinen Kopf noch weiter nach hinten und konnte nur eine gebogene rötliche Linie sehen, die in einem blau-purpurnen Himmel verlief, der mit schwach blinkenden bläulich weißen Sternen gesprenkelt war. Ich fühlte mich wie eine merkwürdig geformte Linse, die auf der Oberfläche einer großen blauweißen Glaskugel festhing, welche in einem kosmischen Murmelspiel durch den Raum rollte.

Dieses Gefühl von Wunder ist keine Verblüffung oder Verwirrung, die es aufzulösen gälte. Wir müssen es auskosten wie einen Nachthimmel voller Sterne. Wenn wir mit unseren Augen sehen, können wir nur sehen, was sich vor uns befindet. Sehen wir jedoch mit diesem Gefühl von Wunder, sind wir nicht begrenzt durch die dingliche Welt.

Damit Spiel uns verzaubern kann, muss es für uns die gleiche Wirklichkeit haben wie Shambala für den tibetischen Yogi oder wie der geheime Freund, mit dem Sie sich im Alter von vier Jahren an einem geheimen Ort trafen. Der Geist ist von der gleichen schwangeren Offenheit wie der Hintergrund in einem traditionellen chinesischen oder japanischen Landschaftsbild, der meistens aus „nichts" besteht. Solch ein Bild lädt durch die Leere, aus der heraus wir Formen gestalten, zum Spiel ein. Und auch die Leere von Spiel ist kein Nichts, sondern schöpferische Fülle. Dann, wie der Komponist John Cage es formuliert, ist „Jedes Etwas ... eine Feier des Nichts, das diese stützt".

Dann bleibt in uns ein Funke Licht, der die Schatten, die unsere Ängste werfen, vertreiben kann. Unsere Ängste schaffen wir uns selbst, aber die Quelle von Licht liegt, wie die Sonne, jenseits von uns und wandelt nicht nur das um, was wir wissen, sondern auch das, was uns an Wissen möglich ist. Das ist das spielerische Mysterium, das im Weltlichen das Göttliche und im Gewöhnlichen das Außergewöhnliche erweckt.

Spiel schenkt Wissen, nährt und heilt wie das Protoplasma des Lebens, das im März in den Knospen der Bäume anfängt zu beschleunigen. Spiel geht einher mit dem Geschenk des Lebens. Es ist eine Antwort auf die Quelle, die in jeder und jedem von uns sprudelt und sich mit der Weisheit des Lebens verbinden möchte. Die Macht von Spiel ist zutiefst physisch, poetisch und mythisch. Sie erfüllt die Muskeln und den Geist, dringt vor bis tief unter die Schichten bewussten Denkens und verbindet uns mit unseren Ursprüngen. Sie bringt Anfang und Ende zusammen, das Kind und den alten Menschen, den Neugierigen und den Weisen. Mit der Welt spielen heißt sich von ihr ergreifen lassen, so wie Ihr Geist von einem Ausbruch der Phantasie ergriffen wird oder zur Ekstase erwacht. Spiel ist eine Zeit des Nichtwissens. Hier stellen wir Fragen, auf die es keine Antwort gibt.

Wo fängt Regen an? Wo endet der Himmel? Spiel heißt, mit unserem Teddybären diskutieren; heißt, dass ein Kind Sandburgen baut, Henri Poincaré entdeckt, welche Aufgaben Fuchsien haben, Laotse nach einem Schmetterling fragt oder Albert Einstein sich mit 15 Jahren die Frage stellt: „Was glaubst du, wie es sein würde, wenn du auf dem vorderen Ende eines Lichtstrahls säßest, um damit durch die Nacht zu reisen?" Spiel ist Kopernikus' reiche Phantasie von einer Erde, die sich um eine zentrale Sonne dreht und die ihm schöner schien als eine still stehende Erde, die Mittelpunkt des Universums ist. Spiel ist der Flug der Gebrüder Wright, die gegen alles konventionelle Wissen verstießen. Und auch die Geigen von Antonio Stradivari aus weggeworfenen, zerbrochenen, mit Wasser vollgesogenen Hölzern, die er auf den Docks von Venedig fand, sind Spiel.

Die meisten von uns müssen an das Mysterium von Spiel erinnert werden. Wir müssen Kindern und der Natur erlauben, uns an die Hand zu nehmen und unser Herz zu berühren. Dann werden Gottes Zeichen in den simpelsten Schätzen und den kleinen Wundern unseres täglichen Lebens sichtbar, welche die Samen des Mysteriums enthalten. Ich glaube, dass jede und jeder von uns potenziell empfänglich für dieses transzendente Mysterium ist. Oft erreicht es uns durch kleine Dinge – freundlich sein zu jemandem, ein Augenblick der Schönheit in der Natur –, und ohne dass wir es richtig merken, kommen wir in Kontakt damit und sind verzaubert.

Am grundlegendsten für die Praxis von Spiel ist das Ah! des Lebens. Und welche besseren Wegweiser zum großen Vorratslager an irdischen Wundern und zu den Freuden der Phantasie könnte es geben als Kinder und die Natur? In ihren Reichen weilen heißt spüren, wie uns etwas ansteckt, das tief im menschlichen Herzen wohnt. Etwas, das humorvoll, besorgt, wehmütig, drollig, ruhig und übermütig zugleich ist.

Manche Spielplätze sind Gemeinschaftsplätze, Zeit-Räume des Verstehens und des Teilens mit anderen zu deren Bedingungen. Wie der Kitzel in meiner Hand und meinem Herzen, wenn eine Chickadee-Meise meine Hand als ihre Veranda erforscht. Wie das aufgeregte Kribbeln in meinem Nacken und die erhöhte Wachsamkeit, wenn ich im Uferschlamm des Flusses frische Grizzlyspuren finde.

Rilke erinnert uns daran, dass das Leben kein Problem ist, das wir lösen müssen, sondern ein Mysterium, das wir leben müssen. Wenn wir das Leben so betrachten, sind wir frei zu spielen. Ferrucci erzählt uns, das Tschaikowsky einmal einen tiefen Basston hörte, der, so stellte er sich vor, durch die Bewegung der Erde im Raum entstand. Debussy hörte Nixen in den Wellen des Meeres singen. Der französische Maler Eugène Delacroix sah in den Mustern, die die Gezeiten hinterlassen, die

Zeichnung von Tigerfellen. William Blake erblickte im Knoten eines Holzscheits eine furchteinflößende Präsenz.

Eines Tages streiften Dennis und ich draußen auf dem Rasen vor der Schule umher, für alles offen und ohne uns um irgendetwas Gedanken zu machen. Wir legten uns auf den Bauch und trennten mit den Fingern Grashalme. Dennis erblickte in einem Marienkäfer eine Freundin. Er schob behutsam einen Finger unter sie und hob sie hoch, um sie aus nächster Nähe zu betrachten. Er war so aufgeregt, dass er am ganzen Körper zitterte, als er mit ihr sprach.

Manche Spielplätze sind einsame Orte – ein Nest für Träume in den Zweigen eines Apfelbaumes, eine Weide mit einem Hügel, um zu beobachten, wie Sommerwolken über den Himmel reisen, eine Klippe, um hoch oben zu thronen und zuzuschauen, wie Raubvögel ihre Kreise immer höher ziehen. Plätze für das Alleinsein sind nicht unbedingt auch geografisch abgeschiedene Orte. Sie bieten Möglichkeiten, Harmonie zu erleben. Anthony Storr erzählt von solch einer Erfahrung, die Admiral Byrd bei seinem täglichen Gang um 16 Uhr nachmittags machte:

„Harmonie, das war es! Das war es, was aus der Stille entstand – ein sanfter Rhythmus, Klang einer perfekt gespannten Saite, die Musik der Sphären vielleicht.

Es reichte, um den Rhythmus zu erfassen und vorübergehend Teil davon zu sein. In diesem Augenblick hatte ich keinerlei Zweifel daran, dass der Mensch mit dem Universum eins ist."

Ich bin oft in den Bergen von Montana auf der Suche nach solchen Plätzen umhergestreift. Wandern ist für mich, wenn ich in den Bergen bin, zu zielorientiert. Ich schlendere hierhin und dorthin, wo immer meine Intuition mich hinführt.

An einem Sommertag fand ich in der Nähe von Big Sky auf einem zerfurchten Bergkamm einen solchen Platz. Er bestand einfach aus einem der vielen Buckel des Gipfels, die den Himmel tragen. Konnte ich hier so still sitzen wie der Jahrhunderte alte, fast schon versteinerte Baumstumpf nicht weit von mir? Konnte ich eine Form sein, die jenseits jeder Klassifizierung existierte? Einfach wach. Ein Wesen. Nun, ich war darin nicht so gut wie der Baumstumpf oder die rosa Moosnelken in den Felsspalten. Stein wartete ruhig, Blumen blühten still, und ich rückte unruhig hin und her.

Spiel verwandelt die Erde von einem gewöhnlichen Ort in Orte, die das Herz erwärmen. Dies sind Orte der Gnade, wo sich uns die Wirklichkeit erschließt und wir wissen, dass wir zu Hause sind. Dieses Gefühl lässt sich kaum definieren oder in Worte fassen, und doch existiert es ganz eindeutig, denn schließlich ist es genau das, was einen heiligen Spielplatz ausmacht.

Ich weiß noch, wie ich in England mit Jan, Des und Catherine zwischen den Ruinen der Kathedrale von Glastonbury umherwanderte. Es war ein kühler, regnerischer Tag. Hin und wieder streute die Sonne etwas Wärme über die hügelige Landschaft. Ich berührte eine Wand der Kathedrale und spürte etwas. Es war wie die Wärme der Sonne auf den uralten Steinen und mehr als das, eine tiefere Wärme, die aus dem Inneren der Steine kam. Wir allen spürten dort eine Kraft.

Vielleicht sollten wir zumindest einmal im Leben erfahren, wie ein Ort heilig wird. Wir sollten uns einem Fleckchen Erde überlassen, es aus möglichst vielen Perspektiven betrachten, es bestaunen und uns dort aufhalten. Ich kenne solch einen besonderen Ort in Montana. Ich erinnere mich an die Farben des blauen Himmels von Montana, das Rot-Orange indianischer Zeichnungen, das Sepiabraun des Flusses und den strengen Geruch von Grizzly, Büffel und Elch. Ich nannte diesen Platz den Bärentreffpunkt.

Eines Tages wanderte ich in den Bergen im Norden des Yellowstone Parks. Als ich im Uferschlamm des Flusses eine frische Grizzlyspur entdeckte, empfand ich die erhöhte Wachsamkeit, in die es uns versetzt, sobald wir feststellen, dass in der Landschaft, in der wir wandern, wilde Tiere zu Hause sind, die größer sind als wir. Kurz darauf fand ich das Tagesbett des Bären und Reste eines Elchs. Ich beschloss, das Gebiet zu verlassen und folgte einem Elchpfad, der zwischen Schwarzkiefern nahe am Fluss verlief. Ich blieb einen Augenblick stehen und schaute mich um. Vor mir auf dem Boden, direkt vor meinen Füßen, sah ich etwas glänzen – eine Pfeilspitze aus Obsidian, ganz erhalten, etwa 15 Zentimeter lang und in der Mitte fast 3 Zentimeter breit. Es war ein schön gefertigtes Stück. Ich war so aufgeregt, dass ich kaum an mich halten konnte. Ich wollte die Berge sofort verlassen und meinen Schatz allen zeigen. Ich überlegte aber auch, ihn dort zu lassen. Ich konnte mich nicht entscheiden. Ich nahm die Pfeilspitze mit zu meinem Zeltplatz und schlief mit ihr an meiner Seite. Als ich am nächsten Morgen erwachte, wusste ich, was ich zu tun hatte. In der Nacht war mir klar geworden, dass die Großväter mir ein Geschenk gemacht hatten; doch ging es nicht darum, es zu behalten, sondern es mit anderen zu teilen. Ich durfte die Pfeilspitze berühren und an ihrem Geist teilhaben. Doch jetzt wurde es Zeit, dass ich sie zurückgab, damit der nächste Wanderer einen Schatz finden konnte. Ich kehrte an den Ort zurück, wo ich sie gefunden hatte, und legte sie in die Aushöhlung eines kleinen Baumstumpfs neben dem Pfad. Ich verbrannte etwas Salbei und blieb eine Weile still dort sitzen.

Spiel lädt uns ein, zu verlernen, was wir wissen, und Anfänger zu sein. Das größte Hindernis für mein Spiel ist der Gedanke, ich wüsste bereits, wie man spielt. Beim Spielen ist „Nichtwissen keine Form von Unwissenheit, sondern eine schwierige Umwandlung von Wissen", wie es bei Bachelard heißt. Für das simpelste Verstehen sind Tun, Denken, Vernunft, Berechnungen oder irgendwelche anderen Aktivitäten nicht erforderlich. Wir sollten einfach im Kopf behalten, dass wir leer sein und natürliche Pausen zulassen müssen. Es geht um die Anwesenheit einer Abwesenheit, nicht um die Abwesenheit von Anwesenheit.

Als ich anfing mit kleinen Kindern zu spielen, wusste ich überhaupt nicht, was ich da tat. Ich legte mich einfach zu ihnen auf den Boden, beobachtete sie und hörte ihnen zu. Ich nahm wahr, dass ihre Bewegungen nicht zufällig oder chaotisch waren, sondern eine gewisse Eleganz hatten. Sie waren der sichtbare Ausdruck einer unsichtbaren Anmut. Ihre Hände griffen nicht fest zu und klammerten sich nicht an anderen fest. Ihr Streicheln schien von einer entspannten Leichtigkeit zu sein. Sie umarmten sich, während sie ineinander rannten und übereinander wegrollten. Ich spürte, dass sie Ruhepausen einlegten, die so kurz waren, dass sie praktisch gar nicht auffielen. Mit schnellen Blicken, einem kurzen Lächeln und Berührungen ihrer offenen Hände luden sie mich ein mitzuspielen. Die Behutsamkeit, die sie mir offensichtlich entgegenbrachten, war aufrichtig. Ich wollte ihr Spiel nicht stören oder stoppen, deswegen unterdrückte ich den Drang, zu reden oder Fragen zu stellen. So konnte ich mir von ihnen die Richtung weisen lassen und ihnen folgen. Meine Versuche, ihnen nachzueifern, lösten viel unverblümtes Lächeln aus, das jedoch nicht herablassend war. Mir wurde klar, dass spielen lernen mehr erforderte als Einsicht und Nachahmung.

Ich setzte meine Lehrzeit mit vielen weiteren Kindern fort, darunter auch mit Christian, einem Vierjährigen, der an einer Gehirnlähmung litt und mit dem ich eine Zeitlang jede Woche spiele. Jeder Tag, an dem wir zusammen spielen, ist ein neuer Tag, an dem wir uns gemeinsam entfalten und neue Bewegungs- und Berührungsmöglichkeiten erforschen. Er liegt in seinem Klassenzimmer rücklings auf einer Matte. Ich pfeife leise und rufe seinen Namen. Er dreht den Kopf und lächelt, weil er mich erkennt. Ich begebe mich langsam an seine Seite und sage seinen Namen. Er kichert und streckt sich aufgeregt. Ich berühre sein Hand, achte aber darauf, mich ihm nicht aufzudrängen. Ich pfeife. Er dreht und windet sich und lächelt. Ich lege meinen Kopf in Reichweite seines Armes und folge mit meinen Bewegungen seinen Bewegungen. Ich rolle ihn herum, so dass er auf mir liegt, und er lacht laut los.

In unserem Spiel entfaltet sich kontinuierlich neue Aktivität. Eines Tages setzte ich ihn auf meinen Schoß und begann langsam vor und zurück zu schaukeln. Während ich allmählich schneller schaukelte, wurde Christian immer aufgeregter. Schließlich machten wir zusammen eine Rückwärtsrolle. Aha! Wir hatten eine neue gemeinsame Bewegung gefunden. Wenn wir jetzt in Ausgangsposition für unsere Rückwärtsrolle gehen, sage ich jedesmal zu Christian: „Bist du bereit?" Dann drückt er seinen Rücken aufgeregt gegen meinen Brustkorb und wir rollen nach hinten. Und wenn wir wieder hochkommen, lachen wir beide.

Christians Kichern erinnert mich an Nietzsches berühmten Aphorismus: „Wenn wir auch nur einen einzigen Augenblick Ja sagen würden, bejahten wir damit nicht nur uns selbst, sondern die ganze Existenz." Christian und ich sind verbunden durch den „magischen Stoff" des Universums. Hier findet eine alchemistische Verwandlung statt, die aus dem hölzernen Erwachsenen, der ich bin, einen kostbaren Spielgefährten macht.

In der persönlichen Geschichte jedes Menschen, dessen innerer Spielgefährte Konditionierung, Schuljahre und Erziehung überlebt hat, finden wir Einflüsse wie den von Christian und damit von Menschen, die uns helfen, lebendig zu bleiben. Ohne etwas Bestimmtes von uns zu wollen, ermutigen sie uns einfach durch ihr Sein. Vielleicht haben wir uns weitere wichtige Grundlagen durch ein Studium erworben, doch dieser mysteriöse, anmutige Geist wohnt im Spiel selbst, und kein noch so großes Können oder Wissen kann ihn hervorlocken, noch können wir ihn uns im Lauf der Zeit aneignen. Er ist unsichtbar und unergründlich und entzieht sich dem diskursiven Denken. Wenn wir ihn – eine innere Präsenz, nicht erklärbar durch ihre äußere Form – überhaupt finden können, dann im stillen Raum eines klaren, freundlichen Herzens.

Weitere Spielplätze sind die märchenhaften Landschaften und geheimen Verstecke, wo wir unseren Kindheitsträumereien nachhingen, die wir als Erwachsene unter der schweren Last unserer Gleichgültigkeit begraben. Mein Freund Kevin Kemper, ein Baumzüchter, erzählte mir, als wir uns zum ersten Mal begegneten, unter Bäumen seien besondere Plätze. Hermann Hesse beschreibt Bäume als Heiligtümer, die das uralte Gesetz des Lebens predigen. „Ein Baum spricht: In mir ist ein Kern, ein Funke, ein Gedanke verborgen, ich bin Leben vom ewigen Leben."

Als Junge hatte ich auf der Farm meines Onkels meine Lieblingsbäume. Ich kletterte auf diese Bäume, die hinter dem Hühnerstall standen, saß in ihrer Krone und aß dort oben Äpfel. Jahre später ging ich oft am Trollbaum vorbei und hielt ihn immer für eine gewöhnliche Zeder mit einem großen Loch im Stamm. Später verwandelte sich die schöne alte Zeder durch das Geheimnis meines jungen Freundes in einen magischen Baum. Es gibt einen weiteren solchen Baum, der Michael Angelo Sanzio Raphael heißt. Opal Whiteley springt vom Scheunendach in seine Arme. Sie sagt: „Es ist solch ein Trost, es sich da oben in Michael Angelo Sanzio Raphaels Krone gemütlich zu machen, wenn man in Schwierigkeiten steckt." Das ist eine große Tanne mit einer verständnisvollen Seele. Bernhard Berenson beschreibt, wie er sich in „einem Augenblick vollkommener Harmonie" in einer Linde verliert. „Ich weiß noch – ich muss mich nicht erinnern –, dass ich einen Baumstamm hochkletterte und plötzlich in ein So-Sein eintauchte, das ich damals gar nicht so bezeichnete. Ich brauchte keine Worte. Es und ich waren eins."

Manchmal müssen wir uns den Spielplätzen in der Natur mit der Phantasie und dem Staunen eines Kindes nähern. Ein kindlicher Spielgefährte weiß sehr gut, dass man die Wolken in einem stillen Teich kitzeln kann.

Spiel entspringt den vorbewussten Eingebungen, an denen unser ganzes Wesen beteiligt ist. Als solches ist es nicht anstrengend, sondern voller Anmut, nicht moralisch, sondern eine Vision. Ein Spielgefährte bringt uns nichts bei, sondern lässt uns teilhaben an einer Präsenz. Er predigt keine Lehrsätze, sondern bringt uns das Geschenk der Freundlichkeit. Er bemüht sich nicht, anmutig zu sein, sondern spielt einfach mit irgendeinem der Abertausende von Wesen und Dingen, in denen sich diese Anmut offenbart – das kann ein Kind sein, ein Delphin oder ein Schmetterling. Und wenn wir diese Anmut bewusst wahrnehmen, fühlen wir uns zugehörig und wissen, wir sind unendlich wertvolle Geschöpfe. Dann können wir uns vorstellen, dass wir an der Schöpfung des Universums beteiligt sind.

Wir gehen am Wesentlichen von Spiel vorbei, wenn wir uns bemühen, daraus ein Symbol für etwas Größeres wie Gott oder Tao zu machen. Wir müssen mit dem Wesen spielen, das mit uns zusammen ist. Die Weisung des Zen, uns von ganzem Herzen und mit wachem Geist spontan auf das zu beziehen, was das Leben uns bringt, heißt den Weg des Spielens gehen. Jede Lebensform spielt ihrer eigenen Natur gemäß, und dieses individuelle Spiel birgt ein universelles Verstehen. Die Form und Energie meines individuellen Spiels ist lediglich ein Spiegel der universellen Seele in ihrer besonderen Ausprägung. Wenn ich mit einem Kind spiele, spiele ich sowohl mit einem bestimmten Kind als auch mit allen Kindern. Das ist der Boden von Mitgefühl, das ist es, was im Sanskrit *„tat tvam asi*, du bist das" heißt. Wir spielen also mit einem Schmetterling und doch... Dieses „und doch..." ist es, das uns immer auf den Fersen ist.

Bei einem Tai Chi-Workshop in Esalen stand ich einmal auf den Klippen und beobachtete die grauen Wale, die Richtung Süden nach Baja schwammen, die Ottern, die sich im Seetang tummelten, und die Chrysippusfalter, die zwischen den Bäumen flatterten. Chungliang Al Huang hatte gesagt, wenn wir uns im Einklang mit allem, was uns umgibt, bewegen, könnte es sein, dass sich ein Schmetterling auf uns niederließe. In einer Pause zwischen unseren Sitzungen nahm ich mein *bokken* (ein hölzernes Schwert) mit hinaus auf den Rasen und machte Tai Chi und Aikido. Ein Schmetterling landete auf der Spitze des Schwerts und blieb auch dort sitzen, als ich das Schwert durch die Luft hieb. Dann glitt er nach unten und spazierte auf meinem Arm auf und ab. Ich legte das *bokken* hin und machte mit dem Schmetterling Tai Chi. Er blieb den ganzen Nachmittag bei mir, flog von mir zu Hillary und Al und wieder zu mir zurück. Al mit dem Schmetterling zu sehen, hieß wirklich erleben, wie zwei Wesen sich bewegten, als wären sie eins. Als die Dämmerung kam, setzte ich den Schmetterling in einen Busch, verabschiedete mich von ihm und ging. Am nächsten Morgen rannte ich noch vor dem Frühstück zu dem Busch. Ich weiß nicht genau, was ich erwartete, vielleicht, den Schmetterling wiederzusehen. Der Busch war leer. Ich blickte zu Boden und dort, unter dem Busch, lagen vier ordentlich gereihte Flügel von Chrysippusfaltern. Diese Flügel waren, wie Lynda Sexson schreibt, „genau der Stoff, aus dem das Heilige ist."

Unser Spiel mit einem ganz gewöhnlichen Schmetterling offenbarte uns die Anmut des Ganzen, in dem alles miteinander verbunden ist und zusammenschwingt. Das ist ein enormer Sprung von Psychologie über Geografie und Ökologie zur Kosmologie. Nicht nur, dass ein Schmetterling und ich zusammen spielten; eine Zeitlang verschwanden die Barrieren zwischen mir und anderen. Freundlichkeit bezeugte die Kraft einer Liebe, die jenseits der künstlichen Produkte der Gesellschaft und der Spezies existiert. Durch Spiel bekommen wir Zugang zu Freundlichkeit, die Spielgefährten Kräfte verleiht, welche über gesellschaftliche Stärken hinausgehen.

Spielen heißt etwas immer wieder „zum ersten Mal" erleben. Der Satz „Ein guter Künstler empfindet die Arbeit immer wieder neu" gilt nicht nur für Pablo Casals und Arturo Toscanini, sondern auch für Spielgefährten. Das Japanische hat dafür die Worte *Ichigo, ichie*, was soviel bedeutet wie „eine Zeit, ein Zusammentreffen". Ich spiele nie mit demselben Spielgefährten zweimal. Das ist viel schwerer, als es scheint. Es bedeutet, ich muss bereit sein, alle vorgefassten Ideen aufzugeben, um mit Demut zu folgen, wo auch immer ich hingeführt werde. Das gilt sowohl für Kinder, denen ich zum ersten Mal begegne, als auch für die, mit denen ich täglich spiele.

Etienne brachte mir gleich zu Beginn unseres gemeinsamen Spielens eine wichtige Lektion bei. Sie, Anthony und ich spielten überall in Haus und Garten. Als wir uns eines Tages draußen auf dem Rasen vor dem Haus befanden, lief sie mitten aus dem Spiel weinend ins Haus. Ich dachte, sie habe sich vielleicht körperlich verletzt, also folgte ich ihr. Es stimmte, sie war verletzt, aber nicht körperlich. Als ich sie fragte, was nicht stimme, sagte sie: „Du spielst mit mir anders als mit Anthony." Zuerst wusste ich nicht, was sie meinte. Dass ich mit ihr nicht so viel Körperkontakt hatte wie mit Anthony? Nein, das war es nicht. Sie hatte das Gefühl, dass ich beim Spielen nicht auf sie einging. Ich war nicht präsent für sie. Ich spielte nicht mit Etienne, sondern mit der, die sie gewesen war, mit der, von der ich dachte, dass sie es sei. Ich lerne diese Lektion ständig.

Ich muss mit der Person spielen, die vor mir steht; nicht mit der, mit der ich gestern spielte oder mit der ich spielen will, sondern mit der, die tatsächlich anwesend ist. Ich lese keine Krankenberichte oder Akten und auch keine Fachliteratur über Kinderkrankheiten. Wenn es um die Kategorisierungen geht, die Erwachsene Kindern überstülpen, damit sie gesellschaftlichen Anforderungen genügen, bleibe ich möglichst unwissend. Ich spiele mit der Person, nicht mit ihrer Krankheit, Behinderung oder Gesellschaft. Ferrucci weist uns darauf hin, dass der französische Physiologe Claude Bernard, der britische Biophysiker Francis Crick, Charles Darwin und Louis Pasteur alle der Ansicht waren, dass wir Wissen aufgeben müssen, um uns dem Leben unvoreingenommen und mit einer geistigen Haltung zu nähern, die für alles offen ist.

Damit wir innerlich bereit sind zu spielen und uns von der Welt wieder verzaubern zu lassen, müssen wir uns freimachen von den so genannten Wahrheiten unserer Gesellschaft. „Von Herzen spielen" heißt, den eigenen isolierten Intellekt aufzugeben zugunsten der Intelligenz des ganzen Universums. Aber wir sollten uns darum nicht groß Gedanken machen, denn, wie Joseph Chilton Pearce versichert, „... Kinder werden seit Millionen von Jahren von genetischen Kodes getrieben, intuitiv ihrem eigenen Weg zu folgen, um zu überleben und ihre Intelligenz zu entfalten – und dieser Weg ist Spiel." Wir müssen das, was wir wissen, zugunsten dessen, was wir nicht wissen, hinter uns lassen. Genau das müssen auch andere Forschende tun, sei es ein kleines Kind, das Laufen lernt, Kolumbus, der von Südeuropa aus in See sticht, ein Astronaut, der den Weltraum erforscht, oder Sie und ich, die wir das Spiel mit Kindern, Tieren und miteinander erforschen.

So wie die höheren Mächte der Gnade niedrigere Ebenen des Seins auflösen können, kann auch die Überwindung von Angst Spiel freisetzen. Um „rauszukommen und zu spielen", müssen wir uns öffnen „für das ebenso schreckliche wie faszinierende Wunder unseres Selbst und des Universums, dessen Ohren, Augen und Geist wir sind". Bei Sainte-Beuve heißt es: „Gnade schafft einen inneren Zustand, der vor allem ausgezeichnet ist durch Liebe und Demut." Diese Gnade ist eine Bereitschaft oder Leere, das Geschenk dessen zu empfangen, was in der Natur der Dinge bereits existiert. Die gnadenreiche Leere ursprünglichen Spiels birgt alles: die Sonne und den Zyklon, den Löwen und das Lamm, den Tautropfen und den Ozean, dich und mich.

Kapitel 9

„*Und für ihn, der anklopft*":
Dem Geist von Spiel vertrauen

Vertrauen ist Macht.

Laotse

Verstehen ist die Belohnung für Glaube. Deshalb versuche nicht zu verstehen, um zu glauben, sondern begehe den Akt des Glaubens, damit du verstehen kannst; denn ohne diesen Akt des Glaubens wirst du nicht verstehen.

St. Augustinus von Hippo

In der Liebe gibt es nie eine reine Identität, denn zur Liebe gehören zwei und doch werden die zwei eins. Das ist das große Mysterium.

Pater Bede Griffiths

Wir suchen die Erfahrung, lebendig zu sein. Das scheint ganz einfach. Die Schwierigkeit ist, dass wir, um diese Erfahrung machen zu können, keine Angst vor dem Leben haben dürfen. Spiel verlangt große Furchtlosigkeit, damit wir uns vertrauensvoll ins Unbekannte hineinbegeben können. Wenn wir loslassen, wird Spiel zur Quelle eines Vertrauens, das all unsere Vorstellungen übertrifft. John Keats fand dafür in einem seiner Briefe die treffenden Worte: „Der einzige Weg, den eigenen Intellekt zu stärken, besteht darin, sich überhaupt nichts auszudenken." Diese scheinbare Selbstvergessenheit ist in Wirklichkeit ein kosmisches Erinnern. Es gibt im Spiel keine Experten. Es gibt keine Hierarchien, keine Preise und keine Sieger. Expertengeist lässt wenig Möglichkeiten zu. Der Geist des Anfängers hingegen birgt grenzenlose Möglichkeiten. So bemerkenswert dieses Vertrauen zu sein scheint, für Spielgefährten ist es nichts Besonderes.

Das Vertrauen im Spiel ist eine Einladung an ein Mysterium, und das ursprüngliche Mysterium birgt ein noch tieferes Mysterium – wieder und wieder öffnet sich die Pforte. Solch ein großartiges Mysterium verlangt entsprechend große Geduld, Furchtlosigkeit, Hingabe und Liebe. Nur damit können wir hoffen aufzulösen, was ein gordischer Knoten voller Paradoxe zu sein scheint, die unseren Weg blockieren.

Das erste dieser Paradoxe wurde bereits in Kapitel 8 als das Paradox von Pu dem Bären erwähnt. Abu Yazid al-Bistami hat dafür passende Worte gefunden: „Das, wovon wir sprechen, kann durch Suchen nicht gefunden werden, und doch finden nur Suchende es." Es gibt noch weitere Paradoxe: Liebe, bedingungslos auf einen Menschen ausgerichtet, umarmt alle Lebewesen. Durch entschlossenes Üben erreichen wir, was nicht geübt werden kann. Mit Denken geht es nicht, mit Tun geht es nicht, doch ohne Denken und Tun geht es auch nicht. Es gibt nur einen „richtigen" Schritt und keine „falschen" Schritte. Die Suche, die dem höchsten spirituellen Ziel zu gelten scheint, findet mitten in unserem Alltag statt. Wenn wir den Versuch loslassen, wissen zu wollen, gelangen wir zur tiefsten Einsicht: der Weisheit des Herzens.

Das Vertrauen im Spiel ist eine natürliche Weisheit, Ausdruck einer Verbindung, die unser Leben erfüllt. Es gleicht einem siebten Sinn, mit dem wir weit Entferntes, Verborgenes und Innerstes entdecken können. Bei Harvey Cox heißt es, Glaube sei in Wirklichkeit eine Form von Spiel.

Als Spielgefährten müssen wir so viel Vertrauen in die Spielbeziehung haben, dass sie, unbehindert durch unser Wollen, jede Richtung nehmen kann. Bedingungsloses Spiel kann besonders schwierig sein, und doch ist es der einzige Weg. Bei Teilhard de Chardin heißt es dazu:

Eines Tages, wenn wir die Winde, die Wellen, die Gezeiten und die Schwerkraft beherrschen, werden wir uns... die Kraft der Liebe nutzbar machen. Dann wird der Mensch zum zweiten Mal in der Geschichte der Welt das Feuer entdecken.

Furchtlosigkeit heißt, diese Erkenntnis im Alltag zu leben. Als Spielgefährten sind wir niemand Besonderes, und doch widmen wir uns einer Praxis, die den Geist ein Leben lang schult. Als Spielgefährten erleben wir, wenn auch nur vorübergehend, einen Zustand der Bedingungslosigkeit, in dem es unmöglich ist, zu gewinnen oder zu verlieren, denn wir haben nichts zu beweisen, zu verbergen oder einzubüßen. Wir erleben, welche Erleichterung es ist, unsere Abwehr fallenzulassen und zum Kanal für eine Kraft spendende, unerschöpfliche Quelle zu werden, die reicher sprudelt, als wir es uns jemals vorgestellt haben.

Rabindranath Tagore schreibt:

Als Buddha zu den Menschen sagte: „Verbreitet Gedanken voller Liebe und zieht keine Grenzen"; als Christus sagte: „Liebt eure Feinde", transzendierten sie den durchschnittlichen Standard der Ideale, welche die gewöhnliche Welt vertritt.

Aus unserer eigenen inneren Tiefe, aus einem Reich jenseits der Gesellschaft, ist diese Weisheit uns allen zugänglich.

„Komme zu Gott", sagte Madame Guyon, „als schwaches Kind, das ganz verdreckt ist und überall blaue Flecken hat – ein Kind, das immer wieder hingefallen ist und sich schlimm verletzt hat. Komme zum Herrn als jemand, der keine eigene Stärke besitzt."

Wir sind mit Sicherheit „schlimm verletzt" worden. Nicht nur dass Gewalt, Missbrauch und Aggression weit verbreitet sind, viele Menschen finden sich auch ab mit einem Leben, in dem Kinder in solch einem Klima aufwachsen. Als sei das unvermeidbar. Im Gespräch mit Najagneq, einem Schamanen der Inuit, erfuhr Dr. Knud Rasmussen von einem sehr starken Geist, Sila, dem „Erhalter des Universums", dessen Worte nicht durch gewöhnliche Rede zu uns kommen, sondern durch Kräfte wie „kleine unschuldig spielende Kinder, die nichts verstehen..."

Und was sagt Sila?

„...*Sila ersinarsinivdluge*, Fürchte dich nicht vor dem Universum."

Madame Guyon und Najagneq stecken die Parameter für das Vertrauen ab, das für unsere Suche erforderlich ist: Lassen Sie los, es gibt nichts zu befürchten. Auch wenn sie sehr verletzt worden sind, können Kinder in ihrem Spiel eine entwaffnende Furchtlosigkeit an den Tag legen.

Die Suche nach dem inneren Spielgefährten ist eine große Herausforderung. Wie könnte es auch anders sein? Dieses Mitgefühl zu entwickeln und zu leben ist das große Abenteuer. Es geht um mehr als darum, einfach mal Ferien zu machen. Der einzige Weg, sich selbst hervorzulocken – um unterwiesen zu werden –, besteht darin, sich selbst zu opfern! Wenn wir uns selbst nicht aufgeben, ist unser Spiel nur oberflächlich und voller Selbstbehauptung. Das reicht nicht für das Abenteuer, dem wir uns anvertrauen wollen.

Vertrauen speist die Quelle – psychisch, körperlich und geistig –, aus der authentisches Spiel sprudelt. Ein Spielgefährte sagt: „Ich vertraue." Punkt. Er stellt keine Bedingungen, beharrt nicht auf Verpflichtungen. Wem oder was sollen wir vertrauen? Uns selbst? Den anderen? Dem Land? Spielvertrauen gilt nicht als etwas, das man anfassen kann wie Geld, ein Ehemann oder ein Land. Es steht für die Beziehung, die wir mit dem Universum eingehen.

Robert half mir, meinem Bauch statt meinem Kopf zu vertrauen. Robert und ich begegneten uns in den Bergen östlich von San Diego. Er leitete eine Lamentation, an der ich mit meinem Freund Ed teilnahm. Mit großem Ernst und großer Freundlichkeit wies Robert mich an, meinen heiligen Kreis 24 Stunden nicht zu verlassen. Nach diesem Erlebnis war ich so von ihm eingenommen, dass ich ihn anrief, um einen Besuch bei ihm zu vereinbaren. In der Zwischenzeit entdeckte ich, dass Robert auf seinem Gebiet international bekannt war. Bei der Fahrt die Küste hoch zu seinem Haus war es mir peinlich, dass ich mich selbst bei ihm eingeladen hatte. Ich hatte das Gefühl, ihm überhaupt nichts geben zu können, doch ich wollte einfach mit ihm zusammen sein. Während der ganzen Fahrt zermarterte ich mir den Kopf, über welche wichtigen Themen wir sprechen könnten. Als ich ankam, bat er mich freundlich ins Haus. Mir war immer noch nicht eingefallen, worüber ich mit ihm reden sollte. Er drehte sich zu mir um und sagte:

„Weißt du Fred, ich wusste ja, dass du heute zu mir hochkommen würdest, aber ich habe keine Ahnung, über was ich mir dir reden könnte."
Er wusste genau, was ich empfand!

Er zeigte mir ein ebenso einfaches wie verblüffendes Vertrauensspiel. Bei diesem Spiel geht es um Geben und Nehmen. Roberts Geschenk für mich an diesem Tag bestand in einem tiefblauen Lapislazulistein, der die Farbe seiner Augen hatte. Doch er schenkte mir noch viel mehr – die Weisheit, nicht den vielen Gedanken in meinem Kopf zu vertrauen, sondern meinem leeren Bauch, der, wie er mir sagte, bereits von dem Stein gewusst hatte, bevor ich bei ihm eintraf.

Einige Zeit später, als ich auf ein Gefühl in meinem Bauch vertraute, vertiefte ich Roberts Lektion. Mitte der achtziger Jahre führte ich einen höchst erfreulichen Briefwechsel mit Jean, einem „Mann der Berge", der in der Schweiz lebte. Jean und Nicole wohnten in einem Tipi. Wir schickten uns gegenseitig Gedichte und Geschichten. Anfang Februar 1986 erhielt ich ein Päckchen mit einem Brief von Nicole und zwei Geschenken von Jean, einem kleinen Messer und einer Kette aus rotem Tonstein, antiken Glasperlen und Schnitzereien aus Elchgeweih. In den Monaten davor hatte ich an einer Geschichte über meine Beziehung mit einem „Ältesten" geschrieben, der in sich all die Wesenszüge der Ältesten vereinte, denen ich in meinem Leben bislang begegnet war. Ich wusste gleich, dass diese Geschichte für Jean war und schickte ihm sofort eine Kopie. Etwa einen Monat später traf ein Brief von Nicole ein. Sie hatte meine Geschichte bekommen und sie Jean vorgelesen an dem Tag, bevor er in ihren Armen friedlich starb.

Unser Herz kann sich in den unterschiedlichsten Lebenssituationen öffnen. Das geschieht unsichtbar, ist nichts Besonderes und ist doch alles. Wir müssen dem neuen Weg vertrauen, noch bevor wir sehen können, wie er uns gut tut. Natürlich ist genau das mit Vertrauen gemeint. Ich lernte diese wichtigste Lektion für Spiel von Paul.

Paul war in meiner Kindergartengruppe. Er hatte Leukämie, und seine Eltern befürchteten, dass körperlich anstrengende Spiele seinen Tod beschleunigen könnten. Mehrere Monate lang hatten Paul und ich auf verschiedenste Weise Körperkontakt, ohne jedoch wild herumzutollen. Er rollte sich in meinem Schoß zusammen, um Geschichten zu lesen, oder ich trug ihn auf meinen Schultern herum. Wenn wir mit Bausteinen spielten, legte ich mich zu ihm auf den Boden.

Eines Tages kam Paul zu mir und fragte mich, ob ich seine Eltern zu einem Treffen in die Schule einladen könne. Am nächsten Nachmittag kamen wir vier im Klassenzimmer zusammen. Paul sprach als erstes mit ruhiger Stimme: „Ich will mit Fred spielen. Ich weiß, dass ich nicht so lange leben werde wie ihr drei, aber ich will leben, als ob es so wäre." In seiner Ernsthaftigkeit lag eine große Kraft. Wir anderen hatten alle Tränen in den Augen, als wir uns mit seinem Vorschlag einverstanden erklärten. Als er am nächsten Tag in den Kindergarten kam, war er so aufgeregt und stürzte sich so heftig aufs Spielen, dass er am folgenden Tag zu Hause bleiben und ausruhen musste. So ging es eine Weile; Paul kam den einen Morgen in die Schule und am nächsten ruhte er sich zu Hause aus. Etwa einen Monat später starb er an Leukämie.

Während unserer gemeinsamen Monate sprachen Paul und ich mehrmals über den Tod. Er redete und ich hörte zu. Paul vertraute in eine Kraft jenseits der menschlichen Wesen, die sein Leben teilten. Ich bin überzeugt, dass er mit seinen fünf Jahren beschloss zu spielen, obwohl er wusste, dass das sein Leben verkürzen würde. Ich weiß nicht, wie ich mit Worten beschreiben soll, was wir zusammen erlebten, es war so voller Kraft und Gewissheit. Paul ließ mich nicht an Inhalten, sondern an einer Präsenz teilhaben. Das Mysterium bleibt, doch die Frage nach dem Sinn von Spiel hat sich aufgelöst.

So bemerkenswert dieses Vertrauen ist, Paul ging damit um, als sei es nichts Besonderes. Je mehr er vertraute, desto größer wurde der Unterschied zwischen ihm und meiner normalen Realität, doch für ihn wurde dieser Unterschied offenbar immer unwichtiger. Wie das Atmen erhält auch Spiel uns lebendig und sagt: „Wer nicht von ganzem Herzen vertraut, kann nicht spielen."

Ferrucci greift eine Geschichte aus Indien auf, in der die Intensität, die sowohl Vorbedingung für als auch Folge von Spiel ist, deutlich wird. Ein Schüler fragt seinen Meister, was er brauche, um zur wahren Erleuchtung zu gelangen. Der Meister führt ihn an einen See, taucht den Kopfs des Schülers unter Wasser und hält ihn so lange fest, bis der Schüler es nicht mehr aushält. Der Meister fragt: „Wonach hast du dich gesehnt?" „Zu atmen", antwortet der Schüler. „Und wie intensiv war dieser Wunsch?" forscht der Meister nach. „Mit ganzer Kraft habe ich mir das gewünscht", entgegnet der Schüler. „Wenn dein Wunsch nach dem Göttlichen genauso stark ist, dann bist du auf der richtigen Spur."

Ein Delphintraum bestärkte mich in dem Vertrauen in Spiel, das Paul bewies. Nachdem ich von Australien nach Hause zurückgekehrt war, erreichten mich wiederholt Berichte, dass Menschen Wale und Delphine „einfach aus Spaß" umbrachten. Ich erfuhr, dass man auf Old Charley, den ersten Delphin, mit dem ich mich in Monkey Mia anfreundete, geschossen und ihn getötet hatte. Zwei Delphine, die in Neuseeland Freundschaft mit Menschen geschlossen hatten, wurden ebenfalls erschossen. Und in dem Frühjahr, in dem ich aus Australien wiederkam, wurde an der Ostküste der Vereinigten Staaten ein Weißwal umgebracht, der Vertrauen in Menschen gefasst hatte. Wie Wölfe und viele andere Tiere müssten auch Wale eigentlich kochen vor Hass und Rache gegen uns, doch bringen sie uns weiterhin ein erstaunliches Vertrauen entgegen. Offensichtlich müssen wir, wie Jim Nollman in seiner Schilderung eines Delphins beschreibt, der sich in einem Fangnetz verhedderte, „zu dem unvermeidlichen Schluss gelangen, dass dieses verletzte aber ziemlich wache Tier uns Menschen mehr vertraute, als wir uns gegenseitig vertrauen". Ich konnte mir diese offensichtliche Diskrepanz zwischen dem Vertrauen und der Feinfühligkeit der Wale und unserer Schlachterei einfach nicht erklären. Dann erzählte mir ein Delphin eines Sonntagmorgens in einem Traum, dass auf ihrer Ebene von Liebe einfach kein Platz für Hass oder Misstrauen sei, sondern nur für wachsendes Vertrauen. Mit dieser kraftvollen Mischung aus Liebe und Vertrauen sind Lebewesen völlig immun dagegen, von Leid oder Angst erschüttert zu werden. Paul wusste das.

Wo sich verwandte Pfade kreuzen, scheint die ganze Welt für eine Weile unser Zuhause zu sein.

Hermann Hesse

In Budapest hatten Jan, Des, Catherine und ich Gelegenheit, mit einer Gruppe von 15 Kindern zu spielen, die zwischen 18 Monaten und elf Jahren alt waren. Mitten in unserer Spielsitzung hielt mich ein kleiner Junge auf Armeslänge von sich weg und zögerte einen Augenblick. Wir schwiegen beide. Sein sanfter, intensiver Blick galt nicht mir als Person, die vor ihm saß, sondern schaute irgendwohin jenseits von mir in mich hinein. Es war, als stieße er eine Tür auf und fragte: „Wer ist da drinnen?" Seine Augen wanderten umher, als ob er einen Platz, an dem er nie zuvor gewesen war, gründlich erforsche und in sich aufnahm. Obwohl ich nicht ganz bewusst war, bekam ich genau mit, dass zwischen uns ein Feuer brannte. Es war, als wären wir eine Einheit und als experimentierten unsere Körper mit etwas viel Umfassenderem. Er beugte seinen Kopf und lächelte, als wollte er sagen: „Ja, ich bin hier zu Hause." Dann ließ er sich beruhigt auf mich fallen und wir spielten weiter. Zwei Spielgefährten hatten sich aufeinander eingelassen. Mir fehlte jedes Wissen, um dieses Mysterium aufzulösen. Doch wusste ich auf einer tieferen Ebene, dass Gott mit uns spielt.

Nach einer Spielsitzung mit Kindern aus dem Navaho-Kindergarten sagte ein Ältester, der stehen geblieben war und uns zugeschaut hatte, zu mir: „Wenn ich sehe, wie Sie mit Kindern spielen, kommt es mir vor, als würde ich Blumen beim Wachsen beobachten." Wenn wir so spielen, erfahren wir das Wunder aller Dinge.

Ein Kind, das mit seiner Hand meinen Finger umschließt, ein Delphin, der mich anstupst, das Vertrauen, das in der Schnauze eines Koyoten spürbar ist – all das sind Einladungen zu spielen. An einem Herbsttag lag ich einmal in einem Gehege in Wolf Haven auf einem Teppich aus Ahornblättern, den die Sonne wärmte. Ich freute mich an den großen gelben Blättern, die langsam zu Boden schwebten und versuchte zu raten, welches Blatt sich als nächstes vom Baum lösen würde. Kurz darauf unterbrach mich Little Guy, ein junger Kojote, in meiner Träumerei, indem er mit den Pfoten auf meinen Brustkorb sprang und an meinem Bart knabberte. So plötzlich wie die raschen Hiebe des Meisterfechters rollten wir zusammen in einer engen Spirale über den Boden. Weiter passierte nichts. Er lief so plötzlich weg, wie er gekommen war. Wie die schnell aufeinander folgenden Widerspiegelungen eines Tachistoskops blitzten seine Augen zwischen den Bäumen immer wieder zu mir her. Er erinnerte mich an das kleine Mädchen, das in Monkey Mia überraschend mit mir spielte, als ich eigentlich Holly, den Delphin, erwartet hatte. Und wie so oft im Spiel fand ich nie heraus, wie meine Spielgefährtin hieß. In diesen Augenblicken des Vertrauens ist unendlich viel Leben in wenig Zeit und Raum versammelt. So ist Spiel nun einmal.

Ein Spielplatz ist „Vertrauensgebiet", umgeben und abgeschirmt von einem unsichtbaren magischen Kreis, der jeden und alles, die dieses Gebiet betreten, aufnimmt. Hier sind die Sorgen und Ängste, die wir in unserem Leben entwickelt haben, vorübergehend ausgeklammert. „Es ist fast, als versuche die Natur in ihrer Verspieltheit und mit ihren Synchronizitäten und Augenblicken der Illusion, die Grenzen aufzuweichen, die die Logik zieht", schreibt F. David Peat. So wird der Spielplatz zu einer außerordentlich reichen Quelle für heiliges Erleben.

Genau das erlebte ich, als ich eingeladen wurde, auf dem Land der Navaho mit Kindern zu spielen. Ich wohnte bei einer Navaho-Familie und empfand es als eine Ehre, dass sie mir ihren Hogan, der wenige Schritte hinter ihrem Zuhause stand, als Unterkunft anboten. Ein Hogan ist ein achteckiges Gebäude aus Holzbohlen und Adobe (getrocknetem Lehm, Anm.d.Ü.) mit einem festen roten Sandfußboden. In der Mitte stand ein kleiner Holzbrenner. Als ich den Hogan betrat, konnte ich spüren, dass er mehr war als eine Unterkunft. Das empfand ich besonders, als ich nachts den Winden in der Hochwüste lauschte, die um den Rauchfang fegten, und auch am Morgen, als ich von der Wärme der Sonne erwachte, die durch die nach Osten gelegene Tür hereinschien. Nachdem ich in einem Hogan geschlafen hatte, wusste ich, was Trebbe Johnson meint, wenn er sagt: „Die Navaho haben nichts zu befürchten, denn sie leben auf dem heiligen Gelände 'von Langlebigkeit und Glück'."

Auch auf dem Schulgelände stand ein kleines Gebäude, das wie ein Hogan gebaut war, nur dass sich statt des Rauchabzugs ein Fenster im Dach befand. Wenn ich nur mit ein oder zwei Kindern spielen wollte, konnte ich diesen Hogan benutzen. Mir ist heute klar, dass das genau der richtige Ort für Jenny und mich war, um das gemeinsame Spiel anzufangen.

Am Tag zuvor, als meine Freundin Eleanor mich zur Schule brachte, war ich Jenny zum ersten Mal begegnet. Wir befanden uns in Eleanors Klassenzimmer, als Jenny vorbeischaute. Aber Jenny schaut nicht einfach vorbei; sie ist eine erstaunliche Mischung aus Wirbelwind und Stille.

„Fred spielt mit Kindern. Würdest du auch gern mit ihm spielen?" fragte Eleanor. Jenny schaute kurz zu mir her, zeigte aber ansonsten keinerlei Interesse an mir.

Dann fügte Eleanor hinzu: „Fred spielt auch mit Wölfen." Ich dachte, das könne vielleicht ein Anfang sein. Also zog ich die Fotos hervor, die ich mitgebracht hatte, und breitete sie auf einem der Tische aus. Sie warf einen verächtlichen Blick darauf und sagte: „Wölfe fressen dich. Sie sind gemein."

„Nein", entgegnete ich, „du kannst mit ihnen spielen." Sie verschwand so, wie sie gekommen war. Ich denke nicht, dass sie mir glaubte. Eleanor lächelte mich an. „Das ist typisch Jenny." Ich hatte keine Ahnung, was mich erwartete.

Am nächsten Tag saß ich zwischen zwei Spielsitzungen nachmittags auf dem Schulgelände im Hogan. In diesen Pausen öffnete ich gern die Tür, legte mich auf den Rücken und schaute durch das Dachfenster den Wolken zu. Ich fühlte mich beobachtet und sah hoch. Ein kleiner Junge stand an der Tür und lugte zu mir her. Ich lud ihn ein hereinzukommen. Ihm folgte, zu meiner Überraschung, Jenny.

„Was spielst du denn?" fragte Jenny.

„Ich werde es dir zeigen." Ich krabbelte auf die beiden zu, zog den Kopf ein und stupste ihn behutsam gegen die Beine des Jungen. Er sprang mir sofort auf den Rücken. Er wusste, was spielen heißt! Bevor ich mich umdrehen und zurückkrabbeln konnte, um auch Jenny einzuladen, saß sie ebenfalls auf mir. Wir spielten, krabbelten und rollten uns etwa eine Stunde auf dem Boden herum. Dann mussten die Kinder gehen. Ich brachte sie zurück in ihre Klassen. Jenny bekam Erlaubnis, wieder mitzukommen, also gingen wir zurück. Auf dem Weg hielten wir an, um zu schaukeln. Als ihre Mitschüler in der Pause auf uns zukamen, drängte sie mich fort, denn sie wollte von den anderen Teenagern offensichtlich nicht gesehen werden. Wir gingen zu dem Hogan. Sie wollte, dass ich die Tür schließe, und äußerte sich wieder besorgt, die anderen könnten sie sehen.

Jenny und ich spielten den ganzen Nachmittag. Sie saß auf meinem Rücken und wir tollten durch den Raum. Dann ruhten wir uns aneinander gelehnt aus und schauten zu, wie die Wolken im Dachfenster über uns vorbeizogen. Ich wusste, dass sie nie zuvor gespielt hatte. Bislang hatte jeder Mann, der sie berührte, sie verletzt oder etwas von ihr gewollt. Doch dies war heiliges Spiel, ein unschuldiges und liebevolles Vergnügen. Ich lächelte und staunte über die Macht von Spiel, ein 15-jähriges Navaho-Mädchen und einen Kaukasier, die sich gerade erst begegnet waren, zusammenzubringen.

Als ich am nächsten Tag gerade im Begriff war, den Hogan zu verlassen, um zum Mittagessen zu gehen, sprang mir Jenny auf den Rücken. Und als ich später am Nachmittag auf meinem Weg zu dem Wagen, der mich zum Flughafen bringen würde, durch die Schule ging, wartete Jenny auf mich. Sie stand mit einigen anderen Schülerinnen im Flur an der Wand. Ich musste mich sehr zurückhalten, um sie nicht anzustupsen oder kurz mit ihr zu raufen, aber sie hatte mir ja deutlich gezeigt, dass es ihr unangenehm war, vor ihren Mitschülern mit mir zu spielen. Wir warfen uns einen wunderbaren Blick zu und ein Lächeln, nur für uns sichtbar. Während ich weiterging, musste ich noch immer darüber lächeln, dass Jenny mich jetzt ganz anders angesehen hatte als bei unserer ersten Begegnung. In dem traditionellen Hogan, der wie eine Kirche geformt war, schufen Jenny und ich durch unser Spiel heiligen Raum, welcher der Erde angehörte und den wir zugleich überall hin mitnehmen konnten.

Jenny, ich und der Hogan fließen in meinem Körper und in meiner Seele, wenn diese sich an sie erinnern, zusammen. Aus solchem Faden und Garn entsteht ein feines, natürliches Gewebe von höchster Harmonie. Und wie die Spinne in einer Navaho-Webarbeit hinterlassen wir eine unsichtbare Spur.

Ich weiß noch, dass ich im Flugzeug durch das kleine ovale Fenster nach unten auf die Weite der Wüste und der Mesas schaute. Mir kamen die Tränen, als ich an mein Spiel mit Jenny dachte. Ich fühlte mich bereichert durch sie und das Vertrauen, das uns zusammenbrachte. Und wieder muss ich dabei an Paul und sein Vertrauen ins Leben denken.

Im folgenden Jahr kehrte ich für eine Reihe weiterer Workshops und Spielsitzungen zurück. Jenny war nicht mehr in der Schule, aber sie hatte gehört, dass ich gekommen war. Sie hatte zwei kleine Söhne. Als ich gerade meinen Einführungsvortrag für die Belegschaft beendete, sah ich, wie Jenny ihren Kopf durch die Tür steckte. Ich freute mich sehr. Als sie erneut hereinschaute, rannte ich hinaus und jagte sie durch eine Hintertür in den Raum. Ein paar Minuten lang krabbelten Jenny und ich unter und zwischen den Schreibtischen des Klassenzimmers herum. Ich umarmte sie und brachte meine Rede zu Ende. Hätten die Erwachsenen doch nur begreifen können, dass unsere Umarmung der Ursprung meiner Worte war. Wenn wir nicht lieben, können wir nicht hoffen, Harmonie, Sinn und Freundlichkeit in unser Leben zu bringen. Als Jenny und ich zurückgingen zu Eleanors Büro, zeigte ich über die

Häuser, die hinter der Schule standen, zu den Mesas, die sich im Licht des späten Nachmittags rosa färbten.

„Gehst du dort jemals hin?"

„Manchmal, um allein zu sein. Wenn du nächstes Mal kommst, musst du mit mir dort hochkommen."

„Sehr gerne."

Wir betraten die Schule und begannen uns gegenseitig über den leeren Flur zu schubsen. Dann spielten wir in der Aula der Schule, nur wir beide. An jenem Abend fand draußen eine Spielsitzung statt. Wir legten Matten aus, und die ganze Gemeinde war eingeladen mitzuspielen. Jenny machte mir ein besonderes Geschenk. Sie brachte ihre kleinen Söhne mit, damit sie mit mir spielten.

Jede Umgebung kann ein heiliger Ort für Spiel sein. In Südafrika besuchte ich *Patrick's House*, ein Zentrum für Straßenkinder in Kapstadt. Als ich eintraf, dachte die Direktorin, ich wolle zunächst nur mit den Betreuerinnen sprechen und einen Termin für später ausmachen. Ich musste am nächsten Tag nach Johannesburg zurückkehren und wollte wirklich gern mit Kindern spielen. Also lief ihre Assistentin schnell durch das Gebäude und trommelte ein paar Jungen zusammen. Es ist wichtig, dass wir bereit sind, an dem Platz zu spielen, der gerade zur Verfügung steht. Die Jungen begannen sich in der Eingangshalle um uns zu versammeln. Einige kamen gerade aus der Schule, andere direkt von der Straße. Ihre Kleider waren ihnen zu groß oder zu klein. Abgetragen und zerrissen, hatten sie ein unbeschreiblich schmuddeliges Braun angenommen. Marian, Liz und ich versammelten eine Gruppe von Jungen um uns, mit denen wir hinausgehen und spielen wollten. Eine Sozialarbeiterin, die Hausmutter und ein Kinderpsychologe vom Sozialamt wollten mitkommen und einfach zuschauen. Es war eine seltsame Truppe, die sich da an den Wohnblocks vorbei zu einem kleinen Park begab – drei weiße Frauen, zwei weiße Männer, eine schwarze Frau und 15 schwarze Jungen.

„Was unternehmen Sie gegen Gewalt?" wollte der Psychologe von mir wissen, während er und ich vor den 15 Jungen im Alter zwischen acht und 18 Jahren hergingen. Sie schlenderten die Straße entlang, schrien sich an, boxten und traten sich. „Wissen Sie, diese Kinder leben damit." „Wissen Sie, wie das Leben dieser Kinder aussieht?" Natürlich wusste ich das nicht. Ich konnte mir vielleicht in etwa die äußeren Bedingungen solch eines Lebens auf der Straße vorstellen, aber nicht, wie der Alltag diese Kinder körperlich und geistig zermürbte.

Der Psychologe wusste offensichtlich nicht, was dort in dem Park passieren sollte. Ich sagte ihm nicht, dass auch ich mir darüber keinesfalls im Klaren war. Ich musste offen bleiben für alles, was wir vorfinden würden. Als wir den Park betraten, sah ich einige kleine Kinder auf Klettergeräten spielen. In der anderen Richtung erblickte ich einen Rasensprenger, der einen Teil der Rasenfläche sprengte. Plötzlich lief ich los und rannte durch die Fontänen des Sprengers. Die Jungen folgten mir. Ich ließ mich zu Boden fallen. Und sie sprangen mit Geheule auf mich. Wir stürzten uns aufeinander wie Tümmler bei einer Zirkusvorstellung. Mitten in unserem lauten Spiel gab es Augenblicke stillen Ausruhens, in denen unsere Körper übereinander lagen wie ein Haufen Spaghetti. Zu meiner großen Freude lachte die Hausmutter der Jungen herzlich und rollte sich wie die Jungen mit uns über den Rasen. Wir alle freuten uns darüber, dass sie lachte und mitmachte. Dann winkte ich unter dem Haufen von Jungen Marian und Liz. Sie krabbelten auf Händen und Füßen zu uns her und schlossen sich uns an. Die Jungen liebten dieses Spiel. Sie waren sehr körperbetont, doch verteilten sie weder Boxhiebe noch Fußtritte. Und sie wussten jeden einzelnen Erwachsenen in ihr Spiel einzubeziehen.

Wie aus aktiven Vulkanen explodierte in all diesem Getümmel, Jagen, Umarmen und Ausruhen immer wieder Gelächter. Es war nicht wichtig, dass wir verschiedene Sprachen sprachen. Was wir erlebten, ging über Worte weit hinaus. Viel zu früh tauchte ein Wächter auf und sagte, er müsse das Tor schließen und wir müssten den Park verlassen. Wir waren alle enttäuscht. Während wir unser Knäuel entwirrten, sah ich, wie Liz auf dem Boden saß und einen der Jungen hielt. Er war etwa elf Jahre alt und trug ein zerrissenes Hemd und abgewetzte Shorts. Er hatte sich in ihrem Schoß zusammengerollt, während sie ihn schaukelte.

Auf unserem Rückweg zu Patrick's House waren wir andere als auf dem Hinweg. Als wir zum Park gingen, waren wir einzeln gegangen wie disharmonische Noten. Jetzt reihten wir uns zu einer einzigen wohlklingenden Melodie. Müde und fröhlichen Herzens gingen wir langsam, die Arme umeinander gelegt, tauschten uns ruhig miteinander aus und genossen diese Nähe mit den anderen. Ich ging mit Marian und Nazeem, dem größten Jungen, der zu den ältesten gehörte. Marian übersetzte mir, was er sagte: „Ich würde mein Geld auch gern mit Spielen verdienen." Liz und die kleinen Jungen gingen eng umschlungen zurück. Unsere sichtbare Verbundenheit war Ausdruck von etwas Tieferem. Wir hatten uns gegenseitig hereingelassen. Etwas existierte „zwischen" uns, das Worte wie Vertrauen und Liebe nicht erfassten. Ich hatte das auch früher schon erlebt, trotzdem fehlte mir immer noch das Wissen, um dieses Mysterium aufzulösen. Dies war Spiel, nicht verzerrt durch die Gesellschaft.

Als wir abreisten, kam einer der älteren Jungen, der etwa 16 Jahre alt war, aus Patrick's House und stellte sich neben dem Wagen auf den Bürgersteig. Unsere Blicke begegneten sich. Eine Verbundenheit entstand, die alle bedeutungsloseren Momente transzendierte und in der sämtliche Unterschiede zwischen uns unwichtig wurden. Einzelne Herzen wandelten sich, ließen persönliche Konflikte fallen, so dass Missverständnisse, Hass und Rache sich an diesem Tag nicht weiter ausbreiten konnten.

Eine Vertrauensbeziehung hat dann am meisten Kraft, wenn die daran Beteiligten unbelastet und selbständig sind. Denn nur wenn unsere Tasse leer ist, birgt sie die größten Möglichkeiten und bietet Raum für unser Forschen und das Vertrauen, das andere uns entgegenbringen. Nur wenn dieses Vertrauen weder gehortet wird noch bindend ist, kann es weiter wachsen. Wir können das Vertrauen eines anderen Menschen nicht besitzen wie eine Medaille oder eine Trophäe. Wenn wir dieses Vertrauen verlieren, kehren wir zu Loyalität und Selbstgerechtigkeit zurück.

Als ich nach Kalifornien zog, hätte ich gern surfen gelernt, doch meine Angst vor Haien war stärker als dieser Wunsch. Offenbar konnte ich diesen Ängsten mit Logik nicht beikommen. Dann lernte ich Brian kennen.

An einem bewölkten Herbsttag zog ich meinen geliehenen Kälteschutzanzug an und schaute von den Klippen den wenigen Surfern zu, die unten auf den Wellen schaukelten. Ich wusste wirklich nicht, warum ich das hier machte. Brian und ich stiegen die Klippen hinunter zu dem kalten, grauen Wasser. Brian sagte mir nicht, was ich tun sollte. Er forderte mich einfach auf, seinem Beispiel zu folgen. Er hielt das Brett vor seinen Körper, sprang von einem Felsen ins meerwärts strömende Wasser und begann hinaus zu paddeln. Ich wartete, bis die nächste Welle sich ins Meer zurückzog, sprang und begann sofort zu paddeln. Es war ein Schock, als die erste Welle über mir zusammenschlug und das kalte Wasser in meinen Gummianzug drang. Es schien ewig zu dauern, bis ich mit Brian durch die hohen Wellen ins ruhige Wasser weiter draußen gelangte. „Geh einfach mit den Wellen mit und streng dich nicht an", schlug Brian ruhig vor. Immer wieder erwischte mich an jenem Tag eine Welle, und ich torkelte von meinem Brett. Eine Robbe nibbelte an meinen Zehen. Ich fiel in den Seetang. Und schnell, wie ich gefallen war, stand ich wieder auf.

Es war wundervoll, auf dem Brett zu stehen. Doch erstaunlich an jenem Tag war nicht, was ich tat, sondern wie Brian sich verhielt. Wir erlebten zusammen eine wunderbare Lektion in Vertrauen. Ich vertraute mir selbst nicht, also setzte ich all mein Vertrauen still in Brian. Er diente als Reservoir für mein Vertrauen. Und akzeptierte das alles, ohne sich auch nur mit einem Wort oder einer Geste selbst zu gratulieren. Er nahm und gab mit weit geöffneten Armen. Nie versuchte er, an sein Vertrauen Bedingungen zu knüpfen. Es floss einfach aus ihm heraus. Was Brian auf natürliche Weise auslöste und was ich mich mühte zu lernen, traf zusammen und offenbarte etwas Größeres. Brian wusste, wie er zulassen konnte, dass das Vertrauen zwischen uns ungehindert floss. Ich hatte das Gefühl, dieses Vertrauen aus einer Quelle jenseits von uns beiden zu empfangen. *Das Herz des Meisters und das Herz des Schülers sind plötzlich eins.* Am Ende des Tages lächelten wir. Wir wussten, dass ich gesurft hatte, doch wussten wir zugleich, dass *wir* gesurft hatten.

Nur wenn ich mein Vertrauen zurückgewann, das wusste Brian, würde ich die Kraft haben, mich auf das Surfen wirklich einzulassen. Sein Vertrauen galt einem Beziehungsgewebe. Er war mir Vorbild für einen offenen Geist, denn er hatte keinerlei feste Vorstellungen von mir, dem Meer oder dem Surfen. Nichts hemmte an diesem Tag den Fluss von Informationen, der uns zuteil wurde. Brian verließ sich nicht nur auf das, was er durch seine Sinne empfing, sondern schaute mit offenem Herzen und offenem Geist darüber hinaus. Er brachte mir das Surfen bei, als wäre er ein kleines Kind, das immer im Gleichgewicht ist, so dass auch ich oder die Wellen nicht aus dem Gleichgewicht gerieten. Solch ein Vertrauen birgt große Kräfte. Es befreit uns von körperlichen und geistigen Hindernissen, die darauf beruhen, dass wir zuviel Angst haben, um zu forschen, und zu viel wissen, um zu wachsen.

Suche nicht weiter nach der Wahrheit;
Gib einfach deine Meinungen auf.

Seng-Ts'an

Im Spiel entwickeln wir eine Toleranz für Mehrdeutigkeit, so dass wir nichts erwarten und doch für alles offen sind. Das erfordert einen offenen, flexiblen Geist ohne feste Ideen, rigide Pläne oder Erwartungen. Praktisch heißt das, wir verbringen sehr viel Zeit in Stille. Spiel verlangt von uns große Geduld, damit es sich entwickeln kann, ohne dass wir versuchen, die Dinge so zu gestalten, wie wir sie gern hätten. Im Spiel lernen wir den Reichtum scheinbar leerer Zeiten und Räume gemeinsam zu erleben, wie zum Beispiel in den Augenblicken, in denen wir übermütig herumtollen. Das heißt konkret, dass wir den Impuls loslassen, unsere Umgebung ständig kontrollieren zu wollen.

Das Universum ist trotz all seiner Weite und Komplexität eine wunderbare Harmonie, und wir alle sind Teil davon. Und so besteht auch unser Alltagsleben aus vielen Möglichkeiten und unvorhersehbaren Beziehungen. Wir können uns entscheiden, in diesem Wissen zu leben, so dass uns die Gnade zuteil wird, die damit verbunden ist. Gehen wir jedoch angespannt und gestresst an Spiel heran, geraten wir innerlich noch mehr in Aufruhr. Dann können wir das, was potenziell möglich ist, nicht mehr wahrnehmen, und nicht mehr darauf eingehen. Nur wenn wir lernen, das ganze Bild zu sehen, können wir mit größter Liebe, Aufrichtigkeit und Ruhe vorgehen. Wir müssen intensive Konzentration mit absoluter Offenheit kombinieren. Spielen heißt sich mit der Welt als „Einheit" auszutauschen, statt sie als „Gewinn" zu betrachten.

So ist Spiel ein Akt des Vertrauens ins Leben, das uns vertrauensvoll geschenkt wurde. Wenn wir dieses Vertrauen erleben, fragen wir nicht „warum?". Es ist einfach. Solange wir nicht erkennen, dass das Leben „einfach ist", bleiben wir in ständigem Wettbewerb befangen. Widersetze dich der Schwerkraft und du brichst dir den Hals. Ignoriere Spiel und du brichst dir selbst das Herz.

Kapitel 10

In Berührung sein:
Das Kunsthandwerk des Spielgefährten

Spielen heißt, sich dem psychischen Prozess so vollkommen hin-zugeben, dass man zu dessen Körper wird: Das Psychische findet seine Erfüllung im Körperlichen und wird Form.

M.C. Cammerloher

Für uns, die wir einen elementaren Standpunkt einnehmen, ist es jedenfalls eine abgemachte Sache, daß der Tastsinn tatsächlich die entscheidende Form unseres Umgangs mit den Dingen ist. Wenn dem aber so ist, dann sind Gespür und Berührung die maßgebendsten Faktoren für die Struktur unserer Welt.

José Ortega y Gasset

Geh hinaus in die Welt und berühre jemanden.

Werbeslogan

Hin und wieder, wenn einfach alles stimmt, entsteht ein Augenblick von Magie. Menschen können von solchen Augenblicken leben.

Sarah Caldwell

Berühre. Etwas anderes gibt es nicht.

Arthur Dobrin

Wenn du glaubst, du hättest den Augenblick der Wahrheit erreicht, hast du ihn verloren. Er liegt im wortlosen Nichtwissen, dem Augenblick, bevor die Gedanken einsetzen.

Marie Tavoges

Ein Schnitzer der Inuit sitzt im milchigen Licht seines Iglus und dreht den unbearbeiteten Walrossstoßzahn behutsam in seinen braunen, knorrigen Händen. Er flüstert: „Wer bist du? Wer verbirgt sich in dir?" Er wendet den Stoßzahn vorsichtig. Dann, in einem Augenblick der Stille, haucht er: „Ah, Wal!" Behutsam und respektvoll beginnt er zu schnitzen.

Der Schnitzer hilft dem Wal, zum Vorschein zu kommen. Er stellt das Tier nicht her, sondern befreit es. Der Inuit beherrscht den Stoßzahn nicht, er fühlt sich in ihn ein, nimmt teil am Wesen des Wals. Dieser aus einem Walrossstoßzahn geschnitzte Wal verkörpert die wesentlichen Züge eines Musters, in dem die Sinne, die Intuition und die Traditionen des Inuit zusammenfließen. Wie Edmund Carpenter erklärt, haben diese und andere Schnitzereien der Inuit keine flache Form, denn sie sollen nicht aus einer statischen Perspektive betrachtet werden. Dann, eines Tages, kommt ein europäischer Händler und erwirbt den Wal. Bei seiner Rückkehr stellt er zu Hause fest, dass der Wal nicht im Regal stehen bleibt. Er rollt schwerfällig herum. Also schleift er ihn „unten" grade, damit er als Vorzeigestück in seinem Wohnzimmer steht.

Durch dieses Schleifen macht der Käufer aus dem Wal etwas, das der Schnitzer nie beabsichtigte. Was ein Wissen war, an dem sämtliche Sinne sowie die eigene Tradition und Imagination beteiligt waren, ist jetzt ein Schauobjekt. Der Wal, der einst seine eigene Form behaupten und ungehindert durch eine festgeschriebene Haltung herumrollen konnte, ist jetzt erstarrt.

Dieser Händler hat dem Wal angetan, was wir Spiel antun. Das heißt, wir feilen die uns angeborene wunderbare, flexible, hin und her rollende Lebensorientierung zurecht, weil wir uns davon mehr Sicherheit versprechen. Mit dem Resultat, dass wir ständig „an der Kante längs" gehen.

Einen Spielgefährten schnitzen

*Das Kind Jesus formte Vögel aus Ton wie andere Kinder auch,
doch wenn er sie berührte, konnten sie fliegen.*

Lynda Sexson

*Wenn wir unsere Hände auf eines Menschen Körper legen, berüh-
ren wir himmlische Gefilde.*

Novalis

Reib mir ein bisschen Sonnenlicht ins Gesicht.

Linda (ein vierjähriges blindes Mädchen)

Vor zwanzig Jahren wartete ich wie Pinocchio in seinem Stück Holz
darauf, dass jemand mein Lied hörte. Ich hatte das Glück, mit Kindern
zu spielen, die wie Geppetto und der Schnitzer der Inuit mit einfachen,
behutsamen und aufrichtigen Berührungen Leben in mir weckten. Mir
ist sehr bewusst, dass ich es bin, der bearbeitet wird. In den Händen
von Kindern bin ich mehr geworden, als ich je glaubte sein zu können,
mehr vielleicht, als ich in Worte fassen kann. Durch ihre aufrichtigen,
achtsamen und liebevollen Berührungen haben all diese Kinder einen
neuen Menschen aus mir gemacht.

Kit, ein zweijähriges Mädchen mit Down-Sydrom, wich den Berührungen der Erwachsenen aus, weil sie aufgrund des Ringens mit ihrer
Leukämie soviel gespritzt und an Apparate angeschlossen worden war.
Während unseres Spiels lag ich einmal auf dem Rücken und sie kniete
neben meinem Kopf. Sie streckte die Hand aus und streichelte mich
mit eifriger Zärtlichkeit. Ich fühlte mich wie eine Katze, die sich im
Schoß eines Menschen zusammenrollt. Ich hätte schnurren können
vor Wohlbehagen. Kit berührte mich, als sei sie ihr Leben lang bei
einem Meister der Teezeremonie in die Schule gegangen. Anmutig und
langsam beugte sie sich vor und küsste mich. Ihr seismographischer
Kuss erinnerte mich an „die Kunst des Weglassens", die ein Teemeister
beispielhaft beherrscht. Federleicht, ohne ruckartige Bewegungen oder

Anspannung rührte er mit dem Quirl den Tee in den Schalen. Und darin besteht auch das Handwerk von Spiel: so behutsam Leben zu wecken. Heute ist mir klar, dass ich beide bin, sowohl Pinocchio, der zum Leben erweckt wird, als auch Geppetto, der Kunsthandwerker, der Pinocchios Ruf beantwortet.

Damit wir ganz gemacht werden können, muss das Wort zu Fleisch werden. Nur wenn er mit der Welt in Berührung ist, kann der Spielgefährte erschaffen. Das Kunsthandwerk von Spiel beruht nicht primär auf diskursivem Denken und einem Kopf voller Abstraktionen. Es ist vor allem und an erster Stelle sinnlich, entspringt es doch der körperlichen Beteiligung am Spiel. Bei spielerischer Berührung löst sich die Subjekt-Objekt-Trennung auf. Hände, Muskeln, Gelenke und Haut sprechen die Sprache des Mutterleibs.

Wie der Stosszahn des Inuit und das Holz des Geppetto werden Körper, Geist und Herz im Spiel so lange berührt, bis alles Überflüssige wegfällt. Das heißt praktizieren. So werden wir zu Spielgefährten.

Die Bedeutung der Praxis

Die erste und entscheidendste Übung im alltäglichen Leben besteht also darin, die Augenblicke zu schätzen, in denen uns etwas berührt, wovon wir bislang nicht einmal träumten.

Karlfried Graf Dürckheim

Die Anfänger streben nach Meisterschaft und sollten selbst auf dieser Stufe ein Gespür für Spiel haben und Gefallen finden am Dharma, dem Samadhi des Spielens.

Karlfried Graf Dürckheim

Es wäre mir dumm vorgekommen, wenn ich als Kind hinausgelaufen wäre, um spielen zu üben. An so etwas dachte ich nie, ich spielte einfach. Baseball, Schlagzeug und öffentliche Reden halten, das waren Dinge, die ich übte und mit denen ich mir Anerkennung holen konnte.

Üben bedeutete für mich Plackerei und für die Erwachsenen, die mich dazu ermutigten, Disziplin. Spiel ist etwas völlig anderes.

Spielen heißt anders üben. In jeder und jedem von uns glimmt ein Funke Spiel – wie ein nächtliches Licht in der Dunkelheit des Erwachsenseins –, das uns an das grenzenlose Mysterium des Lebens erinnert. Wir sind befangen in einem Widerspruch: Einerseits ist unser Leben ein einziger Wettbewerb, und gleichzeitig ist uns, wenn auch noch so schwach, bewusst, dass das authentische Leben jenseits all dieser Konkurrenzkämpfe stattfindet.

Wir wissen, wie man konkurriert. Wir wissen, wie wir unseren Spaß haben können. Aber wir können nicht spielen. Mit den Methoden verfälschten Spiels gelangen wir nicht zu authentischem Spiel. Wird Spiel von Schöpfung zu Kultur verfälscht, dann wird aus seinen Anliegen, seiner Dynamik und den engen Beziehungen, die es fördert, eine bloße Vorführung. Mitspielen wird wichtiger als mit jemandem zu spielen. Gut sein wird wichtiger als zusammen zu sein.

Ich fragte einmal einen Freund: „Hast du als Kind jemals mit deinem Vater in der Auffahrt oder auf dem Rasen vorm Haus Baseball oder Fußball gespielt?"

„Klar, beides", sagte er. „Wir haben viel gespielt. Ich habe immer verloren. Jedes Mal. Eines Tages schließlich, ich war inzwischen in der elften Klasse, habe ich ihn besiegt. Das war unser letztes gemeinsames Spiel."

Die Praxis von Spiel ist einfach, aber nicht leicht. Wir müssen uns auf ein völlig anderes Sein und Tun einlassen. Spiel praktizieren heißt, dass sich unsere Vorstellungen vom Leben grundlegend ändern. Bei Spiel geht es weder um Nützlichkeit noch um einen Job, eine Karriere oder abstrakte Konzepte für Kinderbetreuung. Die hier entstehenden Beziehungen sind viel persönlicher und folglich auch umfassender. Spiel praktizieren heißt eine Verantwortung übernehmen, die aus einer Liebe erwächst, welche präzise ist und das Besondere meint. Nur wenn wir dem Wesen, das uns gegenübersteht, diese Liebe entgegenbringen, entdecken wir eine Intelligenz und Freundlichkeit, die reicher sind und weiter reichen, als wir es bislang kennen.

Wir wissen, dass Anfänger in jeder Disziplin oder Kunst die Hilfe einer Meisterin oder eines Meisters brauchen. Aber wahrscheinlich ist es uns unangenehm, Kindern, die sich die Liebe und Furchtlosigkeit bewahrt haben, die dem Leben selbst innewohnen, diese Meisterschaft zuzugestehen. Doch gibt es, was Spiel betrifft, für kleine Kinder oder wilde Tiere keinen Ersatz. Erwachsene, die nur mit anderen Erwachsenen spielen, leben in der Illusion, bereits zu wissen, was Spiel ist. Wir müssen im Kopf behalten, dass die Praxis von Spiel ein Prozess ist, bei dem wir auf unserem Spielplatz immer mehr Leben umarmen, so dass sich die Grenzen öffnen, die wir durch gesellschaftliche Kategorien errichtet haben. Wir müssen also die Kinder und Tiere, die unverfälscht geblieben sind, als unsere Spielgefährten und Meister aufsuchen.

„Los, Fred!" Tiffany reichte mir ihre Stullenbox, griff nach meiner Hand und zog mich mit. Wir sprachen nicht, während wir hinausgingen, um dort auf ihren Bus zu warten. Es kommt oft vor, dass Spielgefährten ihr Zusammensein schweigend genießen. Sie hielt meine Hand fest und schwang sie langsam hin und her, während wir die anderen Kinder beobachteten, die an uns vorbeiliefen. Wir kommunizierten mühelos, spontan und ohne Worte. Wie die Jahreszeiten folgte der Austausch zwischen uns seiner eigenen Zeit. In diesem simplen Halten und Gehaltenwerden lag Kraft.

Oft hatte ich im Yellowstone Park Grizzlybären gesehen, manchmal ziemlich nahe, meistens aber durch das Fernglas als kleine braune Fellsäcke, die in der Landschaft herumrollten. Als Lehrer am Yellowstone Institut genoss ich das Privileg, früh am Morgen und abends mit Gene, Rick und Steve an den Hängen des Mount Washburn auf Bärenschau zu gehen. Dabei lernte ich sehr viel über die Ökologie der Grizzlys. Dieses Mal jedoch war alles anders.

An diesem Sommertag hatte ich das Gefühl, dass sich wirklich ein Grizzly in meiner Nähe befand. Zuerst sahen wir uns aus einiger Entfernung. Ich schätzte den Bären auf etwa drei Jahre. Er war allein. Ich saß still da, während der Bär hin und her wanderte, an Holzscheiten schnupperte und sie sich packte. Dabei schien er mich ständig im Auge zu haben und schlenderte langsam auf mich zu. Sein Blick und seine Art sich zu bewegen hatten nichts Aggressives. Der Augenblick unserer Berührung gab mir eine Kostprobe von gemeinsam erlebter, ewiger Freundlichkeit jenseits jeder Form. Als der Bär sich davonmachte, empfand ich Ehrfurcht angesichts des Geschenks, das ich bekommen hatte.

Mit diesem Grizzlybär und mit Tiffany erlebte ich die paradoxe Gleichung des Zusammenseins von Spielgefährten: Eins und eins ist eins. Das, was Spiel ermöglicht, kommt von innen. Die Berührung von Spiel ist ein Gefühl von Verwandtschaft voll tiefer Anteilnahme, bei der die Seele sich äußern darf. Das ist ein eigenartiges Lernen. Während es einerseits höchst real ist, gehört es zugleich zu den Dingen, die sich am schwersten in Worte fassen lassen. Ich kenne mich mit Spiel besser aus als mit allem, was ich mir durch jahrelange Lektüre angeeignet habe. Und doch ist es, als wüsste ich überhaupt nichts darüber.

Durch langjähriges Training in der Kunst der Selbstvergessenheit wird Spiel neu geweckt. Delphine, Wölfe und Kinder beherrschen diese Kunst sehr gut. Die Rückkehr zum Spiel nach so vielen Jahren Abwesenheit ist wie das Summen eines Liedes, dessen Text ich vergessen habe. Ich versuche ständig mich zu erinnern, was es ist, das ich vergessen habe. Das ist typisch für einen Lehrling, der dreierlei lernen muss: 1. Alles vergessen, was Spiel verfälscht; 2. endlos üben; und schließlich 3. selbst das vergessen.

Wenn wir ursprüngliches Spiel im ersten Anlauf ganz verstehen wollen, gleichen wir jemanden, der ins Meer springt, ohne zuerst schwimmen zu lernen. Wir spielen nur dann wirklich, wenn wir das Gefühl haben, gar nicht anders zu können. Für manche mag es sein, als ob Spiel ihr Leben überflutet, bei anderen kann es sanft in alles fließen, was sie tun. Das ist nicht wichtig. Ganz gleich, in welcher Form Spiel zu Ihnen kommt, erlauben Sie sich, sich ihm anzuschließen. Die Praxis bietet uns ständig neue Gelegenheiten, ein freundliches Leben zu leben. Ich kann nicht spielen, um ein besserer Mensch zu werden oder einem Kind zu helfen. Es ist wunderbar, wenn das passiert, aber ich kann nicht spielen, um es zu erreichen. Ich muss in jedem Augenblick spielen; das ist kein Befehl, sondern eine simple Bedingung. Nicht nur wenn ich mit Kindern auf dem Boden liege, sondern auch wenn ich Auto fahre oder in der Schlange stehe – in jedem Augenblick wird diese Freundlichkeit von mir verlangt: Das ganze Leben ist Spiel-Praxis.

Ich kann mich nicht bemühen zu spielen. Spiel ist ein universelles Privileg, keine selektive Belohnung. Die Praxis ist kein Wettbewerb, bei dem ich gegen die Welt antrete. Und sie ist auch kein Krieg einzelner Willenskräfte oder eine intellektuelle Übung. Die wahre Praxis – und das ist sehr schwer – besteht darin, dass ich immer wieder neu riskiere, alles aufzugeben, was ich über Spiel zu wissen glaube. Praktizieren heißt in diesem Augenblick mit meiner Situation spielen.

Meine Praxis ist ein ständiger Prozess, in dem ich Fortschritte und Rückschritte mache, lerne und wieder neu lerne, vergesse und mich wieder erinnere. Manche Lektionen lerne ich immer wieder zum ersten Mal. Manche Tage sind energiegeladen und ich habe das Gefühl, dass ich mich intensiv mit anderen ausgetauscht und viel gelernt habe. Dann wieder gibt es entmutigende Tage, in denen ich viel Angst habe, ständig in Gedanken und nicht ganz präsent bin. Ich bewege mich zu langsam, stoße mir die Nase blutig oder mache einem Kind so viel Druck, dass es zu weinen anfängt. Die für Spiel erforderliche Wachsamkeit ist kein innerer Dauerzustand, sondern ein kontinuierlicher Prozess, um den wir uns täglich neu bemühen müssen.

Die Abläufe und Techniken gegenseitiger Berührungen beruhen nicht auf einer Theorie, die besagt, wie Spiel meiner Meinung nach zu sein hat, sondern eher auf meinem ganz realen Spiel mit kleinen Kindern und wilden Tieren. Offensichtlich geschieht Spiel als strukturiertes Ganzes, ein Zeit-Raum, in dem wir Energieströme übermitteln, empfangen und umwandeln. Die Sichtweise von Spiel verlangt uns so viel ab und die Bewegungen von Spiel sind so anders als die, die man uns als Spiel beigebracht hat, dass der sicherste Weg für mich darin besteht, Erwachsene langsam und Schritt für Schritt anzuleiten. Das hilft Ängste zu mildern, den Körper zu entspannen und dadurch Körper, Geist und Seele zu heilen. Wir können Spiel gemeinsam erleben, aber nicht lehren. Wenn ich mit anderen arbeite, versuche ich ihnen das Muster von Spiel Schritt für Schritt zu vermitteln, bis sie sich bereit fühlen, rauszugehen und zu spielen. Dabei ist mir natürlich völlig bewusst, dass auch ich immer Lehrling bleibe.

Es gibt nur einen Weg, Spiel zu vermitteln – von Herz zu Herz. Die wirkliche Arbeit findet innen statt, ein tiefes Eintauchen in den unerschöpflichen Urquell, aus dem jeder Spielgefährte seine Vision bezieht.

Nicht zu sanft, nicht zu heftig, sondern genau richtig: Die Kunst von Spiel/Berührung

Die Praxis des Spielgefährten besteht darin, mit sich selbst, mit anderen und unserer Welt „wieder in Berührung zu kommen". Die Berührung von Spiel gemeinsam zu spüren, ist ein Ehrfurcht gebietendes kleines Erlebnis. Jesus sagte zu Thomas: „Strecke deinen Finger aus nach mir und nimm meine Hände; strecke deine Hand nach mir aus und drücke sie mir in die Seite..." Thomas konnte nicht glauben, dass Jesus von den Toten auferstanden war, bis dieser ihn berührte. Das erinnert mich an die kraftvolle Hand Gottes, die sich auf Michelangelos Bild „Die Schöpfung" mit enormer Lebendigkeit der schlaffen und leblosen Hand von Adam entgegenstreckt. In populären Filmen wie *E.T.* und *Gorillas im Nebel*, wo es in manchen Szenen zu einem Kontakt zwischen menschlichem und nicht-menschlichem Leben kommt, sind Berührungen ein emotionaler Höhepunkt. In Tolstois Erzählung *Der Tod des Iwan Iljitsch* wird sich Ivan, der auf seinem einsamen Totenlager von quälendem Schmerz gepeinigt wird, der Hand seines Sohnes bewusst und spürt zum ersten Mal eine liebevolle Berührung, durch die sich seine Todesangst auflöst. Auch in der behutsamen Kraft eines Kleinkinds, das meinen Finger umklammert, kann ich dieses Liebevolle spüren. Das enorme Potenzial dieser Beispiele für Spiel/Berührung überbrückt alle trennenden Kategorien.

Berührungen sind die Eltern all unserer weiteren Sinne, heißt es bei Ashley Montagu. Wir werden geboren, um zu lieben, uns mit anderen zu verbinden und von ihnen berührt zu werden. Diese Verbundenheit stellen wir durch Berührung her. So wie eine Pflanze ihr ganzes Leben lang nicht ohne die Kraft der Sonne gedeiht, ist die Berührung von Spiel für die gesunde Entwicklung des Verhaltens und der Emotionen des Individuums grundlegend erforderlich. Bertrand Russell schreibt dazu: „Unsere Wahrnehmung dessen, was außerhalb von uns existiert, beruht völlig auf unserem Berührungsempfinden." Wir müssen fühlen können, um uns mit anderen zu verbinden.

Berührung ist der Rosetta-Stein des Spiels, und vermittelt mit ihrem großen Vokabular eine Direktheit und Aufrichtigkeit, die Worten nicht zur Verfügung steht. Durch Berührung wird die stumme Sprache des

Herzens vernehmbar. Im Spiel wissen wir, dass wir Teil eines größeren Zusammenhangs sind. Wir fühlen uns zutiefst darin bestätigt, dass wir anderen Zuwendung geben können und es wert sind, selbst Zuwendung zu bekommen. Durch Berührung im Spiel erleben wir unzählige Leben als eines.

Grundsätze von Spiel

Wir lernen Spiel neu durch eine Reihe von körperlichen und geistigen Grundsätzen oder *Koans*, von denen jeder im wahrsten Sinne des Wortes ein Prüfstein für die Realität ist, in der wir ein Schlüsselthema der Praxis und Verwirklichung erleben. Der „Geist wird so einfach wie ganz am Anfang, als er nichts wusste und alles noch lernen musste", sagt Takuan Soho.

Diese Koans von Spiel sind dynamische, kindliche Grundsätze der spielerischen Erfahrung. Für den Erwachsenen sind es geistige Hilfsmittel, um zu verlernen und die Ideen und Bewegungen von Spiel in eine zusammenhängende Praxis umzusetzen. Die mit diesen Grundsätzen verbundenen Techniken sind kein Selbstzweck; sie sind Türen zum Spiel wie der große Wald von Pu dem Bären, Alices Kaninchenloch und Dorothys klappernde Absätze. Im Zen heißen sie *upaya* oder „geschickte Mittel" und dienen dazu, uns aus der Verworrenheit aufzuschrecken, die unseren Austausch mit anderen behindert. Im Spiel trägt dieses Lernen uns über schwierige Schwellen der Veränderung sowohl unseres bewussten als auch unseres unbewussten Lebens und bringt uns weg von dem uns bekannten Konkurrenzverhalten. Damit wir die typischen Züge von Kindlichkeit neu entdecken können, müssen wir diese Grundsätze beherrschen. Aber das ist nur der Anfang, der uns ermöglicht zu verlernen.

Die sechs Grundsätze sind:

1. Habe keine Angst vor dem Leben.
2. Alles Leben ist aus ein und demselben Stoff.
3. Berührung ist unsere primäre Sprache.
4. Sei ein/e Anfänger/in.

5. Ein klares Herz führt zu fließenden Bewegungen.
6. Erwarte nichts und sei für alles bereit.

Diese Grundsätze von Spiel sind weder Sprüche, wie wir sie in Glücks-keksen finden, noch Regeln, die wir uns einprägen müssten. Sechs Grundsätze, sechs Blickwinkel, aus denen wir ein und dasselbe betrach-ten – die Einheit von Körper, Seele und Geist. Einen Grundsatz ganz verstehen heißt sie alle verstehen. Einen zu missbrauchen heißt alle missbrauchen. Die theoretische Zustimmung nützt nichts, wenn Gefühl und Handeln nicht im Einklang sind. Diese Grundsätze dienen als Bügel, an denen Sie Geist und Korper aufhangen konnen, damit diese Sie beim Spielen nicht stören.

In der eigentlichen Spielpraxis können diese Grundsätze folgender-maßen umgesetzt werden:

1. Komm auf den Boden.
2. Sei still.
3. Sei aufmerksam.
4. Lass los.
5. Lass dein Denken ruhig werden.
6. Sei in Berührung mit dem, was geschieht.

Wir müssen es mit unserem eigenen Fleisch und Blut spüren. Wir müs-sen berühren und berührt werden. Dann ernten wir bei allem, was wir in unserem Leben tun, Integrität und Ganzheit.

Als ich anfing mit kleinen Kindern zu spielen, war ich überrascht von ihrem Vertrauen, ihrer Behutsamkeit, ihrer Kraft und ihrem Zusam-menspiel beim Geben und Empfangen von Berührungen. Sie gaben mir keinen Unterricht im Spielen und redeten auch nicht über Spiel. Tag für Tag spielten sie einfach mit mir und lockten so mit viel Geduld Spiel aus mir hervor. Eine ständige doch verborgene Kraft kam plötz-lich ins Fließen und befreite mich vorübergehend von gesellschaftlichen Einschränkungen. Eines Tages erlebte ich einen Bewusstseinssprung – ich wusste plötzlich mehr über Spiel und Berührung. Ich erkannte, dass der äußeren Struktur der Berührungen dieser Kinder eine innere Struktur des Teilens innewohnte. In der höchsten Meisterschaft der

Form wird der Spielgefährte frei von jeder Anhaftung an die Form. Spielgefährte sein heißt eine gegenseitige Beziehung eingehen, in der ein neues „Wir" geboren wird, das mehr ist als jedes der beiden beteiligten „Ichs". Was als Beziehung Hand in Hand und von Körper zu Körper begann, wird schließlich zur unmittelbaren Verbundenheit von Seele zu Seele oder von Herz zu Herz. Eine entscheidende Tür öffnet sich. So hilft Spiel Menschen, seit sie existieren, ihrem Leben einen Sinn zu verleihen. Wenn wir wach werden für diese Möglichkeiten, fangen wir an zu begreifen, dass das Leben mehr für uns bereit hält und freudiger sein kann, als wir es jemals für möglich hielten.

Spielen mit Angel

Ich begegnete Angel, einem autistischen Mädchen mit Down-Syndrom, zum ersten Mal an einem sonnigen Nachmittag auf dem Rasen des Spielplatzes einer Schule in Kalifornien. Als ich um die Ecke des Schulgebäudes bog, sah ich Angel mit gekreuzten Beinen vor einer Betonwand sitzen. Sie schaukelte ihren Oberkörper vor und zurück. Mit ihrer halb geschlossenen Hand und kurzen, schnellen Bewegungen streichelte sie sich ihre rechte Wange. Ihre Augen rollten herum, als erfassten sie ihre ganze Umgebung, ohne jedoch wirklich etwas oder jemanden aufzunehmen und hereinzulassen.

Unser Spiel sollte gewöhnlich und besonders zugleich sein. Besonders, was die einzigartige Beziehung zwischen Fred und Angel betraf. Gewöhnlich für Erwachsene, die sie selbstverständlich hinnehmen und ihre Wichtigkeit nicht verstehen, und für Kinder, weil sie gar nicht anders spielen können.

Bei der Erinnerung an meinen ersten Kontakt mit Angel fällt mir auf, dass es mir all die Jahre, die ich bereits mit Kindern, Delphinen, Bären und Wölfen spiele, nicht leichter gemacht haben. Einerseits „weiß" ich, dass ich niemals mit ein und derselben Spielgefährtin zweimal spiele, sondern immer zum ersten Mal. Vielleicht bin ich unsicher, weil ich weiß, dass ich nicht kontrollieren kann, was gleich geschieht. Vielleicht auch, weil ich weiß, dass ich bei der bevorstehenden Begegnung völlig präsent sein muss. Vielleicht verunsichert mich aber auch das Gefühl, gleich einer Meisterin zu begegnen. Ich frage mich, ob ich bereit dafür bin. Was, wenn sie nicht mit mir spielt?

Mein ganzes Training rast mir durch den Kopf, als müsse ich sofort den richtigen Schritt finden. Nicht, dass ich mich an das erinnern müsste, was ich weiß. Dieser Prozess ist viel subtiler und kraftvoller.

Ich kann nichts von alledem, was ich bin, zurückhalten. Spiel erlaubt das nicht. In dieser Hinsicht ist es gebieterisch. Spiel passiert nur mit unserem ganzen Einsatz. Es geht bei dieser gegenseitigen Beziehung nicht um die bekannten Details, sondern um alles auf einmal. Ich suche bei Angel nach Hinweisen. Sie hat es nicht eilig, mir Anhaltspunkte zu geben. Sie taxiert mich. Ich spüre ein aufgeregtes Kribbeln im Nacken und die erhöhte Wachsamkeit, die sich auch einstellt, wenn ich im Uferschlamm eines Baches frische Grizzlyspuren finde.

Angel sitzt vor mir. Meine Gedanken und Sorgen verschwinden. Ich gehe zu ihr hin und lege mich etwa einen Meter vor ihr auf den Boden, den Kopf auf die Hand gestützt. Ich versuche ihr Raum zu geben für eine winzige Geste der Annäherung oder des Rückzugs. Trotz dieser Vorsicht ist dieser eine Meter, der uns trennt, eine Kluft. Wir werden eine Brücke bauen. Die Besonnenheit, die damit verbunden ist, dass wir einfach präsent, wach und verletzlich sind, ist nahezu schmerzhaft.

Spiel schließt sowohl unsere Körper als auch den Raum ein, der zwischen ihnen liegt. Diesen „Zwischen"-Raum nutzen und teilen wir miteinander, statt ihn zu besitzen oder zu kontrollieren. Er ist nicht leer, sondern voll potenzieller Energien. Beide Spielgefährten erschaffen ihn durch ihre Bewegungen, die Rückzug oder Einladung signalisieren – Pausen, Blicke, sich zurücklehnen, vorsichtige Annäherungen – und die, für Außenstehende fast unsichtbar, von äußerster Behutsamkeit sind. Bei diesem gemeinsamen Tanz der Spielgefährten lernen beide voneinander.

Zu Beginn sorge ich für einen sicheren Raum, in dem das Kind forschen und sich jederzeit zurückziehen kann. Angel bringt mir inzwischen die Kunst des Berührens bei, voller Liebe und ohne sich mit ihren Bewegungen zurückzuhalten. In der unausgesprochenen Syntax des Spiels weben wir gemeinsame Muster, ein kurzes Aufflackern von Augenkontakt, kreisende Armbewegungen. Augen, Hände, Arme und der ganze Körper dienen als Verbindungen, nicht der Kontrolle oder einschüchternden Gesten. Die Bewegungen lassen immer Raum für einander.

Eine intensive Stille, eher von Nicht-Tun als von Tun erfüllt, prägt diese ersten Augenblicke von Spiel. Die Ehrfurcht gebietende Intensität, mit der Spielgefährten sich dieser ersten Annäherung widmen, ist von äußerster Behutsamkeit und schwingt voller Herzenswärme und Vertrauen zwischen beiden hin und her.

Wir benutzen nur wenige Worte, forschen und tauschen uns mit leichten Bewegungen der Hände oder des Kopfes aus. Nicht dass wir uns vordergründig beobachten; vielmehr bleiben wir ohne bewusste Anstrengung voll präsent. Jeder Nerv, jeder Muskel wird zum weiteren Auge. Wir geben unserem Körper keine Anweisungen, wir vertrauen ihm. Ich strecke meine Hand auf dem Boden zwischen uns aus und Angel schaukelt heftiger oder beugt sich weg. Wenn ich den Gedanken fasse, unmerklich auf sie zuzugehen, weicht Angel nach hinten aus. Ihr Körper spürt meine Gedanken. Ich beuge meinen Kopf zurück und streiche über meinen Bart wie sie über ihr Gesicht.

Anfangs ist Spiel/Berührung zart, forschend und behutsam. Vorstöße erfolgen mit den Augen und den Fingerspitzen. Bei diesem Tanz sind die Spielgefährten ungewöhnlich wach und erforschen einander, halten Ausschau nach positiven Gemeinsamkeiten oder fühlen diese, erspüren Druck, Intensität, Rhythmus, Dauer und Festigkeit der gegenseitigen Berührungen. Dies ist eine wichtige Phase. Wir brauchen oft viel Geduld, um unsere Ängste und gesellschaftlichen Masken zu unterwandern.

Wie der Einzug des Frühlings in Montana ist auch Angel zögerlich. Wer wirklich sehen kann, erspäht erste sparsame und flüchtige Anzeichen dafür, dass sie beginnt sich einzulassen. Immer wieder begegnen unsere Blicke sich für einen Moment, lösen sich schnell voneinander und wandern weiter. Dann wieder zögert Angel kurz und schaut mich gleich darauf voll an. Kurz darauf glimmt in ihren Augen ein fast unsichtbares Lächeln auf. Etwas – ein zerbrechlicher Wendepunkt – passiert zwischen uns. Wir öffnen uns wie Knospen im Frühling. Dieses Spiel birgt ein Versprechen, eine Kraft, die spürbar aber nicht sichtbar ist und die wir uns gegenseitig bestätigen. Das Vertrauen von Spiel ist stärker als jede Unsicherheit.

Blicke, wobei die Hände noch Abstand halten, sind oft der erste Kontakt zwischen Spielgefährten. Sie öffnen die Tür, so dass, wer anwesend ist, „mein Haus als Gast betreten kann", wie Joan McIntyre es formuliert. Dieser Spielblick ist klar und direkt, doch kein aggressives, zudringliches Anstarren. Die Augen sind dabei auch nicht ergeben gesenkt. Wenn der Blick klar ist, funktioniert er auf Anhieb richtig. Er stellt eine Verbindung her und ist dabei frei von Angst. Angst löst Zweifel aus, Zweifel ziehen Gedanken nach sich, Gedanken trüben den Blick. Der Spielblick ist ohne jedes Zögern. Nur so vermittelt er die Botschaft von Spiel unverfälscht.

Eine Veränderung hat stattgefunden, die sich in den nächsten Augenblicken allmählich beschleunigen wird. Plötzlich steht Angel auf und eilt auf den Rasen. Ich folge ihr und beginne wie ein ausgelassenes Fohlen um sie herum zu galoppieren, zu springen und zu hüpfen. Angels Lächeln wird eindeutiger, und sie fängt an mich zu jagen. Beide spüren wir, wie unser Spiel sich beschleunigt, während wir ausgelassen auf dem Rasen herumtollen. Dieses gegenseitige Anfeuern schafft eine wunderbare Verbindung zwischen uns. Wir beginnen beide laut zu lachen.

Ich ziehe Kreise, Schleifen und Achten um Angel, während ich um sie herumlaufe, hoch- und runterspringe. Ich renne rückwärts, bleibe mit ausgestreckten Armen stehen, eine Einladung an sie. Angel trottet lächelnd auf mich zu, wird langsamer und klemmt sich ihre Arme an den Körper, wie um mich auf keinen Fall zu berühren. Dann fängt sie an, mich ganz leicht anzustupsen, fast wie im Vorbeigehen. Später rennt sie in mich hinein, wenn ich so stehen bleibe. Dann lösen wir unsere körperliche Verbindung und fangen wieder an herumzulaufen. Ich bleibe stehen, knie mich hin, lächele und strecke meine Arme nach ihr aus. Sie rennt hinein, dreht sich und schmiegt sich mit dem Rücken in meinen Schoß. Ich hebe sie hoch, wirbele sie herum, lasse sie hoch und runter hüpfen, umarme sie, schaukele sie, lasse mich mit ihr zu Boden fallen. Sie liegt auf mir, steht auf, geht um mich herum, zieht mich an den Händen hoch und drückt gegen meinen Rücken, um mir zu bedeuten, das gleiche noch einmal zu spielen. Sie spaziert herum, hebt meine Füße in die Luft und legt sich darauf, während sie meine Hände nimmt und mich anweist, sie wie ein Flugzeug zu halten. Gern sitzt sie auch auf meinem Rücken. Ich bin ihr Pferdchen und galoppiere mit ihr herum. Ich beuge mich vor und sie setzt sich auf meinen Kopf. Dann richte ich mich auf und lasse sie auf meinen Rücken gleiten.

Unser Austausch ist voller Energie, was nicht auf Techniken, sondern auf dem *Vergessen* jeder Technik beruht. (Jeder Nerv, jeder Muskel wird zum weiteren Auge.) Weil wir unserem Körper vertrauen, bewegen wir uns blitzschnell wie ein Schwert, fein wie ein Seidenfaden, der aus einem Kokon gezogen wird, oder anmutig wie ein Delphin, der ins Wasser taucht, hochspringt und sich in der Luft dreht.

Während wir auf dem Rasen herumtollen, umarmen wir uns immer wieder behutsam, sanft und flüchtig. Diese Umarmungen sind wie die gemütliche Ofenwärme inmitten eines heulenden Wintersturms, Augenblicke, so flüchtig wie Sternschnuppen und für den nicht Eingeweihten praktisch nicht wahrnehmbar. Wenn Angel sich hinsetzt, setze ich mich neben sie. Wenn ich mich nicht gleich hinsetze, greift sie hoch und zieht mich an den Händen zu Boden. Sie macht keinerlei Anstalten, sich abzuwenden oder wegzugehen. Einmal, als wir so sitzen, pinkelt sich Angel in die Hose. Als sich auf dem Asphalt eine Pfütze bildet, schlägt sie mit den Händen in die nasse Lache. Bevor ich weiß, wie mir geschieht, mache ich sie nach. Sie lächelt, hält meine Hand und zieht mich hoch. Lachend rennt sie auf den Rasen und bedeutet mir, auf den Boden zu kommen. Ich gehe auf Hände und Knie. Angel reitet auf meinem Rücken, ihre Beine baumeln neben meinem Hals.

Wir spazieren zu einem großen roten Spielzeugauto, das auf einem riesigen, im Boden verankerten Gerüst steht. Angel steigt ein und bewegt sich schnell vor und zurück. Als ich die Hand ausstrecke, um ihre Fahrt zu verlangsamen, schlägt sie diese weg und sagt: „Nein!" Ich staune, was sie alles wahrnimmt. Ein paarmal strecke ich meine Hand hinter ihrem Rücken aus, wo sie sie gar nicht sehen kann. Gerade als ich den Wagen berühren will, greift sie nach meiner Hand, um mich daran zu hindern. Dabei dreht sich Angel einmal langsam nach mir um, beugt sich aus dem Auto, berührt leicht mein Gesicht und küsst mich. Sie gibt mir genau die Liebe, die ich ihr geben wollte.

Sie schaukelt weiter in dem Auto, bis es Zeit wird, zu ihrer Mutter zu gehen. Sie wird langsamer und greift nach meiner Hand. Ich helfe ihr aus dem Wagen. Hand in Hand gehen wir zurück zur Schule.

Die Einstellung zu Berührungen

Oft gehen wir davon aus, dass von Berührungen nur das Kind profitiert. Berührungen sind etwas Gegenseitiges. Sie tun beiden Beteiligten gut und tragen zu ihrem optimalen Wohlbefinden bei. Tatsächlich sind liebevolle Berührungen für jeden Menschen wichtig. Sie stärken das Nerven- und Immunsystem sowie die damit verbundenen Organe und Körperfunktionen sowie die zwischenmenschliche Bindung. Und sie fördern das menschliche Forschungsverhalten. Das alles ist für Erwachsene ebenso wichtig wie für Kinder. Durch Spiel/Berührung machen Spielgefährten die Erfahrung, dass sie unterstützt werden. Und dass es sicher ist, ihre Forschungen auf die Außenwelt auszuweiten.

Berührung kann für gegenseitige, auf Gleichheit beruhende Beziehungen ganz entscheidend sein. Bei Tieren, die wir durch Berührungen besänftigen und beruhigen, arbeiten sämtliche Körperfunktionen besser. Laut Ashley Montagu sind Frühgeburten, die von ihren Betreuerinnen regelmäßig berührt werden, reaktionsschneller und wacher und können sechs Tage früher nach Hause entlassen werden als die Frühchen, die man nicht berührt.

Erfolgen Berührungen jedoch vorschnell oder sind zu grob, kann die Haut zur Grenze werden, hinter der wir uns verbarrikadieren. Dann wird Berührung zum Angriff auf unsere Integrität. Außer offensichtlichen Übergriffen wie Missbrauch und anderen Formen von körperlicher Gewalt gibt es auch viele subtilere Formen von körperlicher Zudringlichkeit.

So tätscheln Erwachsene Kindern, denen sie zum ersten Mal begegnen, zum Beispiel oft den Kopf. Der Erwachsene findet das ganz natürlich und richtig. Für ihn ist es leicht und angenehm, ein Kind so zu berühren. Häufig berühren auch Männer Frauen so, die kleiner sind als sie. Ich habe von Kindern, Delphinen und Wölfen gelernt, sie erst dann am Kopf zu berühren, wenn viel Vertrauen zwischen uns gewachsen ist. Den Kopf berühre ich ganz zuletzt. Ich habe miterlebt, wie Delphine und Wölfe zubeißen und die Hand der Person festhalten, die solche Übergriffe macht.

Ich erwähnte einmal in einer dritten Klasse, der ich Dias von meinem Spiel mit Wölfen und Delphinen gezeigt hatte, dass es viel Zeit und viel Vertrauen brauche, bevor ich jemanden am Kopf berühre. Ich beschloss die Kinder zu fragen, was sie dazu zu sagen hatten, und war überrascht, wie heftig sie reagierten. Viele Hände schossen in die Luft. Alle wollten auf die Frage antworten. Ihre Geschichten waren voll davon, wie unwohl, klein und mies sie sich fühlten, wenn Erwachsene sie am Kopf tätschelten.

Ich erlaube jedem Kind, sich mir ohne äußeren Druck in seiner eigenen Zeit zu nähern. Manche kommen direkt und schnell auf mich zu. Andere zögern anfangs und brauchen von einigen Minuten bis zu mehreren Stunden, um Kontakt zu machen. Und es gibt auch Kinder, bei denen Jahre vergehen können, bevor sie wirklich spielen. Es ist unwichtig, wie lange es dauert. Einige wenige Kinder haben drei Jahre gebraucht, um sich ganz auf das Spiel mit mir einzulassen. In dieser Zeit haben sie mich drei bis fünf Tage in der Woche beobachtet, wie ich mit ihren Freunden spielte. Ich weiß nicht, was sie abhält mitzuspielen, und ebenso wenig weiß ich, was sie schließlich bewegt einzusteigen. Der erste Kontakt eines Mädchens, das sich besonders lange zurückhielt, bestand darin, dass es mir auf die Hand trat. Nachdem sie Monate lang vor mir zurückgescheut war, wiederholte sie das innerhalb weniger Minuten dreimal. Ich war so aufgeregt, dass ich dem Team an jenem Nachmittag erzählte, ich sei glücklich, weil Alice mir auf die Hand getreten habe! Noch weitere Monate mussten vergehen, bevor Alice rückhaltlos mit mir spielte. Ganz gleich, wieviel Zeit es braucht, von dem Punkt an, wo die Kinder mich als potenziellen Spielgefährten identifizieren, bis zum vollen Einlassen auf unser Spiel, verläuft unser Kontakt nach einem bestimmten Muster, das aus einem Wechsel von Annäherung und Rückzug besteht. Ich vertraue darauf, dass das Kind, wenn es selbst bestimmen kann, die notwendigen Entscheidungen trifft, sich dem Spiel so anzuschließen, wie es sinnvoll für es ist. Ich muss die Hintergründe für diese Entscheidungen nicht wissen, aber genug Geduld aufbringen, um Raum dafür zu lassen.

Der Spielblick ist eine Einladung und ein Geschenk. Er will dem, dem er gilt, keine Informationen entlocken oder sonst etwas von ihm „haben". Die Freundlichkeit dieses Blickes ist nicht nur einladend, sondern stellt auch eine erste Verbindung her. Ich bin erstaunt, wie schnell und tief sich das Vertrauen zeigt, das dieser Blick vermittelt. Er ist ein Ehrfurcht gebietendes kleines gemeinsames Erlebnis. Dieser Blick ist nichts Geplantes. Die Intuition übernimmt die Regie. Der Spielblick unterwandert unsere gesellschaftlichen Sinngebungen und analytischen

Definitionen, so dass der Geist wirklich sehen kann. Er gehört zu den Aspekten von Spiel, die man lernen aber nicht lehren kann. Bemühen Sie sich nicht, so zu schauen. Vergessen Sie diesen Blick, er wird sich ganz von selbst einstellen, wenn Sie erst einmal anfangen zu spielen. Wenn Sie ihn einmal erlebt haben, werden Sie ihn kennen.

Robert, Danny, Vanessa und Lydia sind Lehrerinnen und Lehrer für die Kunst der Blicke. Ihr Blick berührt mich zuerst innerlich, so dass ich mich wie eine Schmetterlingspuppe zu öffnen beginne. Aus dieser erstaunlichen Metamorphose gehe ich als Spielgefährte hervor und damit als jemand, der mehr ist, als ich je zu sein hoffte. In den Gesichtern dieser Kinder ist so viel Freude. Wenn wir uns anschauen, begreife ich, was Bachelard meinte, als er sagte: „Das Auge ist der Projektor einer menschlichen Kraft." Ich bin sicher, das ist die Kraft, die traditionelle Kampfsportkünstler in den Augen ihres Gegenübers sehen. Solche Augen sind laut Morihei Ueshiba, dem Begründer von Aikido, spirituelle Augen, die das selbstsüchtige Ego transzendieren und in deren Leere das Universum widerhallt.

Im Spiel sind wir für Berührung ebenso offen wie unser Blick für den von anderen. Am Anfang berühren wir die Füße oder Beine und kommen dann über die Hüften nach oben bis zum Kopf. Zuerst beobachten Kinder mich und mein Spiel mit anderen Kindern. Dann wagen sie sich vorsichtig auf den „Spielplatz" und in meine Nähe. Vielleicht berühre ich sie am Fuß oder unten am Bein. Meistens kichern sie daraufhin und rennen weg bis kurz hinter die Grenze des Spielfelds. Sie drehen sich um, lächeln, warten kurz und beobachten, um dann zurückzukommen. Ich berühre sie erneut wie zuvor. Wenn das Kind bleibt, kann ich zur nächste Stufe der Berührung übergehen. Zieht es sich wieder zurück, berühre ich es weiterhin in dieser Form, bis es auf dem „Spielplatz" bleibt und damit signalisiert, dass ihm meine Berührungen angenehm sind. Ich jage oder packe Kinder nicht und zwinge sie in keiner Weise zum Mitspielen. Jenseits der phantasierten Grenze ist „Aus-Zeit". Dieser Wechsel von Annäherung und Rückzug geht weiter, bis die Spielgefährten sich ganz einlassen oder, aus welchem Grund auch immer, wieder auseinander gehen.

Die Entfaltung von Spiel

Fühlen beide Spielgefährten sich wohl mit Berührungen, geht der Prozess der Entfaltung weiter. Wie für das traditionelle Wickeln von Kleinkindern ist auch hier eine gewisse Geschicklichkeit erforderlich. Ohne diese kann es passieren, dass der Spielgefährte sich abhängig oder eingeengt fühlt oder sich nicht richtig einlässt. Mit Händen und Armen unterstützen wir uns gegenseitig, deswegen bleiben sie offen und flexibel. Unsere Berührungen können jetzt einschließen, dass wir uns umarmen, miteinander kuscheln, uns streicheln, aneinander schmiegen, aneinander gelehnt oder aufeinander liegend ausruhen, uns gegenseitig tragen, an den Händen halten, flüstern und zuhören. Ich höre lieber zu als selbst zu reden. Wenn ich rede, ist meine Stimme ebenso sanft wie meine Berührungen.

Spiel/Berührung kann sehr wild und ausgelassen sein, wobei die Bewegungen schnell, ausladend und kraftvoll sind. Wenn ich Videos von meinem Spiel mit einer Gruppe von Kindern anschaue, fallen mir immer Aufnahmen von Spiralnebeln ein. Unsere Körper drehen, winden und verwickeln sich in jeder nur denkbaren stehenden oder liegenden Position. Ein Spielgefährte ist sich der Präsenz des anderen nur am Rande bewusst. Das ist eine heikle Balance. Einerseits bewege ich ständig Arme und Hände und berühre damit meine Spielgefährten an der Wirbelsäule oder im Nacken, damit sie sich nicht verletzten, wenn sie sich drehen wie eine Spirale, umfallen, rückwärts und vorwärts rollen. Andrerseits weiß ich, dass ich es meinen Spielgefährten nicht nehmen sollte, selbst zu spüren, wie sich ihre Bewegungen anfühlen. Durch die Bewegungen im Spiel gewinnt das Kind eine Sicht der Welt aus praktisch jeder nur denkbaren Position. Während wir übereinander hinweg rollen, sitzen die Kinder plötzlich auf mir und blicken auf einen Erwachsenen herunter. Dann wieder liegen wir nebeneinander und schauen uns Seite an Seite in die Augen.

Wenn ich rennen, springen und schreien wollte, hallte von Hügeln, Heuhaufen, Wölfen, Delphinen und Kindern das Echo meiner Freude wider. Die Sonne vertreibt die Kühle des frühen Morgens, während ich zu dem Gehege gehe, in dem sich sechs zweijährige Tundrawölfe befinden. Morgens sind sie am aktivsten und laufen auf mich zu, um mich stürmisch zu begrüßen.

Nachdem ich mich ihnen hinter dem Zaun vorgestellt habe, schlüpfe ich durch das Gatter. Alle sechs springen nacheinander an mir hoch, drängeln sich darum, mich zu lecken und zu zwicken. Nach einer Weile beruhigen sie sich etwas, so dass ich mich in ihrem Territorium bewegen kann. Ich ziehe einen langen Stock hinter mir her. Die Wölfe folgen mir in Paaren und Trios und springen auf den Stock, drücken ihn mit den Pfoten auf den Boden, während sie versuchen, mit ihren Zähnen danach zu schnappen. Wir veranstalten ein kleines „Tauziehen". Wir wissen alle, dass sie mir den Stock einfach wegnehmen könnten, aber sie zerren an mir, um mir in diesem Kampf von Geben und Nehmen zu begegnen. Hambone entkommt mit dem Stock, der ihm aus dem Maul hängt und am Boden schleift. Er trottet über die niedrigen Hügel und schaut immer wieder zurück, um sich zu vergewissern, dass wir ihn noch jagen.

Seien Sie rund wie ein Kreis, wenn Sie zweifeln! Warum? Weil, mit den Worten von Vincent van Gogh, das Leben wahrscheinlich rund ist und, wie Black Elk sagte, „die Kräfte der Welt sich immer in Kreisen bewegen". Ein Ball ist ein wunderbares Paradox. Er ist immer vollkommen im und aus dem Gleichgewicht. Er kann sich zu jedem Punkt seiner Oberfläche bewegen und behält dabei diese paradoxe Balance bei. Von dieser Rundheit sind auch die Bewegungen im Spiel.

Wenn ich mit Kindern, Wölfen oder Delphinen spiele, habe ich oft das Gefühl, als wäre ich völlig umgeben von jemand oder etwas, auch wenn nur ein einziger Spielgefährten anwesend ist. Als würden wir eingewoben in ein dreidimensionales Yin-Yang-Symbol, in dem kein oben und unten, hinten und vorne, links und rechts existiert. In diesen Kreisen fließen Bewegung und Stille zusammen. Im Extrem des einen wird die Essenz des anderen geboren. Im Vergleich dazu kommt mir mein Körper wie ein Stock vor. Ich lerne immer wieder neu, dass sich die Kräfte des Universums in Bögen, Kreisen und Spiralen bewegen.

Bei Holly, meiner Delphin-Freundin, überraschten mich diese ausbalancierten kreisförmigen Bewegungen nicht. Sie gehörten für mich zu ihrem Wesen. Doch bei den Wolfinnen, die mit mir spielten, verblüfften sie mich. Sybil und Livia schießen vom Boden hoch und umgeben mich überall gleichzeitig, als wäre ich ein Stab und sie wie Bälle mit Schnüren an diesen gebunden. So wickeln sie mich mit ihren wirbelnden Bewegungen ein.

Livia, Sybil und Holly sind Lehrerinnen, und doch tun sie nichts Besonderes. Sie bewegen sich einfach, wie es ihnen entspricht. So entsteht ein Gravitationsfeld, auf dem ich mich kontinuierlich in einer dynamischen, sinnvollen Beziehung bewege. Anders als die zentrifugalen Kräfte des Wettbewerbs hält Spiel das heikle Gleichgewicht zwischen der Tendenz der individuellen Spielgefährten zur Selbstbehauptung und der integrativen Tendenz der Gruppe. Die Folge ist ein scheinbares „Über-Individuum", dessen Bewegungen synchron verlaufen wie die eines Vogelschwarms, der keine wellenförmigen Bewegungen zeigt, die ein Indikator für den Zeitunterschied zwischen Anführer und Gefolgschaft sind.

Ausgelassene Spielsitzungen werden oft unterbrochen von Phasen erholsamer Stille. Stille spielt für Spiel die gleiche Rolle wie für Klang. Viel Spielzeit ist ruhige Zeit, Zeit, in der wir einfach zusammen sind. Das sind die unsichtbaren Intervalle von Spiel.

Bevor ich mich zum ersten Mal in ein Wolfsgehege begebe, halte ich mich zwei Wochen lang acht Stunden täglich draußen vor der Einfriedung auf. Ich sitze neben dem Zaun, damit wir uns kennen lernen können. Ich berühre, striegele und beobachte die Tiere. Sie lecken, beschnüffeln und beobachten mich. In dieser Zeit bauen wir Vertrauen auf.

Wenn ich Zeit mit Wölfen verbringe, gibt es oft ganz ruhige Phasen. Sybil, Nero oder Hambone kommen vorbei und lassen ihren Kopf auf meiner Schulter ruhen oder stehen vor mir, um berührt zu werden. Mein Kontakt mit Holly, Puck, Holey Fin und Nicki, den Delphinen in Monkey Mia, Australien, sieht oft so aus, dass ich sie einfach sanft berühre. Das gleiche gilt für Kinder. Sie kommen vorbei, ruhen sich eine Weile bei mir aus und brechen dann wieder auf. Manchmal schlafen sie auf mir liegend ein. Manche Kinder können spüren, wann ich etwas Ruhe brauche. Kim, Tracy und Vanessa zum Beispiel kommen dann und holen mich, sitzen ruhig auf meinem Bauch und berühren behutsam mein Gesicht, Bart oder Hände.

Diese stillen Phasen sind keine formalen Ruhepausen wie beim Sport. Sie sind integraler Bestandteil der Spielaktion und haben etwas sehr Beruhigendes. Und wie für jeden Forschenden ist es äußerst hilfreich für den nächsten Schritt ins Unbekannte, wenn wir zwischendurch immer einmal ruhig werden. Auch Spielgefährten, die körperlich sehr aktiv sind, ruhen sich oft mitten im wildesten Herumtoben auf meinem Rücken oder meinem Brustkorb aus oder bitten darum, auf den Arm genommen, herumgetragen oder einfach gehalten zu werden. Außenstehende bekommen diese Ruhezeiten oft gar nicht mit.

Heute habe ich eine neue Spielgefährtin kennen gelernt. Sally ist noch kein Jahr alt. Es war ihr erster Tag an der Schule, und eine Krankengymnastin machte gerade die Aufnahmeuntersuchung mit ihr. Ich lag auf dem Boden und spielte mit A. D. und Christian. Sally schaute zu mir her und ich lächelte. Nach etwa zehn Minuten wurde sie auf den Boden gesetzt und krabbelte auf mein Gesicht zu. Unsere Augen nahmen wieder Kontakt auf und blieben aufeinander gerichtet, während Sally näher kam. Sie krabbelte bis auf wenige Zentimeter an mein Gesicht heran. Dann hockte sie über mir und schaute mich mit einem Blick an, der nicht nur meine Augen, sondern mein ganzes Inneres zu erfassen schien, als konzentrierte sie sich darauf, Verbindung zu mir aufzunehmen und zu erforschen, wie sich das anfühlt. Dabei blinzelte sie nicht ein einziges Mal. Als sie noch näher rückte, pfiff ich leise und sie bewegte ihre Lippen. Ich rollte auf den Rücken und setzte sie auf meinen Brustkorb. Sie stützte sich hoch auf ihre Arme und schaute von oben wieder direkt in meine Augen. Nach ein paar Minuten bettete sie ihren Kopf an meinen Hals und lag still da, um sich immer wieder aufzurichten, mich anzuschauen und die Lage ihres Kopfes zu verändern.

Nach einem Sommerurlaub in weit entfernten Ländern ist es irgendwie beruhigend, zu Hause einen kurzen Spaziergang die Straße entlang zu machen. Der Sommer ist vorbei. Ich weiß das, weil der Kalender September anzeigt, und außerdem kann ich die herbstliche Wandlung schmecken, riechen, hören und sehen. Ich versuche meinen Rhythmus dem herbstlichen Rhythmus anzupassen, der milden Sonne, dem sanften Wind und dem Bach, der keine Eile hat und keinerlei hektische Aktivität zeigt. Um mich herum ist nur langsamer, gemessener Wandel.

Während ich still auf einem grauen Granitstein sitze, spielen meine Finger mit dem Wasser des Strawberry-Baches, wie um seinen Puls zu fühlen. Das Tempo des Flusses hat sich verändert. Vom eiskalten schnellen Hüpfen im Frühling ist er zum gemächlichen herbstlichen Dahintreiben übergegangen. Statt über Steine zu hüpfen, macht der Bach es sich jetzt leichter und fließt um sie herum. Aber immer noch tanzen auf seiner Oberfläche die funkelnden Muster von Sonne und Schatten, die das Wasser, das um die Felsen fließt, golden und hellbraun zeichnen. Winzige Fichten, Zedern und Pinien erheben sich gerade so eben über dem weichen Waldboden, der aus den gefallenen Blättern und Ästen vieler Jahre besteht. In zartem Astwerk sehe ich Spinnweben glitzern, denn es ist Altweibersommer. Über mir beugen sich grüne und braune Piniennadeln anmutig wie Stockfiguren, die in der Herbstbrise tanzen.

Wie werden wir von Kindern, wie von Tieren erzogen! Unerforschlich einbegriffen leben wir in der strömenden All-Gegenseitigkeit.

Martin Buber

Die Berührungen in den oben beschriebenen Begegnungen beruhen auf jahrelangen Erfahrungen mit Spiel. Die gegenseitige Unterstützung und die Freiheit der Spielgefährten verdeutlichen das paradoxe Wesen von Spiel. Es besteht in einem Gefühl von Macht innerhalb von Grenzen. Wie bei Goldilocks, der das Bett des kleinen Bären findet: „Es ist weder zu hart noch zu weich, sondern genau richtig." Wir lernen innerhalb der Grenzen zu spielen, die das Leben bestimmen und die flexibel, nachgiebig und fest zugleich sind. Bei Doczi heißt es dazu: „Diese Grenzen öffnen die Türen zum Grenzenlosen."

Es gibt im Spiel kein unruhiges, ängstliches Streben, nur mühelose, ruhige Harmonie. Kürzlich hatte ich einen Traum, der die Kunst der Berührung im Spiel deutlich machte. Ich befinde mich in einem Gebäude und beobachte japanische Kampfsportkünstler bei ihrem Training. In einem Raum schreiben Kalligraphen, und in einem anderen bewegen sich Körper in sehr komplizierten *katas* (zeremoniellen Haltungen, Anm.d.Ü.). Man führt mich in ein kleineres Zimmer, wo ich einer Zeremonie zuschaue und dann daran teilnehme. Der Meister, ein älterer Mann, lächelt. Er hält ein Bündel Reisgras, fest umwickelt mit einem Seidenband. Das Bündel ist etwa so dick wie mein Daumen, und der Meister balanciert es auf den Fingerspitzen seiner linken Hand. In seiner rechten Hand hält er ein Schwert. Er sitzt so still da, dass ich fast nicht mitbekomme, was passiert. Mit einem einzigen geschickten, sauberen Hieb schneidet er sämtliche Reishalme durch, ohne mit dem Schwert seine Fingerspitzen zu berühren.

Er winkt mich näher, damit ich es ihm gleich tue. Ich weiß, wenn mein Hieb zu sanft ist, werde ich nicht alle Halme erwischen. Schlage ich aber zu heftig zu, werde ich mir die Fingerspitzen abrasieren. Die Atmosphäre im Raum ist sehr still, angenehm und beruhigend. Ich nehme weder Angst noch Besorgnis wahr. Dann wache ich auf.

Es ist schwer, zu der natürlichen Spontaneität und Mühelosigkeit von Spiel zu gelangen. In der Vorstellung scheint es leicht zu sein, sich natürlich zu bewegen. Doch wenn wir uns so viele Jahre steif und gezwungen bewegt haben, kann es erstaunlich lange dauern, zur Spontaneität kindlicher Bewegung zurückzukehren. Wir lernen auf diesem Weg keine Techniken, sondern loszulassen. So bekommt unser Spiel seine Ausrichtung, seinen Fluss und seine Spontaneität, die den kindlichen Geist des Anfängers ausmachen.

Ich muss geduldig sein, meine Erwartungen, Überlegungen und Bedenken vergessen und mich ungekünstelt und rein in den gegenwärtigen Moment begeben. In solchen Augenblicken bin ich eins mit mir. Ohne jeden Gedanken und ohne Selbstbewusstsein sind all meine Kräfte auf Spiel gerichtet. Als Organismus kann ich nur in der Gegenwart leben, aber mein Intellekt lebt offensichtlich überall und sonstwo.

Spielen heißt in Berührung kommen. Es gibt keinen anderen Weg, keine Abkürzung. In der Lehrzeit des Spielenden, die meiner Meinung nach ein Leben lang dauert, geht es um ein Werden. Die Kunst, ein Spielgefährte zu sein, steht nicht nur besonderen Menschen offen. Sie ist einfach die freundlichste Art zu leben. Dann findet Ihr Leben Räsonanz in den Menschen, die Ihre Hand berührt hat. Spiel ist ein Eintauchen in die Lebenserfahrung. Und bei diesem Eintauchen versuche ich, mich der Lebensenergie, die durch mich und alle anderen Wesen wirkt, zu überlassen.

Als Spielgefährten üben wir eine heilige Kunst aus und arbeiten mit der Schöpfung zusammen. Wir verbinden uns mit dem Leben in seiner täglichen, gewöhnlichen Form, so dass es mehr werden kann, „ein Kanal der Energie für den gegenseitigen Fluss von menschlichen und göttlichen Kräften", wie Paul Jordan-Smith sagt. Diese gegenseitige Verbundenheit heißt bei den Maoris *mana*, ihre Bezeichnung für die „direkte Erfahrung der heiligen Kraft, welche die ganze Existenz durchdringt". Im *Sanskrit* heißt diese Energie Prana, „das, was den Lebensprozess gestaltet". Es überrascht also nicht, dass ein Spielgefährte ein Instrument der Kräfte von Spiel ist, nicht deren Quelle. Von Spiel berührt werden heißt „erfüllt sein von Gott".

Die Praxis von Spiel dauert ein Leben lang. Durch Spiel/Berührung wird uns das Leben in all seinen Aspekten bewusst. Bewusst sind wir bereit, mit einem offenen mitfühlenden Herzen „rauszugehen und zu spielen". Unsere Freundlichkeit als Spielgefährte ist nichts Abstraktes, sondern eine solche Liebe zu allen, mit denen wir in Kontakt kommen, dass wir gar nicht anders können, als freundlich zu sein. Die Praxis von Spiel ist anspruchsvoll. Als Spielgefährten möchten wir auf unseren Spielplätzen immer mehr Spielgefährten um uns versammeln. Bis es so unendlich viele sind, dass wir Einsteins Frage: „Ist das Universum freundlich?" rückhaltlos und freudig mit „Ja!" beantworten können.

Kapitel 11

Freundlichkeit:
Der magische Kreis von Spiel

Wenn wir ohne Urteil – und das heißt mit den Augen der Liebe –
schauen, umfangen wir mit unserem Blick die ganze Menschheit.

Stephen Mitchell

Die Verbundenheit zwischen Sterblichen ist unsterblich.

Boris Pasternak

Ich wuchs als Kind in Michigan auf und weiß noch, wie ich in Win-
terkleidern nach draußen rannte, um das erste Rotkehlchen zu begrüßen, das den Frühling verkündete. Ich rannte mit weit geöffneten
Armen, als könnte ich das Rotkehlchen und den Frühling selbst in
meine kindliche Umarmung schließen. Das erste Rotkehlchen war ein
Ereignis, das es wert war, bei Tisch besprochen zu werden. Selbst wenn
noch weitere Tage voller Schnee und Kälte kommen würden, was oft
der Fall war, versprach dieses einsame Rotkehlchen, wenn auch noch so
verhalten, die kommende Wärme. Ich wusste, dass der Frühling unterwegs war. Nicht weil es im Kalender stand; ich konnte es fühlen und
riechen.

An einem klirrend kalten Februarnachmittag in Montana, an dem der Wind scharf und schneidend über die Landschaft hinwegfegt, strecke ich meine geöffnete Hand aus, in der ein paar Körner liegen und lächele, als ein quicklebendiges kleines Federwesen, das wir Chickadee-Meise nennen, aus einer Fichte hüpft und sich auf meinem Handschuh niederlässt. Dieses tschilpende, muntere und gesellige Wesen mit seinem schwarz, weiß und grauen Federflausch scheint mir eine Lektion in Lebendigkeit zu erteilen und vermittelt mir ein Gefühl des Willkommens und der Verwandtschaft von Mensch und Tier.

An einem sonnigen Nachmittag im späten Frühling wandere ich nördlich vom Yellowstone-Park über eine Bergwiese und halte Ausschau nach Spielgefährten. Ich treffe auf drei junge Elche, die am Abhang eines kleinen Hügels grasen. Ich setze mich in die warme Sonne, um sie zu beobachten und mich von ihnen beobachten zu lassen. Einer der drei zeigt Interesse an mir. In ihrem Blickfeld bleibend, spaziere ich langsam vor ihnen einen Pfad entlang zu einem Platz, den der Elch, wie ich annehme, aufsuchen wird. Zwei von ihnen eilen an mir vorbei, um hinter mir zu grasen. Der dritte bleibt hinter mir stehen. Abwechselnd schlendernd und grasend, läuft er im Zickzack auf mich zu und behält seine langsame Gangart bei, bis er direkt vor mir steht. Er knabbert an dem Gras dicht neben meinen Füßen. Ich fühle mich von seinen Geweihschaufeln umarmt. Ich rieche seine strenge, süß-saure Ausdünstung, sehe, wie seine Rippen sich aufblähen und höre, wie er das Gras zwischen seinen Zähnen zermalmt. Ich spüre, dass er ebenso bewusst zu mir gekommen ist wie ich zu ihm.

Morgen ist der Tag, an dem Nelson Mandela aus dem Gefängnis entlassen wird. Ich bin in seiner Heimatstadt, Soweto, Südafrika, um ein Waisenhaus für Mädchen zu besuchen. Wir kommen etwas zu spät, parken draußen vor der Zufahrt und betreten dann das Gebäude, das offensichtlich einmal eine Schule war. Ich habe keine Ahnung, was auf mich zukommt. Vielleicht machen wir eine Besichtigungstour. Ich hoffe, ich kann mit Kindern spielen.

Wir gehen am Rand eines mit Gras bewachsenen Hofs entlang, in dem sich die 100 Mädchen versammelt haben. Die meisten von ihnen tragen dunkelblaue Pullover und darunter weiße Blusen. Als wir vor der

Gruppe stehen, singen sie ein Begrüßungslied. Obwohl ich die Worte nicht verstehe, erfasse ich den Sinn. Sie erobern sofort mein Herz, und ich bin bereit, mit allen auf einmal zu spielen. Ich betrete den Rasen und damit ein unglaubliches Spielgelände, stelle mich kurz vor und erläutere meine Arbeit. Meine Worte müssen übersetzt werden, und ich beschließe, sofort mit dem Spielen anzufangen.

Ich spiele an diesem Morgen mit vielen Spielgefährtinnen, berühre und werde berührt. Zwischen unseren wilden Herumtollereien bringen die Mädchen mir ihre traditionellen Lieder und Spiele bei. Als es für uns Zeit wird aufzubrechen, erzählt mir ein Mädchen, das gut Englisch spricht, dass ihre Freundin, die kein Englisch kann, gern ein Abschiedslied für mich singen möchte. Ihre Freundin tritt vor und beginnt allein für mich zu singen. Ein paar andere fallen in das Lied mit ein, dann werden es immer mehr, bis sie mit ihrem Gesang einen Kreis um mich weben. Es war wunderbar, da in der Mitte ihres Liedes zu stehen.

Nach unserer Spielsitzung essen wir mit einigen Betreuerinnen zu Mittag. Sie erzählen mir, dass sie nicht wussten, was sie zu erwarten hatten. Sie hatten die Mädchen bislang nie spielen sehen. Sie wussten nicht, was sie jetzt wissen. Eine Frau fragt mich, ob ich verstünde, was an diesem Morgen geschehen sei. Für die meisten dieser Mädchen war ich der erste Weiße, den sie jemals berührt, geschweige denn, mit dem sie gespielt hatten. Auch wenn mir immer noch die Worte fehlen, um meine Gefühle zu beschreiben, weiß ich, dass wir uns eine Zeitlang in etwas Größerem bewegten als in den engen Kategorien von Geschlecht, Rasse und Nationalität. Unser Spiel hatte nichts von dem Wettbewerb, den so viele Erwachsene in dieser Welt miteinander veranstalten und in den diese und andere Kinder schon bald einsteigen werden.

Heute Nachmittag schließe ich mich einer Gruppe von fünf Vorschulkindern an, um die Hügel, zwischen denen unsere Schule liegt, zu erkunden. Wir klettern die kleinen Abhänge hoch und runter, sammeln Vierecke aus getrocknetem Schlamm, springen in kleine Rinnsale, rutschen einen steilen Hügel hinunter und finden Schätze. Ich habe unzählige Kinder bei solchen Exkursionen begleitet. Jedes Mal lockt mich ihre Neugier erneut in die Welt. Ich hatte vergessen, wie ich zu dem werden kann, der ich im Spiel bin. Spielgefährten zeigen es mir.

So vieles im Leben ist bereit, das Göttliche in Erscheinung treten zu lassen und uns zu zeigen. Bei solchen Erlebnissen können wir spüren, wie sich sämtliche Grenzen zwischen uns und anderen auflösen, als täte die Welt sich auf, um uns zu begrüßen. Wenn das Leben uns so willkommen heißt, erfahren wir Großzügigkeit und Zugehörigkeit. Wir erinnern uns, machen außergewöhnliche Erfahrungen und wissen ganz sicher, dass Freundlichkeit die Grenzen aufhebt, die wir sonst ziehen. Diese Freundlichkeit ist ein Zeichen dafür, dass Menschen durch ihre gegenseitige Verbundenheit mit dem Kosmos selbst verbunden sind. Das ist ein Gefühl von tiefer gegenseitiger Anteilnahme und Verwandtschaft, das deutlich macht, dass es nur ein Leben gibt und wir alle ein Teil davon sind. Albert Einstein bezeichnet unser Gefühl, getrennt zu sein von der übrigen Welt, als eine Art optische Täuschung des Bewusstseins. Unsere Aufgabe als Spielgefährte besteht darin, uns aus diesem Gefängnis zu befreien, indem wir den Kreis der Freundlichkeit erweitern und ihn für alle lebenden Geschöpfe öffnen.

Ich denke, das hat auch Gregory Bateson gesucht, als er fragte: „Welches Muster verbindet den Krebs mit dem Hummer und die Orchidee mit der Primel und all diese vier mit mir?" Franz von Assisi, Pu-tai und Pu der Bär wissen die Antwort. Doch ist dieses Wissen nicht nur fiktiven Figuren und Heiligen vorbehalten.

Die Liebe und Furchtlosigkeit im Spiel sind uns allen zugänglich. Das ist die wichtigste und tief greifendste Botschaft dieses Buches.

Spiel gehört zu dem Frühlingskind in jeder und jedem von uns. Es ist eine Zeit, die geprägt ist von Zugehörigkeit und nicht von Besitz und Wettbewerb. Eine Zeit des offenen Herzens, das mehr spürt als das, was wir wissen. Freundlichkeit beruht nicht auf menschlichem Bemühen oder übernatürlichen Einflüssen. Freundlichkeit ist eine erstaunliche, natürliche und ungekünstelte Weisheit, die nichts mit Oberflächlichkeiten zu tun hat. Freundlichkeit ist mehr als „Freundlichkeiten tun", es ist freundlich *sein*. Ich glaube, das meinte auch Rabindranath Tagore, als er sagte: „Wer zu sehr damit beschäftigt ist, Gutes zu tun, hat keine Zeit, gut zu sein." Wir gehorchen nicht wie ein Kind den Eltern, sondern lassen uns auf die Liebe ein und werden von ihr umarmt. Diese

Verwirklichung von Freundlichkeit macht Spiel nicht nur lebendig, sondern auch äußerst schwer erklärbar.

Spiel verwebt Vergangenheit und Gegenwart, Mythen und Fakten, Alt und Jung zu einem Stoff, den wir nicht analysieren, sondern an dem wir uns erfreuen. Wir wissen das, doch nicht auf die gleiche Art und Weise, wie wir andere Dinge wissen. Spiel ist Gemeinschaft über alle Grenzen hinweg, offen für sämtliche Lebensformen. Das meint Paulus im Brief an die Korinther (13:12), wenn er sagt: „Dann aber werde ich völlig erkennen, wie ich auch völlig erkannt worden bin." In solchen Augenblicken der Verbundenheit haben wir das Gefühl, dass alle Lebewesen sich gegenseitig kennen, auch die Sterne. So wie es dem Buschmann ergeht, der, wie Laurens van der Post schreibt, glaubt: „Wenn er stirbt, wird ein Stern vom Himmel fallen, um umherzuziehen und allen anderen Lebewesen zu erzählen, das etwas, dass einst aufrecht stand, umgefallen ist."

Jung sagt, das Unbewusste ende nirgends, es reiche überall hin. Unser Unbewusstes ist nur ein Teil dessen, was das ganze Leben durchdringt. Für Fools Crow, einen Heiligen Mann der Lakota, ist diese Verbundenheit ein unmittelbares Erleben:

> Seit der Suche von 1965 kann ich mit Fasanen, Adlern, Eulen, Präriehunden, Kojoten und Wölfen frei sprechen. All diese Tiere sprechen zu mir in Lakota. Wenn ein anderer gläubiger Mensch dabei wäre, würde auch er sie hören, doch ich wäre der einzige, der weiß, was sie sagen. Ungläubige können sehen, wie sich Mäuler und Schnäbel der Tiere bewegen. Sie hören die Geräusche und das Lachen der Geschöpfe. Das ist alles.

Ich habe in diesem Buch immer wieder Weise, Wissenschaftler, Mystiker und Kinder vorgestellt, die sich dafür geöffnet haben, mit der kreativen Quelle allen Lebens in Berührung zu kommen, nicht als intellektuelle Idee, sondern ganz konkret und real. Da sie von Herzen spielen, verstehen sie, was in einem Handbuch aus dem 14. Jahrhundert, *Die Wolke des Nichtwissens*, geschrieben steht, aus dem Mitchell zitiert: „Durch Liebe kann er (Gott) empfangen und umarmt werden; niemals aber durch Denken."

Dieses spielerische Muster des Teilens miteinander bleibt ein zartes Geheimnis, das nicht gelöst, sondern gelebt werden muss. In dem

Augenblick, wo ich zweifele oder Erklärungen liefere, verschwindet es. Spiel zeigt uns, dass über all unsere verschiedenen Erscheinungsformen und dieses Feld von Zeit und Raum eine Verbindung hergestellt werden kann zu jener transzendenten, formlosen Quelle, aus der alles Leben hervorgeht. Damit lassen wir die Begrenzungen normaler Beziehungen weit hinter uns. Diese Art Spiel entsteht, wenn wir unsere künstlichen Kategorien aufgeben und uns emotional nicht mehr an diese klammern. Während wir loslassen, begeben wir uns in einen Zustand der „Schwerelosigkeit", in dem wir uns dem Leben immer mehr öffnen können. Spiel ist göttlicher Widerhall. Durch Zeit, Raum und Form erzeugt es eine Resonanz der Liebe und der Freundlichkeit. Wir haben hier ein Stück Himmel auf Erden. Ist das real oder eine Metapher – oder beides?

Gestern ging ich hinüber, um mit den älteren Kindern an unserer Schule zu spielen. Ich trat durch das Tor, das das Gebäude und den Spielplatz der älteren Kinder von denen der jüngeren trennt. Angel lag auf dem Asphaltgehweg, die Füße gegen die Wand des Gebäudes gestemmt. Sie war ganz offensichtlich aufgebracht. Sie hatte einen Kratzer am Arm, und ihre Hände und ihr Gesicht waren völlig verdreckt. Sie hatte sowohl nach den Betreuern als auch nach anderen Kindern geschlagen. Die Kinder verhöhnten sie. Die Betreuer waren erschöpft und frustriert.

Als ich mich neben sie auf den Boden kniete, schien sie mich zu erkennen, machte aber keinerlei Anstalten, Kontakt mit mir aufzunehmen. Ich beugte mich über sie und brachte meinen Kopf dicht an sie heran. Sie schwenkte ihre Arme in meine Richtung. Da legte ich meinen Kopf zwischen ihre Arme und ließ ihn leicht auf ihrem Brustkorb ruhen. Sie schlug mich ein paar Mal auf den Hinterkopf und plötzlich sprang sie auf ihre Füße. Ich ging auf Hände und Knie. Sie setzte sich auf meinen Rücken und beugte sich vor, so dass sie auf mir lag und ihr Kopf auf meiner Schulter ruhte. Ich krabbelte ein Stück mit ihr. Angel setzte sich auf und wollte offensichtlich, dass ich aufstand. Ich erhob mich mit ihr auf dem Rücken. Sie lachte, als wir auf den Rasen zuliefen. Ich konnte deutlich spüren, dass ihr innerer Aufruhr und ihre Frustration sich aufgelöst hatten. Wir spielten abwechselnd Pferdchen und ein Spiel, bei dem sie mich hochzog ins Sitzen, um mich dann umzuschubsen.

Angel setzte sich mit dem Rücken an einen Zaun und machte das Zeichen für Ball. Ich wiederholte das Zeichen und fragte sie, ob sie Ball spielen wolle. Sie sagte: „Ja." Ich holte einen großen Gummiball und wir ließen den Ball zwischen uns hin und her hüpfen. Innerhalb weniger Minuten schlossen sich uns vier weitere Kinder an. Angel prellte den Ball abwechselnd jedem der Kinder zu. Als es für mich Zeit wurde zu gehen, krabbelte ich auf Angel zu, nahm ihren Kopf behutsam in meine Hände und erzählte ihr, dass ich nach Hause gehen würde. Ich beugte mich zu ihr, umarmte sie und winkte ihr zum Abschied. Sie schien ganz friedlich, sah mir ruhig in die Augen und winkte zurück. Jedes Mal, wenn ich mit Angel spiele, macht sie mir das Geschenk, mich an der Liebe teilhaben zu lassen, die sich hinter ihrer aggressiven Haltung verbirgt.

Eines Morgens verbrachte ich eine köstliche Zeit im Spiel mit Little Guy und Little Girl, zwei Kojoten in Wolf Haven. Wir spielten zwischen den Bäumen Verstecken, jagten uns mit dem Stock und balgten uns auf dem Boden. Nach ein paar Stunden verabschiedete ich mich und verließ das Gehege.

Ich ging hinüber, um Windsong aufzusuchen. Ich hatte noch nicht so viel Gelegenheit gehabt, mit ihr zu spielen wie mit den anderen Wölfen. Ich saß vor dem Gehege, um unsere Bekanntschaft aufzufrischen, während Jack und Steve zu ihr hineingingen. Windsong begrüßte ihre Freunde sehr stürmisch. Sie war aufgeregt, sprang an Jack und Steve hoch, lief schnell zwischen den beiden hin und her und versteckte sich zwischendurch immer wieder an ihren geheimen Plätzen im Gebüsch. Als es sich richtig anfühlte, schloss ich mich ihnen an. Zuerst beschnüffelte Windsong mich und strich um mich herum. Ich hatte das Gefühl, sie erkannte mich, aber sie beachtete mich nicht weiter. Wir setzten uns alle. Sie beugte sich vor, ließ sich neben mir auf den Boden fallen und legte ihren Kopf in meinen Schoß. Ich tätschelte ihren Bauch und sie nahm meine Hand ins Maul. Plötzlich wurde sie ganz aufgeregt und nahm meine Hand zwischen ihre Hinterkiefer. Der Druck auf meine Hand wurde unerträglich, sie schien sie mit ihren Backenzahnen zu zermalmen. Plötzlich verschwanden meine Angst und mein Schmerz, und ich wurde ganz ruhig. Noch vor wenigen Sekunden hatte ich das Gefühl gehabt, dass sie meine Hand auffraß. Jetzt war es, als ob gar nichts passierte. 'Vielleicht habe ich einen Schock', dachte ich.

Steve und Jack gelang es, meine Hand frei zu bekommen, und wir verließen das Gehege. Draußen schauten wir uns meine Hand an. Ich wusste nicht, auf was ich gefasst sein musste. Auf dem Handrücken sah man ein paar rötliche Abdrücke, und die Hand war ein wenig wund, aber ansonsten war alles in Ordnung. Es war nichts gebrochen, und ich brauchte keine Erste Hilfe. Ich konnte die Hand frei bewegen. Wir kamen übereinstimmend zu dem Schluss, dass der Kojotengeruch Windsong in Aufregung versetzt hatte. Das schien mir eine logische Erklärung. Trotzdem war es mir ein Rätsel, wieso meine Hand nicht verletzt war. Schon oft hatten Tiere einen Körperteil von mir ins Maul genommen, doch nie zuvor hatte ich diesen unmittelbaren Schmerz, diesen enormen Druck und diese plötzliche Ruhe erlebt. Ich beließ es dabei und ging nach drinnen, um mich zu waschen und umzuziehen, bevor ich meine Spielsitzungen mit anderen Wölfen fortsetzte.

In den Ruhestunden am Abend ging ich die Erfahrungen dieses Tages noch einmal durch. Ich war immer noch beunruhigt wegen Windsong. Angenommen, es war nicht der Kojotengeruch, oder er war nur ein Auslöser gewesen. Was dann? Es fiel mir schwer, den Gedanken an mich heranzulassen, der mir immer wieder kam. Ich hatte Angst. Es war, als wüsste ich etwas Unaussprechliches, das ich nicht wissen wollte. Wenn ich es erst einmal aussprach, musste ich die Möglichkeit zulassen, dass es ein wichtiger Hinweis auf das Wesen der Realität war. Windsong hatte mir eine Lektion erteilt, indem sie mir zeigte, wie die Welt spielt. Eine Lektion in Physik und Metaphysik. Ihre Zähne waren mit meiner Hand verschmolzen. Ich wollte das abtun, doch es gelang mir nicht.

Das Mysterium bleibt, doch ich lächele und akzeptiere Angels und Windsongs Geschenke als Augenblicke, in denen Wunder geschahen und ich meine eigenen Wurzeln berührte, den Punkt, an dem Himmel und Erde zusammmtreffen. Wenn wir so spielen, sind wir mit der Quelle des Lebens in Berührung. Spielen ist dann keine akademische Theorie oder abgehobene Philosophie, sondern ein greifbarer Ausdruck von Freundlichkeit, den ich *fühle*. Das meint auch Heloise, wenn sie von ihrer Liebe zu Abelard spricht: „Für Gott als Spezies, aber für Abelard als Individuum."

Der magische Kreis von Spiel

Der Mensch hat die Fähigkeit, nicht nur seine eigene Spezies zu lie-
ben, sondern das Leben in all seinen Erscheinungsformen. Dieses
einfühlsame Gespür für das Netz des Lebens, das alles miteinander
verknüpft, ist der höchste Ausdruck von Spiritualität, der mir
bekannt ist.

Loren Eiseley

Es ist nicht immer leicht, ein Spielgefährte zu sein. Es ist riskant, in
die Welt hinauszugehen und zu spielen. Vielleicht finden wir es
dumm, in solch einer gefährlichen Welt freundlich zu sein. Man hat
mir gesagt, mit kleinen Kindern spielen sei reizend, mit gestörten Kindern spielen sei nett, mit Delphinen spielen sei interessant, überhaupt
zu spielen sei für einen Mann fragwürdig, doch mit einem Grizzly zu
spielen sei auf jeden Fall eine Dummheit. Als gesellschaftliche Wesen
haben wir für alle Lebensformen Urteile parat. Unsere Gesellschaft
und die sozialen Gruppierungen, aus denen sie besteht, diktieren uns,
wer dazu gehört und wer Außenseiter ist. Unter bestimmten Umständen und mit bestimmten Personen sind bestimmte Verhaltensweisen
erlaubt, die an anderen Orten und mit anderen Personen als verboten
gelten.

Vielleicht versohlen Eltern ihre Kinder zu Hause, aber wenn sie
als Lehrer an einer Vorschule arbeiten, wissen sie, dass sie die Kinder
dort nicht schlagen dürfen. Wenn sie Verhaltensweisen, mit denen sie
glauben, die normale Entwicklung eines Kindes zu fördern, aus ihrer
Familie in die Schule übertragen, werden sie möglicherweise gerügt,
entlassen oder gerichtlich belangt. So leben wir. Wir halten das alles
für selbstverständlich. Wir wissen, dass unsere Urteile wahrscheinlich
anders ausfallen als die von Menschen anderswo, gehen aber davon aus,
dass alle Menschen Urteile fällen.

Spiel galt bislang allgemein als eine Aktivität unter vielen, mit der
wir uns die jeweiligen Werte unserer Gesellschaft aneignen. Im gesellschaftlichen Spiel lernen wir Dinge wie konkurrieren, urteilen und
uns rächen, die in Abbildung 1 in der Sparte „Gesellschaft" aufgelistet
sind. Diese „Spiele" mögen verschieden sein, aber alle spielen sie. Im

gesellschaftlichen Rahmen ist es in Ordnung zu diskriminieren, zu urteilen, zu beraten, zu bevatern und zu bemuttern. Man erwartet von uns nichts anderes.

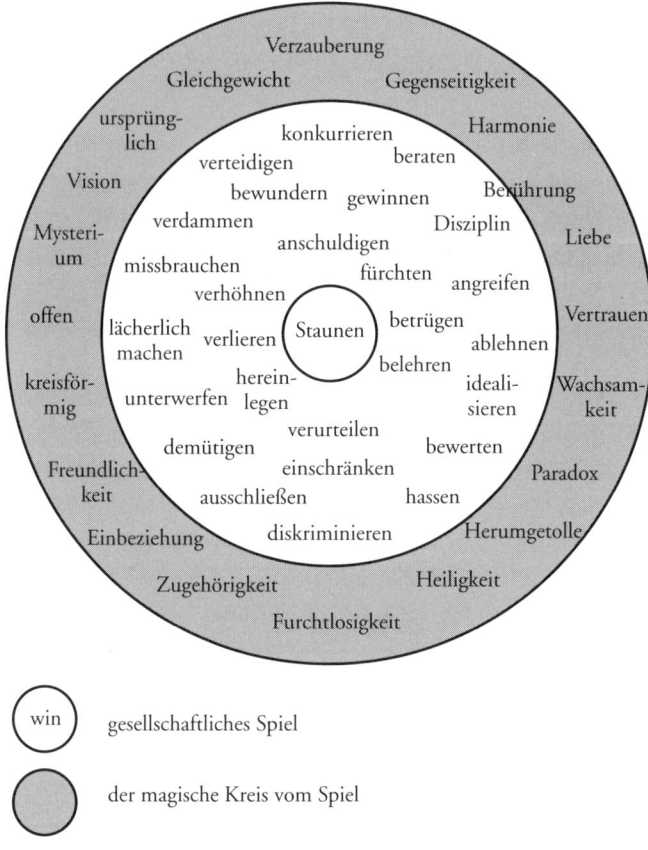

Abbildung 11.1 Das gesellschaftliche Umfeld und der magische Kreis von Spiel

Die Kernaussage dieses Buches ist, dass es eine andere Art von Spiel gibt als das gesellschaftlich vorgegebene. Ich habe dieses als „ursprüngliches Spiel" bezeichnet, weil seine Ursprünge außerhalb des gesellschaftlichen Umfelds liegen. All die Erlebnisse, die ich in diesem Buch beschreibe, finden im gewöhnlichen Alltagsleben statt, und doch gibt es etwas, das sie verwandelt. Dieses „Etwas" ist es, das den „magischen Kreis von Spiel" schafft.

Der magische Kreis von Spiel ist psycho-physische Raum-Zeit. Wenn wir ihn betreten, verlassen wir das gesellschaftliche Umfeld. Gesellschaftliche Bereiche und der magische Kreis von Spiel schließen sich gegenseitig aus. Im gesellschaftlichen Rahmen bleiben heißt sich den Regeln unterwerfen, welche die Gesellschaft für die Spiele, die Sie spielen, aufgestellt hat. Für das gesellschaftliche Spiel gibt es allgemein anerkannte ausschließliche Regeln. Wir treffen Entscheidungen in Bezug auf andere und stellen Regeln für sie auf – wer spielen kann und wer nicht, wie gespielt wird und wer gegen uns ist. Diese Unterschiede zum ursprünglichen Spiel machen einen großen Unterschied. Hier wird der Status des Spielgefährten bestimmt durch ein Team, den Clan oder die Stammeszugehörigkeit.

Ich diskutierte über das Thema Ausschluss einmal mit einer Olympiasportlerin. Da sie für die Mitglieder ihrer Mannschaft Kameradschaft und Liebe empfand, fühlte sie sich als Spielgefährtin. Ich fragte sie, warum sie die gegnerische Mannschaft nicht in ihre freundlichen Gefühle einbezog. Sie sagte, das könne sie nicht, weil sie dann nicht hätten gewinnen können. Sie mussten diese Menschen ausschließen, um sich als Gruppe zu profilieren. Das ist vielleicht in diesem Rahmen nicht weiter verwunderlich, doch ist diese Sportlerin keine Spielgefährtin.

Da wir nur Menschen sind, ist es extrem schwer, sich dem gesellschaftlichen Sog zu entziehen. Die Vision von Spiel ist großartig, aber, wie George Leonard sagte: „Jeder Meister ist ein Meister der Vision."

Der magische Kreis von Spiel bezieht alle ein. Das bedeutet, dass wir im Spiel Bündnisse jeglicher Art aufgeben müssen. Die meisten von uns meinen vielleicht, das sei nicht weiter schwer, bis wir sehen, was wir konkret aufgeben müssen. Manchen mag es leicht fallen, mit aggressiven Kindern zu spielen, doch verlassen sie den Kreis von Spiel, wenn Kinder, die nicht zu ihrer Gruppe gehören, mitspielen wollen. Manche Menschen können für ihre Familienmitglieder, Clans, Rasse, Länder Spielgefährten sein. Einige Vorschullehrerinnen und -lehrer haben Probleme, mit Kindern zu spielen, die sie schmutzig finden. Wieder andere können mit jedem Kind spielen, nur nicht mit Kindern, die sich mit Absicht aggressiv verhalten. Die Liste der Ausschlüsse ist endlos.

Den magischen Kreis von Spiel betreten heißt sich über die Gesellschaft und all ihre Kategorien hinwegsetzen.

Ein Spielgefährte sein heißt sich auf eine Praxis einlassen, durch die sich der Kreis der eigenen Spielgefährten kontinuierlich erweitert, um auch die mit einzubeziehen, die wir im Augenblick noch ausschließen. Und das nicht, indem wir andere ändern, damit sie uns ähnlicher werden, sondern indem wir an uns arbeiten, damit wir immer mehr von der Vielfalt des Lebens umarmen können. Spielgefährten arbeiten an sich selbst, nicht an anderen. Schließlich stehen wir einem Spielgefährten gegenüber, der uns unsere größten Ängste spiegelt. Doch, wie Albert Schweitzer sagte:

> Solange wie der Mensch den Kreis seines Mitgefühls nicht auf sämtliche Lebewesen ausweitet, wird er selbst keinen Frieden finden.

Erwachsene haben Angst, den magischen Kreis von Spiel zu betreten, weil sie glauben, das sei ein Sprung ins Unbekannte, den sie nicht mehr rückgängig machen können. Der Gedanke, ihr Leben als Spielgefährten und nicht als Eltern und Lehrer zu leben, ist für sie beängstigend. Das ist jedoch nicht der Weg von Spiel. In manchen Zeiten spiele ich, und dann wieder lebe ich als Freund, Ehemann, Vater, Lehrer oder Berater. Ich praktiziere ständig und stelle fest, dass Spiel anfängt, auf meine anderen Rollen abzufärben, so dass ich auch hier offener bin und andere besser akzeptieren kann. Ich mache mir darüber keine Gedanken und muss auch nicht versuchen, diesen Prozess voranzutreiben. Außerdem schenkt mir das Leben im magischen Kreis von Spiel, nachdem mich die Vision einmal faszinierte, sehr viel mehr Erfüllung und Sicherheit. Ich möchte wachsen, damit mein Kreis irgendwann einmal alle Lebewesen einschließt.

Manchmal ist es schwer, freundlich zu sein

Freundlichkeit kann man uns nicht durch Barschheit beibringen.

Raymond Smullyan

Wie spielen wir in einer Welt voller Angst, Urteile und Wettbewerb? Wie spiele ich, wenn niemand sonst spielt? Oft ist es schwer, freundlich zu sein und auch dann im Kreis von Spiel zu bleiben, wenn wir hier auf das stoßen, was uns Angst macht. Aber genau das erfordert die Disziplin von Spiel, die uns ständig auffordert, noch gründlicher darüber nachzudenken, was es heißt, ein Spielgefährte zu werden. So wunderbar es sein mag, wenn ich einem Kind mit Gehirnlähmung oder Autismus meine Liebe schenke, so unvernünftig mag es scheinen, wenn ich dem Kind, das mich ins Gesicht tritt, mit Liebe begegne. Ich glaube, in bestimmten Situationen verlangt mein Menschsein mir ab, auch Wesen, die immer um Liebe betrogen wurden, liebevoll zu umarmen.

Freundlich sein bedeutet nicht nur unser Bündnis mit Gruppen und Ländern aufgeben, sondern auch das Bündnis mit unserer Angst. Jiddu Krishnamurti schrieb:

> Ein Mensch also, der versucht, Gewalt zu verstehen, gehört keinem Land, keiner Religion, keiner politischen Partei oder irgendeinem besonderen System an; sein Anliegen besteht darin, die Menschheit total zu verstehen.

Das kann extrem schwer sein, und wir können sogar glauben, dass es unsere Möglichkeiten übersteigt. Wie bei Jesus, der sich mit Schülern und Sündern an den Tisch setzte und sich zu Müttern und Huren gesellte, muss unsere Liebe tief und rein genug sein, um Kontakt aufzunehmen mit dem, was allem Leben gemeinsam ist. „Und natürlich", sagt Thomas Merton, „wenn der Mensch zu seinen eigenen Wurzeln zurückkehrt, gelingt es ihm, äußerer Gewalt vollständig zu widerstehen und ab einem gewissen Punkt sogar unverwundbar zu sein". Das Wichtige dabei ist, glaube ich, dass jeder von uns für diese Rückkehr selbst verantwortlich ist.

Von einer Vision beflügelt zu sein, ist eine Sache; etwas ganz anderes ist es, von einer Theorie oder vernünftigen Gründen angetrieben zu sein. Wir können diesen Weg nicht füreinander gehen, denn das würde heißen, Inneres stellvertretend für andere zu erledigen. Wissen geht am Wesentlichen vorbei, wenn es nicht dem Gefühl des Einsseins entspringt. Nur wenn wir uns selbst bemühen, werden wir echt. Ich glaube, das meint auch Pferdchen in Margery Williams' Buch *Das Samtkaninchen oder das Wunder der Verwandlung*, wenn es sagt: „Wenn du echt bist, macht es dir nichts aus, verletzt zu werden." Das ist ganz entscheidend, denn es kommt auf diesem Weg unweigerlich zu Verletzungen, und nur wenn unsere Vision authentisch ist, übersteht sie auch schwierige Zeiten. Das ist eine völlig andere emotionale und körperliche Erfahrung als die Verletzung beim Wettbewerb, bei der wir, wie Richard Heinberg schreibt, „unter Isoliertheit und Entfremdung leiden, die darauf beruhen, dass der Geist an seinen eigenen künstlichen Kategorien der Unterscheidung festhält und diese auf die Welt projiziert". Die Verletzung im Spiel hingegen ist auf das zurückzuführen, was Rabindranath Tagore beschreibt als „den ersten Schritt auf eine neue Ebene der Existenz, an die unser lebendiges Wesen noch nicht ganz gewöhnt und mit der unser Geist noch nicht ganz vertraut ist". Unser Schmerz birgt ebensoviel Weisheit wie die Geburtswehen, die uns vom Altgewohnten befreien, so dass wir nackt in den Armen einer größeren Welt landen.

Ich glaube nicht, dass es möglich ist, mit der Vision eines anderen Menschen zu spielen. Blaise Pascal, Physiker und Mathematiker aus dem 17. Jahrhundert, formulierte das ganz nüchtern:

> Wem Gott Religion vermittels der Intuition nahe brachte, der hat großes Glück und ist zu Recht überzeugt. Aber dem, für den das nicht zutrifft, können wir sie nur durch Argumente nahe bringen und darauf warten, dass Gott ihm spirituelle Einsichten schenkt, ohne die der Glaube bloß menschlich ist und für die Erlösung nichts taugt.

Auch Stephen Mitchell erwähnt diesen Punkt in Bezug auf Jesus und seine Jünger und schreibt:

Wir müssen die *Qualität* der Transformation beachten. Es ging hier um das, was ich eher eine religiöse als eine spirituelle Erfahrung nennen würde, das heißt, obwohl sie die Apostel von Zweifel und Verzweiflung zum Glauben übergehen ließ, gelangten sie dadurch nicht in das Königreich Gottes. „...jeder aber, wenn er ganz vollendet ist, wird nur wie sein Meister sein." (Lukas 6:40) Aber die Lehre erreichte die Jünger keinesfalls ganz. Sie glaubten lediglich an Gott, sie hatten ihn nie erfahren. Und sie verstanden die Lehre Jesu immer noch nicht.

Übertrage ich diesen Gedankengang auf Spiel, kann ich anderen nur Ideen, Argumente, Methoden und Techniken vermitteln. Wenn das alles wäre, würde das Lernen hier enden, dann wäre es gesellschaftliches Spiel, das kein Umfeld für die Freundlichkeit bietet, die ursprüngliches Spiel erfordert. Es reicht nicht, an Spiel zu glauben. „Glaube birgt die Unsicherheit von Ja und Nein", schreibt Mitchell. Wenn das Spiel eines Lehrlings auf dem Glauben an einen Meister beruht, ist es nichts als eine Geiselnahme. Damit die Lehre uns ganz erreicht, müssen wir die Vision oder Einsicht selbst haben, und das geschieht nur, indem wir spielen. Vielleicht passiert es nicht dann, wenn wir denken, dass es passieren sollte, aber es wird passieren. Dann lernen wir von Herzen zu spielen und nicht nach einem Buch.

Thomas Merton, Blaise Pascal, Stephen Mitchell und das Pferdchen vermitteln uns eine tiefe Weisheit von Spiel. Als Spielgefährten haben wir nicht die Wahl, mit dem zu spielen, was *sein sollte* und was wir *gern hätten*, sondern sind aufgefordert, mit dem zu spielen, was *ist*. Wir können uns den Luxus nicht leisten, unsere Vision fein säuberlich von unserem Verhalten zu trennen. Ein Spielgefährte sagt nicht: „Nun, ich stimme mit der Philosophie überein, aber die Welt ist so aggressiv, dass ich entsprechend reagieren muss, um zu überleben. Ich wünschte, es wäre anders, aber ich muss im Hier und Jetzt leben." Als Spielgefährte bin ich ebenfalls der Meinung, dass ich hier und jetzt leben muss, aber das hebt meine Vision nicht auf. Wenn die Vision nicht zum Spiel führt, ist sie tot. Im Spiel ist die Praxis unsere Vision.

Ich muss mit jeder und jedem spielen, nicht nur mit niedlichen Kleinkindern, verspielten Wölfen und kontaktfreudigen Delphinen, sondern auch mit der großen Masse von Menschen, die immer wieder missbraucht und verletzt wurden und sich deswegen verzweifelt ungeliebt, lieblos und verängstigt fühlen. Die meisten Menschen, mit denen ich spiele, auch die Kinder, sind keine Spielgefährten. Sie haben Angst. Man hat ihnen beigebracht, Opfer zu sein, „gut auf sich aufzupassen", weil sie sonst verlieren. Sie haben gelernt zu kämpfen und zu gewinnen. Für die meisten ist Spiel Kampf. Selbst in einer sicheren Umgebung schlagen die Leute um sich. Etwas anderes kennen sie nicht.

In unseren Spielsitzungen teilen kleine Kinder gezielte Tritte aus, ältere Kinder Karateschläge. Teenager drehen mir den Arm um, und Erwachsene versuchen mich zusammenzuschlagen. Alle versuchen sich an mir zu rächen für das, was die Welt ihnen angetan hat. Ich muss lernen, mich nicht in ihre Kämpfe zu verwickeln. Es hilft nicht weiter, wenn ich mich ebenfalls zum Opfer mache.

Drei Frauen haben versucht, mir zurückzuzahlen, was Männer ihnen angetan haben. Nachdem sie mich zu Boden geworfen hatte, sagte die eine: „Ich war nie in der Lage, einem Mann etwas anzutun." Eine andere schlug mich wiederholt seitlich auf den Kopf und schubste mich dann weg, während sie mir vorwarf, ich würde gar nicht spielen. Später gab sie zu, dass sie mich verletzen wollte. Eine dritte Frau sprang mir auf den Rücken „wegen allem, was Männer mir angetan haben".

Ich bin kein perfekter Spielgefährte. Ich bin auf dem Weg, mehr nicht. In manchen Zeiten tut es weh, ins Gesicht getreten zu werden. Ich bin mit der Situation identifiziert und verletzlich. Ich habe mir schon eine blutige Nase, ein blaues Auge und angebrochene Rippen zugezogen. An manchen Tagen frage ich mich, warum ich spiele. Ich frage mich, ob ich weiß, was ich da tue. Die Gewalt von Erwachsenen gegen Kinder und deren aggressive Reaktionen scheinen kein Ende zu nehmen. Unter diesen Umständen ein Spielgefährte sein, heißt, nicht Aggressionen einzuladen, auch wenn es so aussehen kann. Es ist wichtig zu verstehen, dass es darum geht, mein Gegenüber zu akzeptieren und nicht Gewalt zu fördern. Ich sage nicht, dass Gewalt in Ordnung ist. Ich erlaube Kindern in keiner Weise, sich gegenseitig anzugreifen. Ich sage, dass es als Spielgefährte einen Raum in mir gibt, wo ich mich öffne und dir so, wie du mir gegenüberstehst, Liebe schenke, ganz gleich, wer du bist oder was du tust. Das ist keine psychologische Masche, sondern der magische Kreis von Spiel.

Liebe zu schenken, wenn wir angegriffen werden, ist sehr schwer, geschweige denn, es zur Meisterschaft in dieser Kunst zu bringen. Es ist wichtig, an diesem Punkt noch einmal zu betonen, dass Spiel, wie ich es praktiziere, nicht auf Moral beruht, sondern auf einer Vision. Wir haben unser Leben als Opfer und Täter gelebt. Wir kennen nichts anderes. Vielen Männern fällt es schwer zu verstehen, dass Spiel kein Angriff ist. Vielen Frauen fällt es schwer, sich nicht als Opfer zu verhalten. Das sind die Rollen, die Männer und Frauen bei ihren gesellschaftlichen Spielen überwiegend spielen. Im authentischen Spiel sind sie weder angemessen noch notwendig.

Freundlichkeit heißt nicht, sich anderen an den Hals zu werfen. Es heißt auch nicht, dass jemand anderes Ihnen gegen Ihren Willen etwas antut und Sie lassen es zu. Das sind die beiden anderen Pole des Opfer-Täter-Spiels. Wenn ich vormache, wie man Angriffen mit Freundlichkeit begegnen kann, muss ich mir voll bewusst darüber sein, dass ich weder Täter noch Opfer bin, und das sowohl in meiner inneren als auch meiner äußeren Haltung unmissverständlich zum Ausdruck bringen. Das muss ganz klar sein, denn die meisten Menschen haben Angst. Sie wissen nicht, was sie zu erwarten haben. Aus der Sicht eines außenstehenden Beobachters mag es scheinen, als erlaubte ich den Kindern, mich zu schlagen. Meine Absicht ist, die Aggressionen des Kindes weder zu vergelten noch abzuwehren und dem Kind durch diese andere Haltung eine Atmosphäre des Vertrauens zu vermitteln, in der es unnötig ist anzugreifen. Ganz gleich, wer den Spielplatz betritt, ein Spielgefährte sorgt dafür, dass er für alle sicher ist. Das ist nicht möglich, wenn wir uns verausgaben. Sie können anderen keine Sicherheit vermitteln, wenn Sie nicht für Ihre eigene Sicherheit sorgen. Seien Sie gegen sich genauso rücksichtsvoll wie gegen andere. Unsere Praxis als Spielgefährten erfordert, dass wir kontinuierlich wachsen.

Wie Tellerminen sind die Paradoxe auf Spielfeldern verstreut. Hier ein weiteres: Die einzige Möglichkeit, Ergebnisse zu erzielen, besteht darin, dass ich keinerlei Anstrengung in diese Richtung unternehme. Aber es geht auch nicht, ohne dass ich es versuche. Der Punkt ist, nicht einzugreifen.

Die Sicherheit auf dem Spielplatz beruht sowohl auf Ihrer geistigen als auch auf Ihrer körperlichen Verfassung. Ich lerne durch Erfahrung, wozu ich imstande bin. Wenn Sie, aus welchem Grund auch immer, noch nicht bereit sind, ist es am besten zu warten.

Ich besuchte einmal eine Schule und wollte dort mit jedem Kind, das zu mir kam, spielen. Ich wollte niemanden ausschließen. Zweieinhalb Tage zog ich dieses Programm durch, bis ich so erschöpft war, dass ich am dritten Tag krank wurde und mit den letzten Gruppen überhaupt nicht mehr spielen konnte.

Sicherheit ist ein schwieriges Thema, denn zunächst einmal müssen wir uns selbst gründlich überprüfen. Das heißt, ich muss mir, bevor ich spiele, anschauen, was ich am Körper trage und wie ich mich fühle. Genau das tat ich immer, bevor ich Wölfe und Kojoten in ihrem Gehege aufsuchte. Wenn ich in meinen Gedanken irgendwo anders und nicht präsent war, wartete ich. Hatte ich die innere Prüfung bestanden, tastete ich, beim Kopf beginnend, mit den Händen meinen ganzen Körper ab, und wenn ich auf Gegenstände aus Wolle oder Leder stieß, legte ich sie ab. Ließ ich zum Beispiel meine Schlüssel in der Hosentasche, bissen mich manche Wölfe in die Tasche, um an den ledernen Schlüsselanhänger zu gelangen. Einmal trug ich bei meiner Begrüßungsrunde am frühen Morgen einen schweren Wollpullover. Als ich zwei arktische Wölfe tätschelte, schnappten sie mich am Ärmel und drückten meinen Arm gegen den Zaun. Sie zogen solange an meinem Ärmel, bis sie ihn abgerissen hatten, und dann fraßen sie ihn auf. Das habe ich mir gemerkt und trage seitdem keine Wolle mehr im Gehege.

Ich habe aus Erfahrung gelernt und leere vorm Spielen immer meine Taschen. Einmal schrieb ich eine Liste, auf der ich vermerkte, welche Fotos ich gern machen würde. Ich steckte mir diesen Zettel in die Brusttasche meiner Weste, um im Laufe des Morgens schnell nachschauen zu können. Als ich erst einmal im Gehege war und auf dem Boden saß, öffnete Hambone die Tasche und holte sich den Zettel mit den Zähnen. Er trug ihn herum wie einen Stock. Ich versuchte ihn mir wiederzuholen, doch er sorgte dafür, dass ich nicht an den Zettel herankam. Irgendwann im Verlauf unseres Spiels blieb er stehen, drehte sich nach mir um, sah mich an und schluckte den Zettel herunter.

Alle scheinbaren Hindernisse – Aggression, Konkurrenz, Missverständnisse – sind für mich Gelegenheiten, mich noch weiter zu öffnen. Bei diesem Prozess des Öffnens lasse ich zu, dass das, was von Anfang an präsent war, allmählich zum Vorschein kommt. Indem ich kontinuierlich loslasse und mich öffne, kann die Seite in mir, die abwehrt und sich angegriffen fühlt, verzeihen. Dann fühlen ich und mein Angreifer uns beide geliebt und genährt und nicht länger als isolierte Wesen in einer feindlichen Welt. Auf diese Weise fassen wir allmählich Vertrauen in die Freundlichkeit der Welt.

> Wir sind wie die verirrte Zeile eines Gedichtes, die ständig das Gefühl hat, dass sie sich mit einer anderen Zeile reimt und diese finden muss, weil sie sonst nicht zur Erfüllung gelangt. Diese Suche nach dem Unerreichten ist der große Impuls im Menschen, der ihn zu seinen besten Schöpfungen bewegt.
>
> Rabindranath Tagore

Spielen ist ein anderer Weg, bei dem unsere üblichen Urteile über uns und andere, Gewinnen und Verlieren, Vorwürfe und Fehler keine Rolle spielen. Spiel ist weder Anpassung an den Wettbewerb der Welt noch Zuflucht vor diesem. Spiel ist ohne Angriff oder Vorwurf, es ist einfach Liebe. Das ist alles. Die Abwesenheit von Liebe kann nicht durch die weitere Abwesenheit von Liebe geheilt werden. Wir brauchen eine umfassendere Liebe, die auch den Angreifer solange zu umarmen vermag, bis er nicht mehr angreifen muss. Diese Liebe verleiht uns innerlich Kraft für unsere äußeren Wege in der Welt.

Ein Spielgefährte wird geschmiedet wie ein gutes japanisches Schwert. Saotome schreibt:

> Bei der Herstellung eines guten Schwertes wird das Eisen ständigen Belastungen ausgesetzt. Im Feuer geschmiedet, wird es durch die aggressive Hitze geschmolzen, so dass es in Form gebracht und vollendet gestaltet werden kann. Es wird geschlagen, aufgewuchtet, in sich gefaltet, erhitzt und behämmert, bis ihm sämtliche Unreinheiten ausgetrieben sind. Dann wird es ins Wasser getaucht und sein Temperament bestimmt. Das Feuer wird kontrolliert und Weisheit bereitet sich vor, sich zu schärfen. Dieser Prozess ist sehr kompliziert, und kein Schritt darf dabei ausgelassen werden. Er besteht aus über einer Million verborgenen Schichten. Doch das Endprodukt ist einfach und klar in der Linienführung. Es ist kraftvoll, doch flexibel, und seine Oberfläche spiegelt alles wider, was es umgibt.

Wie das Schwert kann auch ein Spielgefährte nur geschmiedet werden, wenn er in der Hitze all dessen, was das Leben zu bieten hat, immer wieder die Erfahrung von Spiel macht. Jedes Mal, wenn ich mit Geschöpfen spiele, die um sich schlagen, weil sie Angst vor dem Leben haben, ist es, als würden sie mich mit ihren Schlägen reinigen. Und Umarmungen oder eine Hand, die meine hält, besänftigen mich.

Spiel ist eine Beziehung, die von Freundlichkeit geprägt ist – die Erkenntnis, dass wir alle Freunde und alle von einer Art sind. Auf dem Boden von Spiel findet das „Tao der Alten" Ausdruck. Spielend sind wir nicht in den ständig wechselnden Werten unserer Gesellschaft verwurzelt, sondern an die tiefste Quelle unseres Wesens angeschlossen. Freundlichkeit ist kein moralischer Wert, sondern ein Lebensweg. Etwas in uns, vielleicht die ursprüngliche Energie der Essenz des Lebens selbst, antwortet auf die Botschaft von Spiel wie ein Kompass, dessen Nadel zum nördlichen Magnetpol wandert. Unser ganzes Wesen findet in diesem Bewusstsein unserer Wurzeln Trost.

Wenn ich mit älteren Kindern und Teenagern spiele, stelle ich Spiel manchmal als die älteste aller Bewegungskünste vor, die bereits existierte, bevor unsere Gesellschaft die Notwendigkeit empfand, sich zu verteidigen. Spiel stellt das normale Bedürfnis nach Verteidigungskünsten auf den Kopf. Während die traditionellen Kampfsportkünste oft als Techniken der Selbstverteidigung gelten, mit denen das Individuum sich gegen die Angriffe der äußeren Welt schützen kann, ist Spiel der Weg von Seele und Form, die Außenwelt vor dem Selbst zu schützen. Das ist Abraham Maslows „Weg der Zugänglichkeit":

> Die Liebe für einen Menschen erlaubt diesem, sich zu entfalten, zu öffnen, seine Abwehr fallen zu lassen und nicht nur körperlich, sondern auch psychologisch und spirituell nackt zu sein. Kurz, er lässt zu, dass er gesehen wird, statt sich zu verstecken. In gewöhnlichen zwischenmenschlichen Beziehungen sind wir bis zu einem gewissen Maße unzugänglich für einander. In Liebesbeziehungen werden wir 'zugänglich'.

Nach den Regeln der Gesellschaft spielen heißt vom Baum des Wissens und damit von Gut und Böse kosten; bei ursprünglichem Spiel kosten wir vom Baum des Lebens.

Es ist ein anerkannter Grundsatz, dass das, was für einen „Weg" gilt, auch auf andere angewendet werden kann. Bei den traditionellen Kunsthandwerken und Künsten lernen wir nicht das Material oder die Waffe beherrschen, sondern uns selbst. Was das Zusammenfließen von innerer und äußerer Welt betrifft, so hat Spiel sehr viel gemeinsam mit dem japanischen *budo* (Kampfsportart, Anm.d.Ü.), das Morihei Ueshiba als „unbesiegbar" beschreibt, „da es mit nichts und niemandem kämpft". Er fügt hinzu: „Wahres *budo* ist ein Pfad des Friedens."

Manfred Clynes schreibt über Beethovens letzte Werke, sie erreichten ein Zusammenfließen von Seinsebenen, in dem jeder Kampf verschwinde. Stattdessen wird dieser „durch die Projektion eines Friedens ersetzt, der über unseren Verstand hinausgeht". Freundlichkeit hat nichts mit dem Glauben an die richtige Doktrin zu tun, sondern mit authentischer Erfahrung.

Letzten Endes entspringt Freundlichkeit der persönlichen Erfahrung, die sich nach innen richtet, um sich auszusöhnen mit dem, was Jung unseren „Schatten" nennt, und sich nach außen wendet, um all das einzuschließen, was fremd und beängstigend ist. „Sich für das Leben entscheiden heißt unsere Existenz bestätigen. Sich für den Tod entscheiden heißt den Kreislauf von Gewalt fortsetzen", schreibt Richard Strozzi Heckler. Die Abhängigkeit von Gewalt ist ein Ausdruck für das Ausweichen des Feiglings vor der unmittelbaren Begegnung mit der Liebe, die er fürchtet. Spiel lässt uns keinen solchen Ausweg. Hier sind wir als Individuen aufgerufen, uns dem zu stellen, was uns am meisten ängstigt, und es zu berühren. Praxis, Liebe und Furchtlosigkeit sind lediglich ein Anfang. Jede und jeder von uns muss mitten ins Herz getroffen werden.

Mensch sein heißt ständig mit Überraschungen konfrontiert sein, von denen jede Gelegenheit und Herausforderung zugleich ist. Ich weiß nicht, warum Dreijährige, die bislang keine Gewalt erlebt haben, in einer Spielsitzung den Zwang verspüren, aggressiv zu werden. Und ich weiß ebensowenig, warum 15 Teenager, die direkt aus den Straßen von Kapstadt kommen, ganz genau wissen, wie man mit fremden Weißen spielt.

Eine Folge dieser inneren und äußeren Suche ist, dass die Fähigkeit zur Wandlung des Selbst wächst und wir dadurch die Grenzen überschreiten, die uns von unserer Welt trennen. Freundlichkeit erleben heißt immer tiefer fühlen, bis wir zu einer grundlegenden metaphysischen Einsicht gelangen, einer Ahnung von der Unendlichkeit des

Seins, die ohne Worte und doch in ihrem Gefühl von Verbundenheit von großer Kraft ist. In unserem heimlichen Kern erkennen wir, dass wir viel mehr sind, als uns normalerweise bewusst ist.

Ich kann nicht sehen, dass Wettbewerb uns auch nur einen Schritt dem näher bringt, was für mich wirklich wichtig ist: Frieden, ökologisches Gleichgewicht, Freundlichkeit. Die nukleare Abrüstung wird nie gelingen, wenn wir sie nicht als Teil einer umfassenderen Vision betrachten, die auch einschließt, dass wir Kinder nicht mehr schlagen und auf Schulhöfen keine Kleinkriege mehr stattfinden. Laurens van der Post schreibt dazu: „Die Spaltung der modernen Seele ist es, welche die Atomspaltung so gefährlich macht."

Durch Freundlichkeit werden all die menschlichen Kräfte, die bislang für Wettbewerb, Besitzerwerb und Verteidigung benutzt wurden, freigesetzt, so dass sie zurückfließen können in die eine zeitlose, mächtige Kraft, die uns zu den Mysterien des Lebens treibt. „Ich" gehöre nicht länger mir, sondern jedem und allem. Nichts ist anders, und doch ist alles verändert.

Mit jeder neuen Geburt schickt das Leben einen neuen Spielgefährten, eine neue Möglichkeit in die Welt. Der Spielgefährte ist das eigentliche Medium für den ständigen Prozess der Schöpfung, der uns über den allgemeinen Wettbewerb, über alle Niederlagen und Erfolge hinwegträgt. Ja sogar noch, wie es bei Laing heißt, über „Chaos... oder Leere hinweg mitten in jenen kontinuierlichen Sprung von Nichtsein in Sein; (das) kann Anlaß der großen Befreiung sein, wenn vom Vornichts-Angst-haben übergeht zur Erkenntnis, daß es nichts gibt, wovor man Angst haben muß."

Fragen stellen

Ich suchte die Eule auf, denn ich hatte gehört, dass sie die Antworten wisse.

Ich traf sie zu Hause an, und wie ich sie da still und ganz gesammelt sitzen sah, schien mir, dass sie die Antworten tatsächlich wissen müsse.

„Es heißt", sprach ich, „dass du allein die Antwort weißt."

Die Eule entgegnete: „Mein Freund, es stimmt, was man von mir sagt."

Und so stellte ich der Eule die eine große Frage.

Sie antwortete mir bedacht und mit unendlicher Geduld: „Du musst die Antwort selbst finden."

Da ich glaubte, getäuscht worden zu sein, sagte ich ärgerlich: „Brauche ich die Eule, um mir von ihr sagen zu lassen, dass ich selbst denken muss?"

„Aber mein Freund, genau das ist die Antwort.

Fragen stellen heißt oft, der wirklichen Antwort, die wir bereits kennen, auszuweichen. Jeder Mensch ist erleuchtet und will es doch nicht sein. Wir alle wissen, wie wir unseren Part auf dieser Erde *spielen* können. Aber wir wollen es nicht wissen. Wir fahren lieber fort mit der Maskerade der Wettbewerber und weichen aus in verzwickte moralische Fragen. Wir alle wissen, dass wir in jedem Augenblick freundlich sein und nach bestem Vermögen lieben müssen, aber wir wollen das nicht wissen, und deswegen stellen wir Fragen. Sollten Wölfe, Wale, Berglöwen und Regenwälder gerettet werden? Sollten uralte Kulturen, Babys und Obdachlose überleben? Nur Wettbewerber stellen solche gefährlichen, verwegenen und unfreundlichen Fragen.

Die bloße Tatsache, dass wir das Leben als Spielende beginnen, ist bedeutungsvoll für die Zukunft unseres Universums. Wir stehen individuell und kollektiv vor der Herausforderung, ein neues Weltparadigma zu gebären. Rauszukommen und zu spielen mag ebenso schmerzhaft sein wie geboren zu werden, aber es ist der einzige Weg, der ins Leben führt. Jiddu Krishnamurti stellte die Frage:

Ist es für ein menschliches Wesen in einer beliebigen Gesellschaft psychologisch möglich, sich innerlich völlig von Gewalt zu befreien? Wenn ja, wird allein dieser Prozess eine völlig andere Lebensweise in dieser Welt nach sich ziehen.

Das Spielen von Herzen, das uns mit den Gaben der Furchtlosigkeit und Liebe beschenkt, ist genau dieser Prozess. Wir stehen wieder am Anfang. Liebe ist *das* Geschenk unseres Überlebens, das wir an andere weitergeben können.

Epilog

Gott zuliebe spielen

„Ich bin ein Erdenkind", sagte sie stolz, „und dies ist der Planet, auf dem ich lebe. Ich würde gern mit all seinen Kindern spielen, denn auch ich bin sein Kind."

Lillian Smith

Am ersten Tag zeigten wir alle auf unsere Länder. Am dritten oder vierten Tag zeigten wir auf unsere Kontinente. Und so um den fünften Tag herum sahen wir nur eine Erde.

Sultan Bin Sulman al-Saud

Ein Spielgefährte sieht Gott in allem. Wenn sich unsere Kategorien auflösen, finden wir das, was jenseits aller Kategorien ist, noch im kleinsten Aspekt des Lebens. Durch das Spiel mit einzelnen Individuen machen wir die Erfahrung, dass wir ein Teil des Ganzen sind. Das zieht die Verantwortung nach sich, Beziehungen als göttliche zu gestalten. Nachdem ich mich auf die Suche gemacht habe, stelle ich fest, dass ich niemals wieder auch nur für einen einzigen Augenblick der Verantwortung für die Qualität meines Präsentseins enthoben bin. Ich werde dieses Abenteuer unaufhörlich weiter verfolgen in dem Wissen, dass es, ganz gleich was erreicht wird, verglichen mit dem inneren Bildnis der Suche selbst immer unzureichend sein wird. Und vor allem begreife ich Folgendes: Wie großartig das Erreichte auch sein mag, nie bin ich es, dem es zu verdanken ist. Alles was ich tun kann, besteht darin, zu gewähren und loszulassen, durchlässig zu sein in dem sicheren Vertrauen auf das, was innen weilt.

Spielgefährten schenken sich gegenseitig zwei Botschaften: *Du bist liebenswert* und *Es gibt nichts zu befürchten.* Vielleicht fällt es uns leichter, diese Geschenke mit verschmusten, neugierigen Kleinkindern auszutauschen als mit aggressiven, verzweifelten Erwachsenen, doch die Geschenke selbst und die Notwendigkeit, sie zu geben und zu empfangen, bleiben bestehen. Das wirkliche Hindernis beim Geben von Liebe liegt nicht im Wesen der empfangenden Person, sondern im Herzen des Gebenden. Das gesellschaftlich geprägte Selbst fällt ständig Urteile über die so gemachten Geschenke. Der Spielgefährte lässt zu, dass sich solche Einstellungen allmählich auflösen. Wir müssen nichts tun, um diese Geschenke zu verdienen; sonst wären es keine Geschenke. Ganz anders als beim Spiel der Herzogin übertrifft das Potenzial an Liebe und Furchtlosigkeit alle Vorstellungen. Überraschung! Wir besitzen diese Geschenke bereits, sie sind unser Geburtsrecht, durch Gottes Gnade erteilt.

Wagen wir es, Spielgefährten zu sein? Diese Frage zählt. Spiel ist ein zutiefst persönlicher Akt der Rebellion in einer unfreundlichen Welt. Die Ära des Wettbewerbs kann zu Ende gehen. Wir können jederzeit beschließen, sie in unserem eigenen Leben zu beenden. Um diesen Beschluss in die Tat umzusetzen, müssen wir neue Wege und Verhaltensweisen lernen, die individuelle Menschen in ihrem individuellen Leben verstehen und spüren. Wir müssen das Neue aus der Abstraktion befreien und in unsere konkrete Beziehung zur Welt einbringen. Um die Welt anders wahrzunehmen, müssen wir bereit sein, unser Glaubenssystem zu ändern und unser Bedürfnis nach Rache aufzugeben. Wir müssen geduldig sein, um zulassen zu können, dass unsere Angst sich in einem wachsenden Gespür für Freundlichkeit auflöst. Und wir müssen das Seinspotenzial in anderen demonstrativ unterstützen und erhalten.

Halten Sie einen Augenblick inne. Können Sie mit ganzer Kraft lieben? Können Sie diesen beiden Geschenken von der überlegenen Intelligenz des Universums von ganzem Herzen vertrauen? Sie rühren an das, was wir alle innerlich kennen: die Angst, nicht zu existieren, die ich auf gar keinen Fall spüren möchte; das Annehmen, dass ich bin, wer ich bin; das Gefühl von Unabhängigkeit und das Bedürfnis nach Zugehörigkeit; die Sehnsucht nach Sicherheit und den Wunsch, diese Welt zu erforschen. Geben Sie diese Geschenke weiter, denn sie sind nicht dazu da, dass Sie sie für sich behalten. Es geht nicht darum, dass es diese Geschenke und die in diesem Buch beschriebenen Begegnungen gibt. Der Punkt ist, dass *Sie und ich diese Geschenke machen und empfangen können.*

Wir müssen uns diese Geschenke, die Menschen in ihrer tiefsten Einsamkeit berühren, gegenseitig machen und damit zum spirituellen Reichtum der Menschheit beitragen, der uns allen so fremd geworden ist. Spiel bewahrt alles Leben. Es stärkt die unsichtbaren Verbindungen zwischen uns und verleiht ihnen Ausdruck, so dass sie über unser einzelnes und endliches Leben hinausgehen. Die Energie von Spiel durchdringt sämtliche Formen und Muster und überschreitet alle Grenzen zwischen Geist und Materie, Physischem und Spirituellem.

„In einem merkwürdigen Sinne", sagt der Physiker John Wheeler, „ist dies ein teilnehmendes Universum." Als Spielgefährten werden wir in den unendlichen Kreis potenzieller Verbundenheit eingeweiht. Hier liegt unsere Quelle für Identität und Sinn. Hier tragen wir wirklich unseren Teil bei und werden Teil des Ganzen.

Dabei entdecken und spüren wir ursprüngliches Spiel, den Herzschlag des Universums. Die Frage ist nicht, ob Nationen darauf vorbereitet sind, eine Alternative zum Wettbewerb zu finden, sondern ob Sie und ich als Individuen die Weisheit besitzen, einen Prozess zu entwickeln, der auf neuen Voraussetzungen beruht und sich ständig neu entfaltet. Und ob wir bereit sind, diesen Prozess auch zu leben. Unsere individuelle Herausforderung besteht darin, die Anmut zu begreifen, in die wir hineingeboren wurden und die in unserem täglichen Leben präsent ist, und sie zum Ausdruck zu bringen. Herz und Verstand müssen zusammenfließen, damit die Angst uns nicht länger behindert. Als Spielgefährten müssen wir ins Leben als Reservoir von Vertrauen in eine Zukunft investieren, die wir selbst wahrscheinlich nicht mehr erleben werden.

Darauf läuft all unsere Praxis, laufen unsere Furchtlosigkeit und Geduld hinaus. Diese Geschenke machen nicht nur deutlich, dass das Universum grundsätzlich gut ist, sondern, spezifischer, dass wir, *Sie und ich*, liebenswert sind. Es kann sehr gut sein, dass der weise Entschluss, uns mit allen uns zur Verfügung stehenden Kräften für die Liebe zu entscheiden, unser höchstes göttliches Geschenk ist.

Anhang

Das Spielgefährten-Projekt

Was Kinder brauchen, die ohne Liebe aufwachsen

Was teilen wir mir unseren Kindern?

Erläuterung des Problems

Liebe ist das kostbarste Geschenk im Leben, das Erwachsene mit Kindern teilen können. Wie wir alle wissen, beruht die gesunde Entwicklung von Kindern darauf, dass wir Zeit mit ihnen verbringen und uns gegenseitig liebevoll berühren, nicht nur in den ersten Lebensmonaten, sondern ein Leben lang. Viel zu selten bringen Erwachsene die Zeit und Mühe auf, sich zusammen mit Kindern an den Wundern des Lebens zu erfreuen.

In einer Welt beschleunigter Veränderungen und ständiger Konflikte haben wir uns angewöhnt, Menschen und Ereignisse als etwas von uns Getrenntes zu betrachten. Unsere Beziehungen sind oberflächlich, ritualisiert und von Konkurrenz geprägt. Diese schnelllebige Welt vernachlässigt Kinder oder betrachtet sie als eine Quelle der Sorgen, Schuldgefühle und sogar Verachtung. Wir konzentrieren uns auf ihre materiellen Bedürfnisse, ohne ihren emotionalen und spirituellen Bedürfnissen genügend Aufmerksamkeit zu widmen. Die U.S.-Kommission für Kinder konstatiert: „Geistige Armut hat Auswirkungen auf jedes Kind." In unserer kopflosen Hetze nach materiellem Fortschritt versäumen wir es nicht nur, unseren Kindern Spielgefährten zu sein, sondern zwingen sie auch zunehmend, ihre Kindheit bereits in sehr jungen Jahren aufzugeben, unsere Ängste zu übernehmen und unsere Kämpfe auszufechten.

Hinter der Fassade des Erwachsenen begegnen wir uns niemals in unserer realen, grundlegenden Menschlichkeit. Wir sind ungeübt im

Geben und Empfangen der Geschenke der Kindheit. Auch wenn wir darüber reden und schreiben, dass wir unseren Kindern nahe sind, beugen wir uns der allgemeinen Schwere des Lebens, verschreiben uns der Ernsthaftigkeit, die für uns mit dem Erwerb dieses Lebens verbunden ist, und wissen nichts von der Realität unserer Kinder. Unser Austausch mit ihnen ist zur leeren Geste geworden. Auch wenn wir uns das vielleicht anders wünschen und dem nachtrauern, was wir als Erwachsene verloren haben, verbringen wir im Durchschnitt nur zehn Minuten täglich mit Kindern, und von diesen zehn Minuten kritisieren wir noch sechs Minuten an ihnen herum. Wir haben keine Zeit für unsere Kindheit oder unsere Kinder.

Das muss nicht so sein. „Das Leiden der Liebe währet lange", schreibt Paulus. Aber wie lange ist zu lange für unsere Kinder? Uns fehlen die Vision und das notwendige Wissen, um uns diesen Problemen zuzuwenden. Wir müssen einen Weg finden, uns auf unsere Kinder zu beziehen und uns darauf einlassen, sie zu lieben. Wir werden uns unserer eigenen Identität erst dann voll bewusst, wenn wir die funkensprühende Energie von Kindern, ihre drolligen Einfälle und die Tiefe ihrer Gefühle spüren und uns davon berühren lassen. So umarmen wir unser eigenes inneres Kind und tun uns zusammen mit den Kindern, die uns in unserem Leben umgeben. Um uns wirklich mit unseren Kinder auszutauschen, müssen wir eine Sprache lernen, die uns Kraft gibt, uns mit anderen verbindet und Vertrauen schenkt. Glücklicherweise existiert eine solche Sprache in uns. Wir müssen sie nur zum Ausdruck bringen.

Das ist eine enorme Aufgabe. Überall erschallt der Ruf nach einer Rückkehr zu grundlegenden gesellschaftlichen Werten. Das reicht nicht. Oft sind es genau diese Werte, die Aggressionen auslösen. Wir fordern eine Rationalisierung und verstärkte Zusammenarbeit für unser komplexes System von Betreuungsangeboten für Kinder. Auch das ist nicht genug. Oberflächliche Veränderungen der existierenden Einrichtungen sorgen nicht für die Liebe, die unsere Kinder brauchen. Diese Versorgungsdienste für Kinder benötigen auch zusätzliche Gelder. Doch Geld allein bewirkt nichts.

Stattdessen und an erster Stelle brauchen wir eine grundlegend andere Haltung. Um unsere Haut zu retten, müssen wir miteinander in Berührung kommen.

Eine Lösung: Das Spielgefährten-Projekt

Das Spielgefährten-Projekt versteht sich als Antwort auf diese Erfordernisse und hofft, nachhaltig zu einer freundlicheren Welt beizutragen, indem es die Spielgefährtenbeziehung fördert. Weil der misslichen Lage von Kindern mit den üblichen Mitteln allein nicht beizukommen ist, bemüht das Spielgefährten-Projekt sich um die Suche nach Lösungen, die völlig neue Wege einschlagen.

Das Spielgefährten-Projekt verkörpert ein Bild von zwischenmenschlicher Verbundenheit, das alle Vorstellungen übertrifft, die wir uns bislang von menschlichen Beziehungen gemacht haben. Ein Spielgefährte findet zum Leben eines anderen Menschen auf außergewöhnliche Weise Zugang. Die Beziehung zwischen Spielgefährten ist ein Reservoir an menschlichem Vertrauen. Statt Geld oder Besitz ist das menschliche Wesen Quelle der Liebe, welche die Grundlage aller Beziehungen zu anderen bildet.

Die Spielgefährtenbeziehung ist eine Infrastruktur der Liebe und des Vertrauens, die unsere sozialen Rollen und Institutionen unterwandert und so als Grundlage für die Entwicklung von mehr Freundlichkeit in menschlichen Beziehung dienen kann.

Wer ist ein Spielgefährte?

Jeder von uns ist ein potenzieller Spielgefährte. Ein Spielgefährte sein heißt besondere Beziehungen leben, in denen die unzähligen Unterschiede, die uns so oft voneinander trennen, nicht ignoriert oder maskiert werden, sondern einfach sein dürfen. Nicht dass ein Spielgefährte die Individualität des anderen nicht anerkennt; doch für ihn gibt es keine Unterschiede zwischen Menschen, die wirklich einen Unterschied machen.

Warum die Spielgefährtenbeziehung?

Bruno Bettelheim schrieb kürzlich, dass wir, „wenn wir unser Kind verstehen wollen, sein Spiel verstehen müssen". Ein Spielgefährte sein heißt sich ein Kind im Herzen bewahren. Sie geben und empfangen das Geschenk der Liebe. Und Liebe geben und empfangen ist Ihr größtes Geschenk an die Zukunft.

- Weil wir mit dieser Beziehung die Kategorien ignorieren, die man uns beibringt, um die Welt zu spalten.
- Weil es die tiefste und liebevollste aller menschlichen Beziehungen ist.
- Weil wir durch diese Beziehung auf direktestem Weg mit anderen in Berührung kommen, uns gegenseitig berühren und voneinander berührt sind.

Diese Innovation greift deswegen so tief, weil die Spielgefährtenbeziehung keine künstliche Einrichtung eines gesellschaftlichen oder sozialen Systems ist, sondern unser Geburtsrecht. Da Spielgefährten nicht an eine gesellschaftliche Rolle gebunden sind, bringen sie einzigartige Voraussetzungen dafür mit, Liebe zu geben und zu empfangen. In einer Welt, die hauptsächlich von Angst geprägt ist, stellt die Beziehung zwischen Spielgefährten primär eine Bindung dar, in der sich diese Angst und damit auch persönliche und kollektive Aggressionen auflösen.

Ein Spielgefährte sein heißt weit mehr, als sich ein gewisses Maß an körperlichen Kompetenzen anzueignen oder Kinder kompetent zu betreuen. Hier geht es darum, eine tiefe Beziehung zu sich selbst, zu anderen und zur Welt wiederzuentdecken.

Vor Hunderten von Jahren beschrieb Friedrich Schiller Spiel als diejenige von all unseren Aktivitäten, durch die unser Leben menschlicher wird. In der Verbindung der Spielenden gründen die Liebe und das Vertrauen, die unsere Phantasie und unsere Hoffnungen neu aufleben lassen. Kern des Spielgefährten-Projekts ist nicht ein spezielles Wissen, eine Technik oder eine bestimmte Methode, sondern die Beziehung zu uns selbst, zu anderen und zum Leben selbst. Wie sehr wir auch zu bestimmten Zeiten unsere zwischenmenschliche Verbundenheit abwehren und fürchten mögen, müssen wir doch zugeben, dass Liebe und Vertrauen durch den Kontakt mit anderen in unser Leben kommen.

Wir setzen uns öffentlich dafür ein, Kinder wertzuschätzen und sie bei der Verwirklichung ihres höchsten Potenzials zu unterstützen, doch zugleich begünstigen wir ein Wettbewerbssystem, das seine Stärke aus menschlichem Versagen bezieht. Wenn es wirklich wahr ist, dass wir es uns nicht leisten können, die Talente und die Liebe auch nur eines einzigen Kindes zu vergeuden, dann ist es ein moralisches Gebot, Methoden zu entwickeln, welche auf einer Vision beruhen, die das Leben fördert.

Meine *Vision* ist, dass Menschen durch Spiel/Berührung lernen, sich und allen Lebewesen Liebe und Vertrauen zu schenken, ganz unabhängig von der jeweiligen Gesellschaft oder Spezies. Ohne eine solche einschneidend neue Vision erziehen wir unsere Kinder weiterhin zu Tätern und Opfern.

Die *Mission* des Spielgefährten-Projekts besteht darin, Liebe zu geben und zu empfangen, indem Kinder überall auf der Welt Spielgefährten bekommen. So wird das Leben von Kindern *und* Erwachsenen bereichert und gleichzeitig die Kluft zwischen beiden überbrückt.

Ziele dieses Projektes sind:

- Erwachsene und Jugendliche darauf vorzubereiten, Kindern wirkliche Spielgefährten zu sein.
- In Erziehungs- und Betreuungseinrichtungen für Kinder Spielgefährten-Programme einzubringen, die sich selbst fortbilden und erhalten.
- Durch berufsbegleitende Fortbildungen, Workshops und Kurse der Öffentlichkeit zu vermitteln, wie wichtig Spiel im Leben von Kindern und Erwachsenen ist.
- In menschlichen Beziehungen Wettbewerb durch Spiel zu ersetzen.

Das Spielgefährten-Projekt schlägt einen Aktionsplan vor, der auf einer Reihe von wegweisenden Richtlinien beruht, die menschliche Grundbedürfnisse betreffen.

Die Vision verwirklichen
Ein Modellprojekt

Unsere erste Aufgabe besteht darin, Betreuungseinrichtungen für Kinder auszuwählen, in denen wir das Spielgefährten-Projekt vorstellen. Das Projekt selbst ist flexibel und kann an die jeweilige Erziehungs- oder Betreuungseinrichtung angepasst werden. Wir können das Spielgefährten-Programm in vielen verschiedenen Institutionen einführen, wie zum Beispiel Krankenhäusern, Schulen, Arztpraxen, Kliniken, öffentlichen Beratungsstellen oder Waisenhäusern.

Unsere Wahl hängt von der Bereitschaft der Einrichtung zum Mitwirken ab, das heißt, sie muss den Spielgefährten, nachdem das Projekt vorgestellt wurde, für ein Jahr als feste, bezahlte Stelle einplanen. Wichtig ist auch, wie viele Kinder für das Programm in Frage kommen.

Für jede Einrichtung werden ein oder zwei erwachsene Spielgefährten ausgebildet und dann in der entsprechenden Institution eingesetzt. Sobald ihm sein Platz zugewiesen wurde, setzt der Lehrling seine Ausbildung in der Einrichtung fort.

Die Ausbildung des Spielgefährten wird ein Jahr lang von außenstehenden Sponsoren finanziert. Im folgenden Jahr muss dann die Institution diese Stelle in ihr Budget einplanen.

Nach einer intensiven Ausbildungsphase werden die Spielgefährten-Lehrlinge einer Betreuungseinrichtung für Kinder zugewiesen, wo sie mit ihrer Arbeit beginnen. Diese Einrichtungen wurden vorher beraten und haben sich bereit erklärt, einen Spielgefährten bei sich zu beschäftigen. Der Lehrling hat eine volle Stelle. Anfangs besuche ich die einzelnen Lehrlinge täglich vor Ort. Im Laufe des Jahres werden meine Besuche dann seltener.

Diese erwachsenen Spielgefährten können sich aus der Gemeinde und dem Betreuungsteam rekrutieren, oder es wird eine neue Stelle für sie eingerichtet. Mit diesem Projekt ist die Hoffnung verbunden, dass diese Stelle für einen Spielgefährten schließlich als notwendig betrachtet und somit als integraler Bestandteil dieser Institutionen fest eingerichtet und bezahlt wird.

Kosten und Nutzen

Wenn wir Gewalt und Aggression vorbeugen, bevor sie Opfer fordern, ist das die nützlichste und kostengünstigste Methode, den Anforderungen einer gestörten Welt zu entsprechen. Wie kurzsichtig von uns, zu denken, dass die Investition in Waffen Aggressionen effektiver vorbeugt als die Investition in eine andere Art des Menschseins. Das wirkungsvolle Eingehen auf die Bedürfnisse von Kindern verlangt einen enormen Einsatz an Mut, Zeit und Finanzen von Einzelpersonen, der Privatwirtschaft und der Regierung auf sämtlichen gesellschaftlichen Ebenen.

Ohne die großzügige Unterstützung und Mitarbeit vieler Einzelner können wir unsere Mission nicht erfüllen. Aus diesem Grund wendet sich das Spielgefährten-Projekt an Individuen und Institutionen, an öffentliche und private gesellschaftliche Stellen. Wir brauchen Unterstützung von den Betreuungseinrichtungen für Kinder, von Individuen, die den Mut haben, Spielgefährten zu werden, und von der Geschäftswelt, die Stellen für Spielgefährten mitfinanziert. Wenn wir uns zusammentun, um einen mutigen Plan für die Zukunft unserer Kinder zu entwerfen und zu realisieren, fördern wir auch unsere eigene Zukunft.

Der Spielgefährte soll andere soziale Betreuer nicht ersetzen. Es gibt bereits viele professionelle Einrichtungen, die das Leben von Kindern mitgestalten. Der Spielgefährte soll nicht die Anforderungen einer weiteren derartigen Einrichtung erfüllen. Dieses Projekt beruht auf einem Beziehungsmodell, bei dem wir uns als Einzelne begegnen, und dafür ist erforderlich, dass wir mit unseren Kindern in Berührung kommen.

Qualitäten wie Selbstachtung, Zusammenarbeit, innere Disziplin, körperliche Wachsamkeit, Kreativität, Mitgefühl und Liebe, die sich durch die Spielgefährten-Beziehung entwickeln, sind sowohl in der Welt der Kinder als auch in der von Erwachsenen und Jugendlichen von grundlegender Bedeutung und von praktischem Nutzen.

Die besonderen Dienstleistungen des Spielgefährten umfassen zwei grundlegende Tätigkeiten: 1. Der erfahrene Spielgefährte leitet Erwachsene und Kinder an, indem er selbst Vorbild für die psychomotorischen Fähigkeiten des Spielens ist, und er bietet 2. Gelegenheiten, sich in diesen Fähigkeiten zu üben. Auch wenn sich Spielgefährten im persönlichen Stil ihres Engagements unterscheiden, arbeiten sie alle mit anderen professionellen Betreuerinnen, Betreuern und Familien zusammen, um das Wohlbefinden von Einzelnen und deren Umwelt zu fördern.

Es besteht kein Grund, den Einsatz des Spielgefährten auf Bevölkerungsgruppen mit hohen Risikofaktoren zu beschränken. Das schließt nicht aus, dass manche Menschen diese Unterstützung dringender und offenkundiger brauchen, wie zum Beispiel die Eltern von Teenagern, Kinder mit besonderen Anforderungen, Jugendliche und Erwachsene, die wenig berührt werden und berühren, ältere Menschen, Gewalttäter und Opfer von Aggression und Missbrauch.

Die Kosten werden je nach den Lebenshaltungskosten in den Gemeinden variieren. Sie umfassen die dem Einsatz des Spielgefährten vorangehende Ausbildung, ein Jahresgehalt für die Lehrlingszeit und für zusätzliche Ausbildungsphasen im ersten Jahr.

Die Ausbildung zum Spielgefährten

Einführung

Auch wenn Spiel anfangs für uns ganz natürlich war, ist es keinesfalls einfach, es wiederzuentdecken. Spielen verlangt Disziplin und Übung. Um unsere Kinder wirklich verstehen zu können, müssen wir bereit sein, mit ihnen zu spielen und zu ihnen auf den Boden „runterzukommen". Es reicht nicht, über Spiel zu lesen, zu theoretisieren, es zu beobachten und zu analysieren. Um ein Spielgefährte zu sein, müssen Sie spielen. So merkwürdig uns das vorkommen mag, vielen Jugendlichen und Erwachsenen fällt es sehr schwer, sich auf den Boden zu begeben und mit Kindern zu spielen. Sie haben Angst vor Berührungen und befürchten aufgrund gesellschaftlicher Vorurteile gegen Spiel, als „kindisch" zu gelten.

Deswegen machen wir ältere Kinder und Erwachsene behutsam und Schritt für Schritt mit der Spielerfahrung vertraut. Wo angemessen, stellen wir ihnen mit Hilfe von Videos und Gesprächen die positiven Qualitäten, grundlegenden Eigenschaften, Prinzipien und Formen von Spiel sowie die Unterschiede zwischen Spiel und Wettbewerb vor.

Niemand, weder das Kind noch der Erwachsene, muss gegen seinen Willen an Aktivitäten teilnehmen oder bestimmte Dinge tun. Manchmal brauchen Menschen Zeit, um zu beobachten und zuzuhören, bevor sie bereit sind, sich auf das Spielen einzulassen. Jeder muss die Freiheit haben, sich ohne äußeren Druck am Spielen zu beteiligen.

Spiel beruht weder auf Wissen noch auf bestimmten Fähigkeiten, die man sich einprägen könnte, sondern ist vielmehr eine Form des Seins und Tuns, die Körper und Seele sich langsam aneignen. Im Spiel bilden Körper und Seele, Wissen und Tun, Grundsatz und Praxis ein zusammenhängendes Ganzes.

Die Ausbildung von Spielgefährten kann den gegebenen Umständen angepasst werden. Die Ausbildungssitzungen können als Einzelstunden oder in Gruppen bis zu 30 Teilnehmern stattfinden. Die Einführung kann als Workshop oder in Einzelsitzungen erfolgen. Die weitere Ausbildung wird sowohl in Form von Rahmenunterricht als auch in individuell angeleiteten Spielsitzungen vermittelt. Möglich ist auch eine Ausbildung am Arbeitsplatz der teilnehmenden Individuen oder Gruppen. Langfristig sind Ausbildungsstätten überall auf der Welt geplant.

Der Spielgefährte wird zum Katalysator für positive Veränderung. Wird ein Spielgefährte zum Beispiel in eine Schule eingeführt, ist der Same dafür gelegt, dass die vorherrschenden aggressiven, gewalttätigen Interaktionen allmählich zu Begegnungen werden, die von Austausch, Anteilnahme und Zuneigung geprägt sind.

Wer an der Ausbildung teilnimmt, wird:

- Durch Berührung und Stärkung im Spiel mehr Selbstachtung entwickeln.
- In einem sicheren Umfeld andere freundlich berühren und sich von ihnen berühren lassen können.
- Ängstliche, aggressive Begegnungen durch positive Interaktion ersetzten, so dass erstere abnehmen und nicht mehr so extrem verlaufen.

„*Wir müssen stark sein, um freundlich zu sein*":
Der Geist der Ausbildung zum Spielgefährten

Die Freundlichkeit im Spiel verlangt eine geistige und körperliche Stärke, die über unsere Vorstellungen von stark und schwach hinausgeht. Erwachsene und Jugendliche brauchen Mut, um in einer von Wettbewerb geprägten Welt freundlich zu sein. Wir müssen kontinuierlich praktizieren, um die Beziehung, die ich hier vorschlage, in unserem Alltagsleben zu verwirklichen. Das ist nicht leicht und verlangt Hingabe an uns selbst und andere Menschen. Während wir üben, werden wir langsam gewandelt. In uns und zwischen uns entsteht etwas Neues. Diese Wandlung beruht nicht darauf, dass wir uns etwas einprägen oder im Kopf ausmalen. Wir verändern uns durch das, was wir tun. Wenn wir genug Geduld haben und häufig praktizieren, können wir schließlich uns selbst und anderen etwas geben – eine Liebe, die wirklich stark ist. Genau das wollen und brauchen wir alle. Es liegt also an uns zu spielen.

Indem sie Spiel zu etwas Eigenem machen, gehen Spielgefährten mit anderen völlig neue Beziehungen ein, die nicht durch ihre gesellschaftlichen Rollen geprägt sind. Das ist eine ganz persönliche Entwicklung, die bei jedem Spielgefährten anders aussehen kann. Traditionelle Rollen wie die des Erwachsenen und Lehrers werden nicht ersetzt, sondern bekommen eine neue Grundlage, die auf gegenseitigem Vertrauen beruht.

Der Prozess des Spielens, wie er hier beschrieben wird, beruht auf folgenden Voraussetzungen:

1. Das Universum spielt mit uns, und wir müssen es nicht fürchten.
2. Das Wichtigste ist, dass ich tagtäglich Liebe gebe und empfange.
3. Berührungen sind für uns der direkteste und wirkungsvollste Weg, zu kommunizieren und Liebe auszutauschen.
4. Spiel löst durch Berührung Liebe aus.

„*Aus einem klaren Herzen entspringen fließende Bewegungen*": Die Praxis der Ausbildung zum Spielgefährten

Die Praxis oder „eigentliche Spielzeit" ist der Boden für Verstehen und Entwicklung. Die meisten Menschen über drei oder vier können nicht mehr spielen. Deswegen geht es bei der Ausbildung zum Spielgefährten viel um „verlernen", damit er Spiel wiederentdecken kann, indem er für sich und andere ein sicheres Umfeld auch für Berührungen schafft und in Konfliktsituationen freundlich bleibt. Spielgefährten lernen im Grunde, ihre Reflexe neu zu programmieren. Die Ausbildung besteht aus drei Phasen: Einführung, Wiederentdeckung und Zusammenspiel.

Erste Phase: Einführung

Durch speziell dafür entwickelte spielerische Aktivitäten werden die Teilnehmenden mit der Spielgefährtenbeziehung bekannt gemacht. Diese Aktivitäten habe ich auf der Grundlage meiner 19 Jahre langen Erfahrung im Spiel mit kleinen Kindern und Tieren überall auf der Welt entwickelt. Sie sollen uns Schritt für Schritt wieder erschließen, was für uns einmal ganz natürlich war. Sie beruhen auf Berührung, weil das für uns der direkteste Weg ist, anderen Vertrauen, Freundlichkeit und Liebe zu vermitteln. Ein Spielgefährte muss die Kunst der Berührung in hohem Maße beherrschen und wissen, wie man andere berührt.

Die erste Phase kann kurz sein und sich von wenigen Stunden bis zu mehreren Tagen erstrecken. Hier findet eine Einführung in den Geist und die Praxis der Spielgefährtenschaft statt. Das Wesen von Vertrauen, Berührungsmuster und die für einen Spielgefährten erforderlichen Fähigkeiten wie die, sich zu zentrieren oder sich mit anderen zu verbinden, werden vorgestellt, und die Teilnehmenden machen erste Erfahrungen damit.

Zweite Phase: Wiederentdeckung

In der zweiten Phase der Ausbildung liegt die Betonung darauf, die persönliche Kunst der Spielgefährtenschaft wieder zu lernen. Hier geht es darum, die Ängste aufzulösen, die über viele Jahre hinweg entstanden sind. Die Teilnehmenden widmen sich vor allem der Entwicklung persönlicher Fähigkeiten wie Flexibilität, Zentriertheit und Ausbalanciertheit.

Dritte Phase: Zusammenspiel

In der dritten Phase konzentrieren die Spielgefährten sich auf ihren Austausch mit anderen und lernen, sich mit ihnen zu verbinden, ohne Täter oder Opfer zu sein. Den „Weg" des Spielgefährten können wir nicht alleine gehen. In Phase drei üben Spielgefährten sich in den Feinheiten von Berührungen. Sie lernen, sich mit anderen zeitlich abzustimmen und mit Überraschungen und Veränderungen mitzugehen. Sie üben mit anderen zusammen, immer wieder zu folgen, sich anderen anzuschließen, mit ihnen zusammenzufließen und zum Spiel beizutragen.

Die eigentliche Praxis der „Ausbildung zum Spielgefährten" erfolgt nach fünf Richtlinien:

1. Sei ein/e Anfänger/in.
2. Sei aufmerksam und präsent.
3. Bleib in Kontakt.
4. Komm auf den Boden.
5. Lass dir und anderen Zeit.

Diese Richtlinien sollen kein neues Wissen, sondern eine neue Orientierung im Leben vermitteln. Was, obwohl immer präsent, aufgrund von Ignoranz und Angst bislang nicht wahrgenommen wurde, kann jetzt verwirklicht werden.

Die Phasen zwei und drei ergänzen sich gegenseitig. Ich führe sie hier nur getrennt auf, damit sie deutlich werden – die eine ist ein innerer, die andere ein äußerer Prozess. In der konkreten Praxis entwickeln sie sich zusammen. Wenn wir Spiel für uns wiederentdecken, tauschen wir uns mit anderen kreativer und mitfühlender aus, was wiederum zu neuen Entdeckungen führt. Indem wir diese Wiederentdeckung und den Austausch mit anderen kontinuierlich weiterverfolgen, eignen wir uns Spiel an. Die Ausbildung zum Spielgefährten ist ein lebenslanges Unterfangen.

Für Informationen zu Veranstaltungen und Fortbildungen mit Fred Donaldson in Deutschland, Österreich und der Schweiz, wenden Sie sich bitte an:

Mit Kindern wachsen e. V.
Vereinsbüro Freiburg
Wippertstr. 2
79100 Freiburg

Tel. 0761. 47 99 540
Fax 0761. 47 99 541
info@mit-kindern-wachsen.de
www.mit-kindern-wachsen.de

Dank

Dies Buch ist das Ergebnis einer Vision und von fast 20 Jahren Spiel. Wenn ich an all die vielen Menschen zurückdenke, die in der einen oder anderen Weise zur Verwirklichung dieses Buches beitrugen, ist das ein köstliches Gefühl, das auch mit einer angemessenen Demut verbunden ist. Blicke ich auf all die Jahre zurück, in denen ich mit anderen spielte, kann ich sehen, dass viele Menschen mich in meinem Leben genau zum richtigen Zeitpunkt ermutigt haben.

Ich möchte meiner Frau Jan danken, deren natürliche Freundlichkeit inspirierend für mein Spielen und Schreiben war. Ihre Intuition und Anregung schenkten mir Frieden und Liebe und ermöglichten mir damit, meine fast 20 Jahre langen Erfahrungen mit Spiel in diesem Buch zu verarbeiten.

Ich danke auch meinen vielen Freundinnen und Freunden, darunter Des Dornan, Catherine Smedley, Ken Walters, Martha Decker, Jane Westin und Elaine Cormier, die in all den Jahren Workshops und Vorträge für mich organisiert und dafür gesorgt haben, dass ich mich auch weit weg von zu Hause zu Hause fühlen durfte. Kristy Clark, Betsy Koenig, Alan Hammond, Chris Foster und vielen anderen wunderbaren Freunden in uns verbundenen Gemeinschaften überall auf der Welt danke ich für ihre Anleitung und ihre wohlwollende Unterstützung. Ich hoffe, dass dieses Buch eine kleine Belohnung für Euer Vertrauen in mich und das Spielen ist.

Mein Dank geht auch an Dr. Robert Coles, Wendell Barry, Hal Borland und Sir Laurens van der Post. Ihre Bücher haben mich beeinflusst, und mit ihrer Hingabe an ihre Arbeit waren diese Menschen für mich ein leuchtendes Beispiel. Wenn ich ihre Bücher las und immer wieder las, habe ich mir gesagt: „Ich möchte schreiben wie sie. Ich möchte, dass mein Schreiben die gleiche Sorgfalt und den gleichen Respekt zum Ausdruck bringt wie ihre Texte."

Mein Dank geht auch an die Meisterinnen und Meister, die mir tiefe Lektionen im Spielen erteilten: Windsong, Hambone und Sybil, meine liebsten Wolffreundinnen und -freunde; Holly, eine Delphinin, die mir den Weg wies, und Brian, Paul und Robert, die ausgezeichnete menschliche Spielgefährten sind. Und an so viele weitere Kinder überall auf der Welt.

An Roselle und meine Kinder, Anthony und Etienne, meine ersten Lehrerinnen und Lehrer, für all die Nachmittage auf dem Rasen, wo sie mir zeigten, dass Spielen wichtiger ist als die „Pflichten" des Erwachsenenlebens.

An Craig und Sally McEwen und die Studentinnen und Studenten, vor allem Heather, Mandy, Jon, Zac, David, Justin, Billy, Jamie und Liza bei MOBOC für die fünf Jahre voller unglaublicher Abenteuer, in denen ich Spiel auf so vielerlei Weise in die Praxis umsetzen konnte.

Danken möchte ich auch den folgenden Menschen, deren Unterstützung bei der langen Geburt dieses Buches für mich von unschätzbarem Wert war:

Hillary Donaldson, die in unseren gemeinsamen Jahren zuhörte, beriet, mich anspornte und finanziell unterstützte.

Mary und Peter Bartlo für ihren finanziellen Beitrag zu meiner Reise nach Australien, wo ich den Kreis meiner Spielgefährtinnen und Spielgefährten erweitern konnte.

Vicki, Robert, Brian und Ross Williamson, die mir im Lauf der Jahre Familie und Spielgefährten waren, mir den Kontakt mit Wolf Haven vermittelten und mein Spiel mit Wölfen fotografierten.

Robert Johnson, der mir mit seiner Präsenz, seinen Worten und seinem Vertrauen half, mich für die Möglichkeit zu öffnen, über Spiel, wie ich es erlebe, zu schreiben.

Wade Doak, Jim Nollman, Bemi Debus und Gia Gawain, die mich ermutigten, mein Spiel mit Delphinen weiter zu erforschen.

Jack Laufer und Steve Kuntz, die mir mit ihrem beharrlichen Vertrauen und ihrer Unterstützung ermöglichten, das Spiel mit den Wölfen, Füchsen und Kojoten von Wolf Haven zu erforschen.

Bill DeFoore, der mich ermutigt hat, mit Health Communications zu sprechen. Und meiner Lektorin Barbara Nichols für ihre Unterstützung, Geduld und Anleitung beim Schreiben dieses Buches. Außerdem der Belegschaft von Health Communications, die soviel Energie in dieses Buch gesteckt hat.

Andere Freundinnen und Freude hatten einen wichtigen Einfluss auf die Entwicklung meiner Ideen. Für die vielen erfreulichen Stunden, in denen wir geredet, uns zugehört und Ideen ausgetauscht haben, schulde ich Dank: Richard Heinberg, Jim Bull, Sally Richter, Bill Serdahley,

Lynda und Michael Sexson, Bill Shaul, Marianne Torbert, John Nance, Jaak Reichman, Pat und Tandy Seery, Chris St. Clair, Tom McDonald, Eleanor Velarde, Ruth Rudner, Michael Frederic, Nikola W. Lisa, Ed Kotin, Cora Austin, Mary Kawar, Karen Williams, Jean Frazier, Will Heikoop, David Gouthro, Marge und Earl Deacon, Alexandra Delis-Abrams, Caroline Harrington und Cedar Brandt.

Dave Ulrey, Shirely Stafford, George Cagni und Donna Johnson haben mein Spiel mit Kindern in den Anfängen an der Children's School unterstützt.

Jan Powell, Jan Donaldson, Joann Hameister und der Belegschaft von VIP-Tots danke ich für ihren Mut und ihre kontinuierliche Unterstützung von Spiel als Weg, allen Kindern Liebe zu schenken.

George Leonard, Richard Strozzi-Heckler und Ace Atkinson für die liebevolle Haltung, mit der sie Aikido vermitteln.

Dank auch an Jane Carney Schulze, die Belegschaft und die Kinder des Yellow Submarine Learning Center.

Walkin' Jim Stoltz, der mir beibrachte, dass Visionen gelebt werden müssen.

Ich bin davon überzeugt, dass dieses Buch der Auftakt zu einem Wandlungsprozess ist, der auf dem besten Weg ist, vollendet zu werden. Wenn Ihr alle nicht gewesen wärt, hätte ich meinen kleinen Beitrag zu der Weisheit all derjenigen, die denselben Weg gehen, nicht beisteuern können. Ich danke Euch.

Noch mehr Dank

Seit ich hinausging, um zu spielen, habe ich mich immer wieder in die Hände von Kindern, Tieren und anderen weisen Spielgefährtinnen und Spielgefährten begeben. Allen zu danken, die zur Entstehung dieses Buches beigetragen haben, heißt allen zu danken, die aus mir einen Spielgefährten gemacht haben. Und das sind viele Menschen und Tiere. Ich mag dieses Buch geschrieben haben, doch möglich gemacht haben es all meine Spielgefährtinnen und Spielgefährten durch die geduldige Kunst ihres Einwirkens auf mich. Euch allen danke ich für dieses und mit diesem Buch.

Vor allem möchte ich Michael danken, der mich in so vieler Hinsicht unterstützt hat. Ohne ihn wäre diese Neuausgabe von *Von Herzen spielen* nicht möglich. Virginia danke ich dafür, dass sie mir ein kontinuierliches Vorbild für Mut war, und Tom dafür, dass er immer rauskam, um mit mir zu spielen. Suellen, Tim, Jamie und Becky, meiner Ostküstenfamilie, sage ich Dank, weil sie mir so außergewöhnliche Vorbilder für die Liebe und Freundlichkeit von Spiel waren. Björn, Karen, Inger, Peo, Madeleine, Sophia, Lars und Anette haben mit vielen anderen zusammen dafür gesorgt, dass Schweden für mich zur zweiten Heimat wurde. Bruce, Linda, Sharlto, Donavon und Marisa haben mir ein schönes Zuhause zur Verfügung gestellt und mein Herz für Südafrika und das Mysterium dieses Landes geöffnet. Und ich danke auch Lucky, Susan, Retha, Andrew, Dawid, der Belegschaft in Londolosi und der *Wilderness Leadership School* sowie vielen anderen überall in diesem Land. Ich hörte bereits vor meiner Reise, dass ich, wenn ich erst einmal in Südafrika wäre, mein Herz an dieses Land verlieren würde. Und genau das geschah. Ich danke allen, die am Council Grove in den Jahren meiner Arbeit dort mit mir spielten, mir begegneten und mit mir träumten. Laura Huxley danke ich für ihre Unterstützung und für all die köstlichen Samstage, die ich in ihrer Gesellschaft verbringen durfte. Carole, Peter und all meinen Spielgefährtinnen und Spielgefährten bei *Global Kids* danke ich für ihre Unterstützung und unsere wunderbaren Spiele.

Und ein besonders liebevoller Dank an Jan dafür, dass sie mein „Zeug" las, mich ständig bombardierte, ich solle für „reale Menschen" schreiben, und mich beharrlich und geduldig ermutigte, über das zu schreiben, was ich weiß.

Literaturnachweis

Vorwort

Bateson, Gregory, *Geist und Natur: eine notwendige Einheit.* Frankfurt am Main: Suhrkamp 1993, S. 16.

Bronfenbrenner, Urie, zitiert in: *Beyond Rhetoric: A New Agenda For Children and Families.* Final Report of the National Commission on Children. Washington, D. C.: U.S. Govt. Printing Office, 1991, S. 40.

Campbell, Joseph, *Transformations Of Myth Through Time.* New York: Harper & Row, 1990, S. 16.

Daumal, René, *Mount Analogue.* Baltimore: Penguin. 1959, S. 42.

Sartre, Jean-Paul, zitiert in: Wes Nisker, *Crazy Wisdom.* Berkeley: Ten Speed Press, 1990, S. 208.

Keegan, John, *Kultur des Krieges.* Berlin: Rowohlt Berlin 1995.

Mandela, Nelson, in: Paul Alberts, *Some Evidence of Things Seen.* Open Hand Trust, Republic of South Africa 1997, S. 19.

Wiesel, Elie, „*Crimes Against Childhood*". In: We, the Children. New York: W.W. Norton & Company 1990, S. 26.

Einleitung

Bacon, Sir Francis, zitiert in: Daniel Boorstin, *Die Entdecker: das Abenteuer des Menschen, sich und die Welt zu erkennen.* Basel/Boston/Stuttgart: Birkhäuser 1985, S. VIII.

Bateson, Gregory, *Geist und Natur: eine notwendige Einheit.* A.a.O., S. 16.

—, *Ökologie des Geistes: Anthropologische, psychologische, biologische und epistemologische Perspektiven.* Frankfurt am Main: Suhrkamp 1981, S. 244.

Der Dalai Lama, *Paradise Under Seige,* New Age Journal (September-October 1990), 55-60, S. 114.

Frank, Heidi, „His Game Playing Is Therapeutic," in: *Kamloops This Week*, May 3, 1991, S. 9.

Lin-chi (Rinzai), zitiert in: Frederick Franck, *To Be Human Against All Odds*. Berkeley: Asian Humanities Press, 1991, S. 63.

Mumford, Lewis, zitiert in: Kenneth Heuer, ed., *The Lost Notebooks Of Loren Eiseley*. Boston: Little Brown & Co., 1987, S. 149.

Rilke, Rainer Maria, *Duineser Elegien*. In: ders., *Die Gedichte*. Frankfurt am Main: Insel 1986, S. 629.

Kapitel 1

Adam, Michael, *Wandering In Eden*. New York: Knopf, 1976, S. 53.

Boorstin, Daniel, *Die Entdecker: das Abenteuer des Menschen, sich und die Welt zu erkennen*. A.a.O., S. 347.

Campbell, Joseph, *Der Heros in tausend Gestalten*. Frankfurt am Main: Fischer 1953, S. 58.

Chopra, Deepak, *Die heilende Kraft: „quantum healing"*. *Ayurveda, das altindische Wissen vom Leben und die modernen Naturwissenschaften*. Bergisch Gladbach: Gustav Lübbe 1990, S. 22.

Eddington, Sir Arthur, zitiert in: **Deepak Chopra**, *Die heilende Kraft: „quantum healing"*. A.a.O., S. 121.

Eiseley, Loren, zitiert in: **William H. Calvin**, *The River That Flows Uphill*. San Francisco: Sierra Club 1986, S. 400.

Jeans, Sir James, zitiert in: Deepak **Chopra**, *Die heilende Kraft: „quantum healing"*. A.a.O., S.15.

Lilly, Antoinette, zitiert in: **Piero Ferrucci**, *Inevitable Grace*. Los Angeles: J.P. Tarcher 1990, S. 238f.

McClintock, Barbara, zitiert in: **Piero Ferrucci**, *Inevitable Grace*. A.a.O., S. 228f.

Mechthild von Magdeburg, zitiert in: **Whitall N. Perry**, *A Treasury of Traditional Wisdom*. San Francisco: Harper & Row 1971, S. 35.

Pascal, Blaise, zitiert in: **Stephen Nachmanovitch**, *Free Play*. Los Angeles: Jeremy P. Tarcher 1990, S. 40.

Polanyi, Michael, zitiert in: **Robert Grudin**, *The Grace of Great Things*. New York: Ticknor & Fields 1990, S. 44.

Rahner, Hugo, zitiert in: Harvey Cox, *Fest der Narren*. Stuttgart: Kreuz-Verlag 1971, S. 190f.

Tagore, Rabindranath, zitiert in: Piero Ferrucci, *Inevitable Grace* A.a.O., S. 39f.

Wald, George, zitiert in: Renée Weber, *Dialogues With Scientists and Sages*. London: Routledge and Kegan Paul 1986, S. 244.

Kapitel 2

Adam, Michael, *Wandering In Eden*. A.a.O., S. 32, 52.

Aurobindo, zitiert in: Piero Ferrucci, *Inevitable Grace*. A.a.O., S. 131.

Böhme, Jacob, zitiert in: Whitall N. Perry, *A Treasury Of Traditional Wisdom*. A.a.O., S. 22.

Buber, Martin, zitiert in: Piero Ferrucci, *Inevitable Grace*. A.a.O., S. 288.

Chang, Chung-yuan, *Tao, Zen und schöpferische Kraft*. München: Diedrichs Gelbe Reihe 1994.

Chopra, Deepak, *Die heilende Kraft: „quantum healing"*. A.a.O., S. 256.

Chuang-tzu, zitiert in: Whitall N. Perry, *A Treasury Of Traditional Wisdom*. A.a.O., S. 231.

—, Chuang-tzu, zitiert in: Wu, Kuang-ming, Chuang-Tzu: *World Philosopher at Play*. New York: Scholars Press 1982, S. 43

Doczi, Gyorgy, *The Power of Limits*. Boston: Shambhala 1985, S. 139.

Dyson, Freeman, *Innenansichten: Erinnerungen in die Zukunft*. Basel/Boston/Stuttgart: Birkhäuser 1981.

Eckhart, Meister, zitiert in: Mike Sayama, *Samadhi*, Albany: State University of New York Press 1986, S. 3.

—, Eckhart, Meister, zitiert in: Larry Dossey, *Recovering The Soul*. New York: Bantam 1989, S. 221.

—, Eckhart, Meister, zitiert in: Whitall N. Perry, *A Treasury Of Traditional Wisdom*. A.a.O., S. 33.

Krishna, Sri, zitiert in: Whitall N. Perry, *A Treasury Of Traditional Wisdom*. A.a.O., S. 33.

Makarov, Oleg, zitiert in: Kevin W. Kelley, *Der Heimatplanet*. Zweitausendeins 1994.

Nisker Wes, *Crazy Wisdom*. Berkeley: Ten Speed Press 1990, S. 31.

Ochs, Carol, *Behind The Sex Of God*: Toward A New Consciousness – Transcending Matriarchy and Patriarchy. Boston: Beacon Press 1977, S. 123.

Plato, zitiert in: Johan Huizinga, *Homo ludens: Vom Ursprung der Kultur im Spiel*. Reinbek bei Hamburg: Rowohlt 1956, S. 26.

Ramdas, Swami, zitiert in: Whitall N. Perry, *A Treasury of Traditional Wisdom*. A.a.O., S. 36.

Ramakrishna, Sri, zitiert in: Whitall N. Perry, *A Treasury Of Traditional Wisdom*. A.a.O., S. 33.

Rumi, zitiert in: Whitall N. Perry, *A Treasury Of Traditional Wisdom*. A.a.O., S. 33.

Sexson, Lynda, *Ordinarily Sacred*. New York: Crossroad 1982, S. 71.

Schiller, Friedrich, *Philosophische Schriften*. Werke Bd. 20/21. Weimar: Herman Böhlaus Nachf. 1962.

Schweikart, Russell, zitiert in: Kevin W. Kelley, *Der Heimatplanet*. A.a.O.

Sankt Gregory Nazianzen, zitiert in: Alan Watts, *Die Illusion des Ich*. Westliche Wissenschaft und Zivilisation in der Krise. München: Kösel 1980.

Swimme, Brian, *Das Universum ist ein Grüner Drachen*. Claudius Verlag 1994, S. 117.

Van der Post, Laurens, *Das Herz des kleinen Jägers*. Berlin: Henssel 1962.

Watts, Alan, „*Letting Go: The Art of Playful Living*", East West Journal, April 1983, S. 35.

Watts, Alan, *Beyond Theology*. New York: Pantheon books 1964.

Kapitel 3

Black Elk, zitiert in: Brown, Joseph E., *The Sacred Pipe, Black Elk's Account of the Seven Rites of the Oglala Sioux*. Norman, Oklahoma: University of Oklahoma Press 1953, S. 74f.

Buber, Martin, *Ich und du*. Leipzig: Insel 1952, S. 33.

Campbell, Joseph, zitiert in: Conrad Hyers, *Zen And The Comic Spirit*. Philadelphia: The Westminster Press 1973, S. 169f.

Cohen, Sherry Suib, *The Magic Of Touch*. New York: Harper & Row 1987.

Fox, Matthew, *Whee! We, Wee All The Way Home.* Santa Fe, New Mexico: Bear & Co. 1981, S. 214f.

Herrigel, Eugen, *Zen in der Kunst des Bogenschießens*, Frankfurt am Main: Fischer Taschenbuchverlag 2004, S. 32.

Leboyer, Frederick, *Geburt ohne Gewalt.* München: Kösel Verlag 1981, S. 112.

Maslow Abraham, *The Farther Reaches of Human Nature.* London: Penguin 1971, S. 17.

Mead, Margaret (ed.), *Cooperation and Competition Among Primitive Peoples.* New York: McGraw Hill 1937.

Merton, Thomas, *Sinfonie für einen Seevogel. Weisheitstexte des Tschuang-tse.* Freiburg/Basel/Wien: Herder Spektrum 1996.

Montagu, Ashley, *Zum Kind reifen.* Stuttgart: Klett-Cotta 1984, S. 180f., S. 14.

Owen, W.J.B. (ed.), *The Fourteen-Book Prelude By William Wordsworth.* Ithaca: Cornell University Press 1985, S. 54f.

Perry, Whitall N., *A Treasury Of Traditional Wisdom.* A.a.O., S. 578.

Prescott, James A., zitiert in: **Sherry Suib Cohen**, *The Magic Of Touch.* A.a.O., S. 36.

Ramakrishna, Sri, zitiert in: *Whitall N. Perry, A Treasury Of Traditional Wisdom.* A.a.O., S. 573.

Saraha, zitiert in: **Whitall N. Perry**, *A Treasury Of Traditional Wisdom.* A.a.O., S. 578.

Sexson, Lynda, *Ordinarily Sacred.* A.a.O., S. 72.

Sorenson, E. Richard, „*Cooperation and Freedom Among the Fore of New Guinea*". In: Ashley Montagu (ed.), *Learning Non-Aggression.* New York: Oxford University Press 1978.

Tagore, Rabindranath, zitiert in: **Jacob Needleman & David Appelbaum**, *Real Philosophy.* London: Arkana 1990, S. 578.

Takuan, zitiert in: **Whitall N. Perry**, *A Treasury Of Traditional Wisdom.* A.a.O., S. 578.

Thoman, Evelyn B. & Sue Browder, *Born Dancing.* New York: Harper & Row 1987, S. 178.

Turnbull, Colin M., „*The Politics of Non-Aggression*". In: Ashley Montagu (ed.), Learning Non-Aggression. A.a.O., S. 169

Watson, Lyall, *Gifts of Unknown Things.* Rochester, Vermont: Destiny Books 1991, S. 118.

Kapitel 4

Attar, zitiert in: **Whitall N. Perry**, *A Treasury Of Traditional Wisdom.* A.a.O., S. 101.

Balint, Michael, zitiert in: **Berman, Morris**, *Coming To Our Senses.* New York: Bantam 1989, S. 27.

Becker, Ernest, *The Denial Of Death.* New York: The Free Press 1973, S. 240.

Bennett, Ned, „*Choosing The Public Interest*", Northern Lights. Vol 5, April 1989, S. 12.

Berman, Morris, *Wiederverzauberung der Welt. Am Ende des Newtonschen Zeitalters.* Reinbek: Rowohlt 1985, S. 13.

Brown, Norman O., *Life Against Death.* Middletown, Conn.: Wesleyan University Press 1959, S. 38.

Carroll, Lewis, *Alice im Wunderland.* Hildesheim: Gerstenberg 1998, S. 18.

cummings, e.e., zitiert in: **Stephen Nachmanovitch**, *Free Play.* A.a.O., S. 115.

Einon, Dorothy, *Creative Play: Play With A Purpose from Birth to ten Years.* New York: Viking 1985, S. 7.

Eison, George, *Children And Play in The Holocaust.* Amherst: The University of Massachusetts Press 1988, S. 121.

Erikson, Erik H., *Kindheit und Gesellschaft.* Stuttgart: Klett-Cotta 1976, S. 209.

Fordham, Michael, *Das Kind als Individuum.* Kinderpsychotherapie aus der Sicht der Analytischen Psychologie C.G. Jungs. München/Basel: Ernst Reinhardt 1974, S. 23.

Fox, Matthew, *Whee! We, Wee All The Way Home.* A.a.O., S. 10.

Fynn, *Hallo Mister Gott, hier spricht Anna.* Bern/Nünchen: Scherz Verlag 1994.

Hesse, Hermann, *Demian.* Frankfurt am Main: Suhrkamp 1974.

Huizinga, Johan, zitiert in: **George Leonard**, *Der längere Atem: die fünf Prinzipien für langfristigen Erfolg im Leben.* Bern/München/Wien: Integral 2003, S. 107.

Kafka, Franz. *Beim Bau der chinesischen Mauer und andere Schriften aus dem Nachlass.* Frankfurt am Main: Fischer 2002, Aphorismus 16, S. 231.

Laing, R.D., *Phänomenologie der Erfahrung*. Frankfurt am Main: Suhrkamp 1975, S. 20.

Lapierre, Dominique, *The City Of Joy*. New York: Warner 1985, S. 406f.

Lawrence, D.H., zitiert in: Laurens van der Post, *Das Herz des kleinen Jägers*. A.a.O.

Miller, Alice, *Am Anfang war Erziehung*. Frankfurt am Main: Suhrkamp 1980, S. 246.

Perry N. Whitall, *A Treasury Of Traditional Wisdom*. A.a.O., S. 99.

Rilke, Rainer Maria, *Duineser Elegien*. in: ders, *Die Gedichte*. A.a.O., S. 629.

Russell, Bertrand, zitiert in: Piero Ferrucci, *Inevitable Grace*. A.a.O, S. 146.

Sawyers, Janet K. & Cosby S. Rogers: *Helping Young Children Develop Through Play*. Washington D.C.: National Association for the Education of Young Children 1988, S. 7-12.

Schuon, *Perspectives spirituelles*, zitiert in: Whitall N. Perry, *A Treasury Of Traditional Wisdom*. A.a.O., S. 238.

Sexson, Lynda, *Ordinarily Sacred*. A.a.O., S. 9.

Shabistari, zitiert in: Whitall N. Perry, *A Treasury Of Traditional Wisdom*. A.a.O., S. 22.

Stevenson, Robert Louis, *A Child's Garden Of Verses*. New York: Crown Publishers 1985.

Trungpa, Chögyam, *Das Buch vom meditativen Leben: Die Shambhala-Lehren zur Selbstverwirklichung im täglichen Leben*. Reinbek: Rowohlt Verlag 1993, S. 48.

Van der Post, Laurens, *Das Herz des kleinen Jägers*. A.a.O.

Van der Post, Laurens, *Wenn Stern auf Stern aus der Milchstraße fällt*. Berlin: Henssel 1973.

Van der Post, Laurens, *Der Mensch und seine Geschichte*. Zürich: Diogenes 2000.

Williams, Margery, *Das Samtkaninchen oder das Wunder der Verwandlung*. Lentz Verlag 1997, S. 10.

Wittes, Glorianne & Norma Radin, *The Learning Through Play Approach*. San Rafael, California: Dimensions Publishing Company 1969.

Wordsworth, William, „*Recollections of Early Childhood*", zitiert in: Conrad Hyers, *Zen and the Comic Spirit.* A.a.O., S. 183.

Yeats, W.B., zitiert in: *Matthew Fox, Whee! We, Wee All The Way* Home. A.a.O., S. 40.

Kapitel 5

Bauman, Mark & Markos Kounalakis, „*Holy War Without End*", Los Angeles Times Magazine, February 23, 1992, S. 28-31.

Becker, Ernest, *The Birth And Death of Meaning.* New York: The Free Press 1971, S. 149.

—, *The Denial of Death.* A.a.O., S. 221.

Berman, Morris, *Wiederverzauberung der Welt.* A.a.O.

—, *Coming To Our Senses.* New York: Bantam 1989, S. 63.

Berry, Wendell, zitiert in: „Hearth & Home" *MANAS*, September 30, 1987, S. 6f.

Best, Raphaela, zitiert in: Myriam Miedzian, *Boys Will Be Boys.* New York: Doubleday 1991, S. 83.

Betcher, William, *Intimate Play.* New York: Viking 1987, S. 16, S. 88.

Bettelheim, Bruno, „*The Importance of Play*", The Atlantic, Vol. 259, March 1987, S. 35-46.

Bowlby, John, zitiert in: „*The Role Of Play*", MANAS, Vol. 41, February 10, 1988, S. 5, S. 8.

Brady, Erik, „*Bill's Smith Primed For The Big Time*". USA Today, January 10, 1991, S. 1-2B.

Brinkley, Joel, „*Lethal Game of 'Chicken' Emerges for Israeli Boys*". New York Times, April 3, 1989, S. 2

Caillois, Roger, *Die Spiele und die Menschen.* Stuttgart: Schwab 1960, S. 90.

Campbell, Joseph, zitiert in: Conrad Hyers, *Zen and the Comic Spirit.* A.a.O., S. 170.

Carazo, Rodrigo, zitiert in: „A Peace-Making Nation". *MANAS*, Vol. 41, November 9, 1988, S. 5.

Carlson, Bernie W. & Ginglend, David R., *Play Acitivities For The Retarded Child.* New York: Abington Press 1961, S. 13.

Carroll, Lewis, *Alice hinter den Spiegeln.* Hildesheim: Gerstenberg 1999, S. 60.

—, *Alice im Wunderland.* A.a.O.

Tschuang-tse, zitiert in: **Thomas Merton**, *Sinfonie für einen Seevogel.* A.a.O., S. 113.

Conn, Stephen & Judith B. Marquez, „*The Social Context of Pinball: The Making Of A Setting And Its Etiquette*", in: Frank Manning, The World of Play. West Point, N.Y.: Leisure Press, 1983.

Currie, Eliott, „*Wild In The Streets*". Los Angeles Times Magazine, December 15, 1991, S. 26-28; 30; 32; 74.

De Tocqueville, Alexis, *Über die Demokratie in Amerika.* Zürich: Manesse 1987.

Efron, Sonnie & Davan Maharaj, *"Vicious Circle".* Los Angeles Times, September 26, 1989, Part 1,3 & 18.

Ehrenreich, Barbara, „*The Warrior Culture*". Time, October 15, 1990, S. 100.

Flader Susan, *Thinking Like a Mountain.* Lincoln: University of Nebraska Press 1974, S. 1.

Franck, Frederick, *To Be Human Against All Odds.* A.a.O., S. 73.

Ginott, Haim G., „*A Rationale For Selecting Toys in Play Therapy*". Journal of Consulting Psychology, Vol 24, June 1960, S. 243-46.

Gotto, John, „*Our Children Are Dying In Our Schools*". New Age Journal, September-October 1990, S. 62-64, S. 99f.

Golant, Susan, zitiert in: **Mary Laine Yarber**, „*Some Of The Signs That Point To A Gifted Child*". Los Angeles Times, September 18, 1991, S. E3.

Groos, Karl, zitiert in: **Jerome L. Singer**, *The Child's World Of Make-Believe.* New York: Academic Press 1973, S. 9.

Hans, James S., *The Play of The World.* Amherst: University of Massachusetts Press, 1981.

Hammer, Joshua, „*Vampire Agents At Play*".Newsweek, September 11, 1989, S. 64.

Hayes, Woody, zitiert in: **Ashley Montagu & Floyd Matson**, *The Dehumanization of Man.* New York: McGraw Hill 1983, S. 195.

Homer, *Ilias.* Frankfurt am Main: Insel 1975, S. 372.

Huizinger, Johan, *Homo ludens: Vorm Ursprung der Kultur im Spiel.* A.a.O., S. 106, S.19.

Hyers, Conrad, *Zen And the Comic Spirit.* A.a.O., S. 170.

Ikeda, Daisaku, zitiert in: **Arnold Toynbee & Daisaku Ikeda:** *The Toynbee-Ikeda Dialogue.* Tokyo: Kodansha 1976, S. 203.

Jolidon, Laurence, *„Leathernecks Get A Lecture".* USA TODAY, September 27, 1990, S. 2A.

Keltikangas-Jarvinen, Lisa & Paula Kangas, zitiert in: *„Aggressives May Suffer Cognition Problems Instead".* Brain/Mind Bulletin, Vol 14, February 1989, S. 7.

Keyes, Roger, *The Male Journey in Japanese Prints.* Berkeley: University of California Press 1989, S. 44-46.

Kingham, Scott, *Sierra,* Vol. 77, March/April 1992, S. 98.

Kohn, Alfie, *No Contest.* Boston: Houghton Mifflin 1986, S. 161, S. 163.

Koltowitz, Alex, *„Day-to Day Violence Takes A Terrible Toll On Inner City Youth".* The Wall Street Journal, October 27, 1987, S. 1, S. 24.

Laing, R.D., *Phänomenologie der Erfahrung.* A.a.O., S. 22.

Larson, Sandra K. & Tiffany M. Field, *„Massage With Child and Adolescent Psychiatric Patients".* In: Nina Gunzenhauser (ed.), Advances in Touch. Skillman, New Jersey: Johnson & Johnson Consumer Products 1990, S. 126, S. 131.

Lavoie, Richard D., *„*Toward Developing A Philosophy of Edu cation: A Re-examination of Competition, Fairness and the Work Ethic". *Journal of Learning Disabilities.* Vol. 19, January 1986, S.62 f.

Lever, Janet, *„Child's Play: What Every Parent Needs to Know".* Ms., Vol. 5, February 1977, S. 22.

Lombardi, Vince, zitiert in: **Myriam Miedzian,** *Boys Will Be Boys.* A.a.O., S. 192

McMurtry, John, zitiert in: **Myriam Miedzian,** *Boys Will Be Boys.* A.a.O., S. 196.

Merton, Thomas, *Raids On The Unspeakable.* New York: New Directions 1964, S. 47.

Miedzian, Myriam, *Boys Will Be Boys.* A.a.O., S. 181, 187, 257, 239f.

Miller, Alice, *Das verbannte Wissen.* Frankfurt am Main: Suhrkamp 1988, S. 41.

Miller, Annetta mit Manly, Howard & Williams, Elisa, *„Toys in Hamburgerland".* Newsweek, December 12, 1988, S. 50.

Montagu, Ashley, *Körperkontakt.* A.a.O.

Newman, Bruce, *„Remorse? Not In The NFL".* Sports Illustrated, October 16, 1989, S. 112.

Novak, Michael, zitiert in: **Alfie Kohn,** *No Contest.* A.a.O., S. 163.

Overbye, Dennis, *Lonely Hearts of The Cosmos.* New York: Perennial 1991, S. 277.

Ortega y Gasset, José, *Meditationen über die Jagd.* Gesammelte Werke IV. Stuttgart: Deutsche Verlagsanstalt 1978, S. 499, S. 515.

Papanek, John, zitiert in: **Debrigard, Bill,** *„Suiting Up At Sports* Illustrated. John Papanek". Vis A Vis, February 1991, S. 62.

Pearce, Joseph Ch., *Die Magische Welt des Kindes.* Düsseldorf/Köln: Diedrichs 1978, S.165.

Pellegrini, A.D. & Jane C. Perlmutter, *„Rough-and-Tumble Play on the Elementary School Playground".* Young·Children, January 1988, S. 14-17.

Piers, Maria W. & Geneviève M. Landau, *The Gift of Play: And Why Young Children Cannot Thrive Without It.* New York: Walker 1980, S. 82.

Powell, Bill & Carolyn Friday, *„Deal of the Century".* Newsweek, December 12, 1988, S. 40-44.

Prescott, James W., zitiert in: **Sidney Simon,** *Caring Feeling Touching.* Allen, Texas: Argus 1976, S. 20.

Rich, Charles, F., zitiert in: **Mary Jo Kochaklan,** *„Childrens' Perspectives of Games Are Different From Ours".* The Seattle Times, July 31, 1988.

Rockefeller, John D., *Beyond Rhetoric. The Final Report of The National Commission on Children.* Washington, D.C.: United States National Commission On Children 1991, viii.

Rosenblatt, Deborah, *„Developmental Trends in Infant Play".* in: Barbara Tizard & David Harvey (eds.), Biology of Play. Clinics in Developmental Medicine, No. 62., London: William Heinemann Medical Books 1977, S. 34.

Sahagun, Lousi, *„Behind A Mask".* Los Angeles Times, September 28, 1989, Part II, S. 5.

Schlein, Stuart J. (und andere), *„Effects of Social Play Activities On The Play Behavior Of Children With Autism".* Journal of Leisure Research, Vol. 22, 1990, S. 317-28.

„Schoolyard Bullying". *Education USA.* Vol. 32, November 20, 1989, S. 95.

Sealth, Chief, zitiert in: Morris Berman, *Coming to Our Senses*. A.a.O., S. 63.

Segal, Marilyn, zitiert in: Wendy Schuman, „*The Importance of Play*". Parent's Magazine. Vol. 59, September 1984, S. 56-61.

Shantz, David W., „*Conflict, Aggression and Peer Status: An Observational Study*". Child Development, Vol. 57, December 1986, S. 1322-1332.

Simon, Sidney, *Caring Feeling Touching*. A.a.O.

Singer, Jerome L., *The Child's World Of Make-Believe*. A.a.O., S. 9., S. 243f.

Smith, Peter K., „*So*cial and Fantasy Play in Young Children". in: Barbara Tizard & David Harvey (eds.), *Biology of Play*. A.a.O., S. 131.

Strick, Anne, zitiert in: Alfie Kohn, *No Contest*. A.a.O., S. 162.

Sutton-Smith, Brian, zitiert in: *Myriam Miedzian, Boys Will Be Boys*. A.a.O., S. 270.

Verhoeven, Paul, zitiert in Bob Pool: „*Screen Violence Would Stop If It Didn't Sell Tickets, Filmmakers Say*". Los Angeles Times, November 3, 1991, B1 & S. 6.

Washburn, S.L. & C.S. Lancaster, zitiert in: Terry Orlick, Zusammen gewinnen und lernen. Alternativen zum Konkurrenzwahn. Ettlingen: Ettlinger 1983.

Watson, Broadus, zitiert in: Ashley Montagu: *Körperkontakt*. A.a.O.

Wehman, Paul, *Helping the Mentally Retarded Acquire Play Skills: A Behavioral Approach*. Springfield, Illinois: C.C. Thomas Publishers 1977, S. 124.

Wieden, Dan, zitiert in Scattarella, Christy: „*Stil Just Doing It*". Pacific Magazine-Seattle Times, January 19, 1992, S. 4-9, S. 17.

Woolf, Virginia, *Ein Zimmer für sich allein*. Frankfurt am Main: Büchergilde Gutenberg 1993, S. 43.

Wright, William A., *The Complete Works of William Shakespeare*. Garden City, New York: Doubleday & Company 1936.

Zukav, Gary, *The Seat of The Soul*. New York: Fireside 1989, S. 72.

Kapitel 6

Bhagavad Gita, II: 22-24, zitiert in: Joseph Campbell, *Der Heros in tausend Gestalten*. A.a.O., S. 222.

Blake, William, *Weissagungen der Unschuld.* In: ders., Werke. Berl i n : Aufbau-Berlag 1958, S. 239.

Chang Chung-yuan, *Tao, Zen und schöpferische Kraft.* A.a.O., S. 24.

Dossey, Larry, *Recovering The Soul.* New York: Bantam 1989, S. 213.

Eckhart, Meister, zitiert in: Chang Chung-yuan, T*ao, Zen und schöpferische Kraft.* A.a.O., S. 47f.

Ferrucci, Piero, *Inevitable Grace.* A.a.O., S. 313.

Franck, Frederick, *Everyone.* Garden City, New York: Doubleday & Co. 1978, S. 110f.

Gray, J. Glenn, zitiert in: „The Meaning of War". *MANAS,* Vol. 41 (Oktober 5, 1988), S. 1f., 7.

Green, Julien, *God's Fool: The Life And Times Of Francis Of Assisi.* San Francisco: Harper & Row 1985, S. 128, 187, 194, 205, 217ff.

Huizinga, Johan, *Homo ludens: Vom Ursprung der Kultur im Spiel.* A.a.O., S. 19.

Hyers, Conrad, *Zen And The Comic Spirit.* A.a.O., S. 26, 30, 46ff.

„IRA-Type Bomb Defused After Boys Use It As Makeshift Soccer Ball". *Los Angeles Times* (May 26, 1991), S. A19.

I-tuan, zitiert in: Conrad Hyers, *Zen And The Comic Spirit.* A.a.O., S. 109.

Jung, C.G., zitiert in: Laurens van der Post, *Aufbruch und Wiederkehr.* Berlin: Henssel 1985.

Mitchell, Stephen, *The Gospel According To Jesus.* New York: Harper-Collins 1991, S. 179, 230.

Norwich, Julian of, zitiert in: Lynda Sexson, *Ordinarily Sacred.* A.a.O., S. 125.

Picasso, Pablo, zitiert in: Paul Reps, *BE!* New York: Weatherhill 1971, S. 34.

Schweickart, Russell, zitiert in: Piero Ferrucci, *Inevitable Grace.* A.a.O., S. 276.

Sengai, zitiert in: Frederick Franck, *Zen in der Kunst des Sehens.* Ariston Verlag 1999.

Siu, R.G.H., *Ch'i: A Neo-Taoist Approach to Life.* Cambridge, Massachusetts: The MIT Press 1974, S. 25f.

Tabriz, Divana Shamsi, zitiert in: *Whitall N. Perry, A Treasury of Traditional Wisdom.* A.a.O., S. 737.

Tagore, Rabindranath, zitiert in: *Jacob Needleman & David Appelbaum, Real Philosophy.* A.a.O., S. 231.

Traherne, Thomas, zitiert in: **Stephen Mitchell**, *The Gospel According to Jesus.* A.a.O., S. 216.

Watson, Lyall, *Lifetide.* London: Coronet 1980, S. 376.

Weil, Simone, zitiert in: „A Saintly Dissenter". *MANAS*, Vol. 40 (December 30, 1987), S. 3, 7.

Kapitel 7

Bachelard, Gaston, *The Poetics of Reverie.* Boston: Beacon Press 1969, S. 33, 104.

Buber, Martin, *Ich und du.* A.a.O., S. 91.

Campbell, Joseph, *Der Heros in tausend Gestalten.* A.a.O.

Carroll, Lewis, *Alice hinter den Spiegeln.* A.a.O., S. 132f.

Tschuang-tse, zitiert in: **Thomas Merton**, S*infonie für einen Seevogel.* A.a.O., S. 110.

Clynes, Manfred, *Sentics.* Garden City, New York: Anchor Press 1977, S. 180.

Fox, Matthew, *Whee! We, Wee All the Way Home.* A.a.O., S. 56.

Fromm, Erich, zitiert in: **Conrad Hyers**, *Zen And The Comic Spirit.* A.a.O., S. 181.

Fry, William F. Jr., *Sweet Madness: A Study Of Humor.* Palo Alto, CA.: Pacific Books 1963, S. 134.

Gawain, Elizabeth, *The Dolphin's Gift.* Mill Valley, California: Whatever Publishing 1981, S. 61.

Hoff, Benjamin, Tao Te Puh, *Das Buch vom Tao und von Puh dem Bären.* Bielefeld: Synthesis.

Huang-po, zitiert in: **Stephen Mitchell**, *The Gospel According To Jesus.* New York: Harper Collins 1991, S. 161.

Hui-neng, zitiert in: **Conrad Hyers**, *Zen and the Comic Spirit.* A.a.O., S. 176.

Hyers, Conrad, *Zen and the Comic Spirit*, S. 129, S. 178.

Kasulis, T.P., *Zen Action Zen Person.* Honolulu: University of Hawaii Press 1981, S. 33f.

Ko-sahn, zitiert in: **N. Scott Momaday**, *The Way To Rainy Mountain.* New York: Ballantine 1969, S. 118.

Leonard, George, „*This Isn't Richard*". In: **Richard Strozzi Heckler** (ed.), *Aikido and The New Warrior*. Berkeley, California: North Atlantic Books 1985, S. 203.

McIntyre, Joan, *The Delicate Art of Whale Watching*. San Francisco: Sierra Club Books 1982, S. 104.

Melville, Herman, zitert in: *Parabola*, Vol.13 (Winter 1988), S. 109.

Mencius, zitiert in: **Mai-mai Sze**, *The Way of Chinese Painting*. New York: Vintage 1959, S. 15.

Milne, A.A., *Pu der Bär*. Dressler 1999.

Montagu, Ashley, *Zum Kind reifen*. Stuttgart: Klett-Cotta 1981.

Oppenheimer, Robert, zitiert in: **David Miller**, *Gods and Games: Towards A Theology of Play*. New York: World Publishing Company 1970, S. 130.

Pearce, Joseph Chilton, *Magical Child Matures*. New York: Bantam 1985, S. 79.

Robson, James, zitiert in: **Whitall N. Perry**, *A Treasury Of Traditional Wisdom*. A.a.O., S. 44.

Rumi, zitiert in: **Deepak Chopra**, *Die unendliche Kraft in uns: Heilung und Energie von jenseits der Grenzen unseres Verstandes*. München: Heyne 1998.

Stevenson Robert Louis, *A Child's Garden of Verses*. New York: Children's Classics 1985.

Van der Post, Laurens, *Das Herz des kleinen Jägers*. A.a.O.

Kapitel 8

Adam, Michael, *Wandering In Eden*. A.a.O., S. 73.

Bachelard, Gaston, *The Poetics of Reverie*. A.a.O., S. 29, 188.

Berenson, Bernard, zitiert in: **Anthony Storr**, *Solitude: A Return To The Self*. New York: Ballantine 1988, S. 17.

Brown, Norman O., *Love's Body*. New York: Vintage Books 1968, S. 261.

Byrd, Admiral Richard, zitiert in: **Anthony Storr**, *Solitude: A Return To The Self*. A.a.O., S. 36.

Cage, John, zitiert in: **Fritjof Capra & David Steindl-Rast**, *Belonging to The Universe*. San Francisco: Harper 1991, S. 100.

Campbell, Joseph, *Lebendiger Mythos*. München: Dianus-Trikont Buchverlag 1985.

Einstein, Albert, zitiert in: **Wes Nisker**, *Crazy Wisdom*. A.a.O., S.114.

Ferrucci, Piero, *Inevitable Grace*. A.a.O., S. 208f., 389f.

Hesse, Hermann, *Bäume*. Frankfurt am Main: Insel 1984, S. 10.

Hoff, Benjamin, *The Singing Creek Where the Willows Grow: The Rediscovered Diary of Opal Whiteley*. New York: Warner Books 1986, S. 86.

Maurois, André, zitiert in: **Robert Grudin**, *The Grace of Great Things*. A.a.O., S. 45.

Pearce, Joseph Chilton, *Die Magische Welt des Kindes*. A.a.O.

Saint-Beuve, zitiert in: **William James**, *Die religiöse Erfahrung in ihrer Mannigfaltigkeit. Materialien und Studien zu einer Psychologie und Pathologie des religiösen Lebens*. Leipzig: Hinrichs 1914, S. 211.

Sexson, Lynda, *Ordinarily Sacred*. A.a.O., S. 5.

Kapitel 9

Abu Yazid al-Bistami, zitiert in: **Stephen Mitchell**, *The Gospel According To Jesus*. A.a.O., S. 184.

Cox, Harvey, *Fest der Narren*. A.a.O., S. 185f.

De Chardin, Teilhard, zitiert in: *Reneé Weber, Dialogues With Scientists And Sages*. A.a.O., S. 127.

Ferrucci, Piero, *Inevitable Grace*. A.a.O., S. 251f.

Griffiths, Fr. Bede, „*Sacred Simplicity: The Style of the Sage*", in: **Reneé Weber**, *Dialogues With Scientists And Sages*. A.a.O., S. 127.

Guyon, Madame, zitiert in: **Piero Ferrucci**, *Inevitable Grace*. A.a.O., S. 256.

Hesse, Hermann, *Demian*. A.a.O.

Johnson, Trebbe, „*The Four Sacred Mountains of the Navajos*". Parabola, Vol. 13 (Winter 1988), S. 40-47.

Keats, zitiert in: „The Art of China and Japan". *MANAS*, Vol. 41 (March 16, 1988), S. 3f., 8.

Lao Tzu, zitiert in: **R.L. Wing**, *The Tao of Power*. Garden City, New York: Doubleday & Co. 1986, S. 49.

Nollman, Jim, *Animal Dreaming*. New York: Bantam 1987, S. 57ff.

Peat, F. David, *The Philosopher's Stone*. New York: Bantam 1991, S. 135.

Rasmussen, Knud, zitiert in: **Joseph Campbell**, *Lebendiger Mythos*. A.a.O., S. 220.

Seng-tsan, zitiert in: **Stephen Mitchell**, *The Enlightened Heart*. New York: Harper & Row 1989, S. 87.

St. Augustine of Hippo, zitiert in: **Claudio Naranjo**, *The One Quest*. New York: Ballantine 1972, S. 87.

Tagore, Rabindranath, zitiert in: **Jacob Needleman & David Appelbaum**, *Real Philosophy*. A.a.O., S. 231.

Kapitel 10

Bachelard, Gaston, *The Poetics of Reverie*. A.a.O., S. 183.

Black Elk, zitiert in: **John G. Neihardt**, *Black Elk Speaks*. New York: Pocket Books 1972, S. 65.

Buber, Martin, *Ich und du*. A.a.O., S. 23.

Cammerloher, M.C., zitiert in: **Michael Adam**, *Wandering In Eden*. A.a.O., S. 72.

Carpenter, Edmund, *Eskimo Realities*. New York: Holt, Rinehart & Winston 1973, S. 132.

Doczi, Gyorgy, *The Power of Limits*. Boston: Shambhala 1985, S. 25, S. 139.

Dürckheim, Karlfried, *Japan und die Kultur der Stille*. München: Barth Verlag 1984.

Dürckheim, Karlfried, *Der Alltag als Übung. Vom Weg zur Verwandlung*. Verlag Hans Huber 2000.

Jordan-Smith, Paul, „*The Apprentice*", in: D.M. Dooling (ed.), A Way of Working. New York: Parabola Books 1979, S. 37.

McIntyre, Joan, *The Delicate Art of Whale Watching*. A.a.O.,S. 96.

Montagu, Ashley, Körperkontakt. A.a.O.

Novalis, zitiert in: Ashley Montagu, Körperkontakt. A.a.O.

Ortega Y Gasset, José, *Der Mensch und die Leute*. Gesammelte Werke VI. Stuttgart: Deutsche Verlagsanstalt 1978, S. 68.

Russell, Bertrand, zitiert in: **Ashley Montagu**, *Körperkontakt*.

Sexson, Lynda, *Ordinarily Sacred*. A.a.O., S. 37.

Soho, Takuan, *The Unfettered Mind*. Tokyo: Kodansha 1986, S. 23.

Tolstoi, Leo N., *Der Tod des Iwan Iljitsch*. Frankfurt am Main: Insel 1999.

Ueshiba, Morihei, zitiert in: **Mitsugi Saotome**, *Aikido And The Harmony of Nature*. Boulogne, France: Sedirep 1985, S. 168.

Van Gogh, Vincent, zitiert in: Gaston Bachelard, Poetik des Raumes. Frankfurt am Main: Fischer Taschenbuch 1997.

Kapitel 11

Bateson, Gregory, *Geist und Natur: eine notwendige Einheit.* A.a.O., S. 15.

Clynes, Manfred, *Sentics.* A.a.O., S. 85.

Einstein, Albert, zitiert in: David Lorimer, *Whole In One.* London: Arkana 1990, S. 273.

Eiseley, Loren, zitiert in: David Lorimer, *Whole In One.* London: Arkana 1990, S. 72.

Fools Crow, zitiert in: Thomas Mails, *Fools Crow.* New York: Avon 1979, S. 184.

Heloise, zitiert in: Matthew Fox, *Whee! We, Wee All The Way Home.* A.a.O., S. 210.

Heckler, Richard Strozzi, *In Search Of The Warrior Spirit.* Berkeley California: North Atlantic Books 1990, S. 217.

Heinberg, Richard, *Memories And Visions of Paradise.* Los Angeles: Jeremy P. Tarcher 1989, S. 96.

Krishnamurti, Jiddu, zitiert in: Jacob Needleman & David Appelbaum, *Real Philosophy.* A.a.O., S. 238, 241.

Laing, R.D., *Phänomenologie der Erfahrung.* A.a.O., S. 36.

Leonard, George, *Der längere Atem: die fünf Prinzipien für langfristigen Erfolg im Leben.* A.a.O.,

Maslow Abraham, *The Farther Reaches of Human Nature.* A.a.O. S. 16 f.

Merton, Thomas, *Ishi Means Man.* Greensboro, North Carolina: Unicorn Press 1976, S. 13.

Mitchell, Stephen, *The Gospel According To Jesus.* A.a.O., S. 64, 154, 175, 188, 200.

Pascal, Blaise, zitiert in: Robert Coles, *The Spiritual Life Of Children.* Boston: Houghton Mifflin 1990, S. 9f.

Pasternak, Boris, *Doktor Schiwago.* Frankfurt am Main: S. Fischer 1986.

Saotome, Mitsugi, *Aikido And the Harmony Of Nature.* A.a.O., S. 233.

Schweitzer, Albert, zitiert in: David Lorimer, *Whole In One*. A.a.O., S. 72.

Smullyan, Raymond, *The Tao Is Silent*. New York: Harper & Row 1977, S. 83.

Tagore, Rabindranath, zitiert in: David Lorimer, *Whole In One*. A.a.O., S. 191, 226f.

—, zitiert in: Jacob Needleman & David Appelbaum, *Real Philosophy*. A.a.O.,S. 231f.

Ueshiba, Morihei, zitiert in: John Stevens, *Abundant Peace*. Boston: Shambhala 1987, S. 112.

Van der Post, Laurens, *Das Herz des kleinen Jägers*. A.a.O.

Williams, Margery, *Das Samtkaninchen oder das Wunder der Verwandlung*. A.a.O.

Epilog

Smith, Lillian, *Killers of the Dream*. Garden City, New York: Doubleday Anchor 1961, S. 34.

Sultan Bin Suhmanal-Sand, zitiert in: David Lorimer, *Whole In One*. A.a.O., S. 256.

Wheeler, John, zitiert in: David Lorimer, *Whole In One*. A.a.O., S. 261.

Anhang

Bettelheim, Bruno, „*The Importance of Play*". The Atlantic, March 1987, (259), S. 35-43.

Rockefeller IV, John D., *Beyond Rethoric: A New American Agenda For Children And Families*. Final Report of the National Commission on Children, Washington, D.C.: National Commission on Children 1991, S. 4f.

Weitere Informationen

Für Informationen zu Veranstaltungen und Fortbildungen mit
Fred Donaldson und weiteren Autoren unseres Verlages in Deutschland, Österreich und der Schweiz
wenden Sie sich bitte an:

Mit Kindern wachsen e. V.
Vereinsbüro Freiburg
Zechenweg 4
79111 Freiburg

Tel. 0761. 47 99 540
Fax 0761. 47 99 541

verein@mit-kindern-wachsen.de
www.mit-kindern-wachsen.de

Weitere Literatur zum Thema

Michael Mendizza & Joseph Ch. Pearce

Neue Kinder, neue Eltern
Die Kunst spielerischer Elternschaft und die Intelligenz des Spiels

Psychologen und Wissenschaftler nennen es *Flow*. Sportler kennen es als *die Zone* und Kinder einfach als *Spiel*. Übertragen Sie diesen belebenden und berauschenden Zustand auf Elternschaft und Erziehung! *Die Zone* ist kein fernes mystisches Phantasiereich. Sie pulsiert in jeder unserer Zellen, jetzt und hier. Das Optimum ist einfach, und Wunder sind natürlich, wenn Widerstände gegen Lernen und Leistung reduziert oder beseitigt werden.

In der Zone entfalten sich optimale Lernbeziehungen auf natürliche Weise. Das Kind bringt den Erwachsenen dazu, ungeahnte Möglichkeiten zu entdecken, und der Erwachsene modelliert ähnliche Möglichkeiten für das Kind. In der Zone werden Kindererziehung, Kindheit und Lernen zu einem Tanz, zu einer spielerischen, ausgedehnten Erkundung neuer Möglichkeiten.

Die von Joseph Ch. Pearce vorgelegten bahnbrechenden Erkenntnisse über den aktuellen Forschungsstand zur kindlichen Entwicklung, zum Potential des menschlichen Gehirns und die neuronalen Grundlagen menschlichen Lernens werden in diesem Buch speziell für Eltern, Erzieher und Lehrer in mitreißender und leicht verständlicher Form zusammengestellt.

20 Jahre nach **Die magische Welt des Kindes** das neue Standardwerk zur Kunst spielerischer Elternschaft.

ISBN 3-924195-20-X

Weitere Literatur zum Thema

Joseph Ch. Pearce

Biologie der Transzendenz

Neurobiologische Grundlagen für die harmonische Entfaltung des Menschen

Neueste Forschungsergebnisse lokalisieren im menschlichen Körper fünf neuronale Zentren – oder „Hirne". Unser viertes und gegenwärtig weitest entwickelte Hirn findet sich im Kopf, das fünfte im Herzen. Es ist das dynamische Wechselspiel zwischen unserem Kopfhirn (Intellekt) und dem Herzhirn (Intelligenz), das die Überwindung unserer heutigen evolutionären Stufe möglich macht. Diese Überschreitung des jeweiligen Bewusstseinsstandes, auch „Transzendenz" genannt, ist ein evolutionärer Imperativ, eine eingebaute genetische Funktion, die zu Gewalt in all ihren Ausprägungen führt, wenn sie nicht genährt und entwickelt wird.

ISBN 3-936855-21-8

Der Verein Mit Kindern wachsen e.V.

Der Verein Mit Kindern wachsen e.V. besteht mittlerweile seit mehr als zwanzig Jahren. Unsere Aktivitäten richten sich an Menschen, die mit Kindern neue Wege gehen wollen – Wege, die ein Kind von Anfang an als fühlendes Subjekt respektieren, seine Integrität bewahren und es ihm erlauben wollen, sich nach seinem eigenen inneren Gesetz zu entfalten.

Dabei haben sich in den letzten Jahren folgende Schwerpunkte herausgebildet:

Die Zeitschrift Mit Kindern wachsen

Unsere Zeitschrift erscheint vierteljährlich. Zusätzlich bringen wir in unregelmäßigen Abständen themenbezogene Sonderhefte heraus, wie z.B. unser Kennenlernheft oder unser Special zum Thema Geburt, Säuglinge und Kleinkinder.

Gegen Zusendung von Euro 5,- (CHF 10,–) schicken wir Ihnen gerne ein Probeheft.

Seminare und Fortbildungen

Über diese Aktivitäten hinaus organisieren wir Fortbildungen, Seminare und Vorträge mit verschiedenen Referenten, die unserer Arbeit nahe stehen, wie z.B. mit Anna Tardos, Polly Elam, Myla & Jon Kabat-Zinn, Prof. Remo Largo, Jesper Juul, Katharina Martin, Lienhard Valentin und anderen.

Weitere Informationen über uns, unsere Zeitschrift und unsere Arbeit finden Sie im Internet unter www.mit-kindern-wachsen.de oder bei Mit Kindern wachsen e.V., Vereinsbüro Freiburg, Zechenweg 4, 79111 Freiburg, Tel. +49.(0)761.47 99 540, Fax +49.(0)761.47 99 541, info@mit-kindern-wachsen.de

http://www.mit-kindern-wachsen.de

Gerne informieren wir Sie über unsere weiteren
Veröffentlichungen und Veranstaltungen – nicht nur
zum Thema „Mit Kindern wachsen“.
Schreiben Sie uns oder besuchen Sie uns im Internet unter:

www.arbor-verlag.de

Hier finden Sie Leseproben, aktuelle Informationen, Termine,
Links und unseren Buchshop.

Arbor Verlag • D-79348 Freiamt
Tel: 0761. 401 409 30 • info@arbor-verlag.de